Annemarie Ohler · Grundwissen Altes Testament · Band 1

Annemarie Ohler
Grundwissen Altes Testament

Ein Werkbuch. Band 1: Pentateuch

Verlag Katholisches Bibelwerk GmbH

CIP-Titelaufnahme der Deutschen Bibliothek

Ohler, Annemarie:
Grundwissen Altes Testament:
ein Werkbuch/Annemarie Ohler. –
Stuttgart: Verl. Kath. Bibelwerk.

Bd. 1. Pentateuch. – 3. Aufl. – 1989
ISBN 3-460-32431-7

Mit kirchlicher Druckerlaubnis

Druck und Bindung: Freiburger Graphische Betriebe

Inhaltsverzeichnis

I. Einleitung

1. Wozu brauchen Christen das Alte Testament? ... 11
1.1 Das Alte Testament – abgelöst durch das Neue Testament? ... 11
1.2 Das Alte Testament – Zeugnis für die Geschichtlichkeit unseres Glaubens ... 12

2. Der Kanon der alttestamentlichen Schriften ... 15
2.1 Das Alte Testament – eine Bibliothek ... 15
2.2 Das Alte Testament – Zeugnis vom einen Wirken Gottes ... 17
2.3 Der Umfang des alttestamentlichen Kanons ... 19

3. Die Textüberlieferung ... 25

4. Einführung in die Gattungskritik: eine Analyse der Turmbauerzählung (Gen 11,1–9) ... 29
4.1 Ein methodischer Zugang zu einem Bibeltext ... 29
4.2 Ist die Turmbauerzählung ein Beispiel alter Geschichtsschreibung? ... 31
4.3 Ist die Turmbauerzählung eine Sage? ... 32
4.4 Ist die Turmbauerzählung ein Mythos? ... 33

II. Überlieferungen der Väterzeit

5. Hauptgattungen der Väterüberlieferung (Gen 12–50): Stammvatersage und Familiensage 37
5.1 Stammvater eines Volkes ... 37
5.2 Erschütternde Erfahrungen einzelner ... 38
5.3 Geben diese Erzählungen historische Auskünfte über die Väterzeit? ... 39

6. Einführung in die Gattungsgeschichte: Analyse von Gen 32,23–33: Jakobs Kampf am Jabbok ... 41
6.1 Literarkritische Analyse ... 41
6.2 Gattungskritische Analyse ... 41
6.3 Einordnung in den jetzigen Zusammenhang ... 44

7. Einführung in die Überlieferungskritik: die Väterüberlieferungen ... 45
7.1 Eine erste Erprobung überlieferungskritischen Fragens ... 45
7.2 Überlieferungskritische Fragen zur Festordnung Israels ... 45
7.3 Überlieferungskritische Fragen zu Jakobserzählungen ... 47
7.4 Überlieferungskritische Fragen zur Vätertradition ... 48
7.5 Zeitliche Einordnung der biblischen Patriarchen ... 51

8. Israel und Kanaan. Religionsgeschichtliche und soziologische Fragen an die Väterüberlieferung 54
8.1 Gesellschaft und Religion Kanaans 54
8.2 Die Religion der Väter 56
8.3 Wandernde Kleinviehzüchter werden seßhaft 58
8.4 Die Sippenheiligtümer des frühen Israel 59
8.5 Geographie und Geschichte 60
8.6 Nicht Einwanderung, sondern Aufstand? .. 61
8.7 Das Zeugnis der Amarnabriefe 61

III. Die Quellenschriften des Pentateuch

9. Einführung in die Redaktionskritik am Beispiel der Sintfluterzählung 67
9.1 Das babylonische Vorbild der Sintfluterzählung 67
9.2 Zwei biblische Sintfluterzählungen 67
9.3 Die beiden Fassungen der Sintfluterzählung – ein Vergleich 68

10. Die älteste Quellenschrift im Pentateuch: der Jahwist 75
10.1 Die Entdeckung der Quellenschriften 75
10.2 Die Kunst des Schreibens im Alten Orient und in Israel 75
10.3 Der Aufschwung in der Salomozeit 78
10.4 Das Werk des Jahwisten 79
10.5 War der Jahwist eine Autorenpersönlichkeit der Salomozeit? 81

11. Weitere Redaktionsschichten im Pentateuch 83
11.1 Der Elohist 83
11.2 Das Deuteronomium und die deuteronomistische Redaktionsschicht 84
11.3 Die Priesterschrift 84

12. Zur Geschichte der historisch-kritischen Erforschung des Pentateuch 88
12.1 Wer schrieb die Bücher Mose? 88
12.2 Stellungnahmen der Kirche 89
12.3 Dokumentenhypothese 89
12.4 Fragmenten- und Ergänzungshypothese ... 89
12.5 Die Schlüsselstellung des Deuteronomiums 90
12.6 Die »klassische« Hypothese von der Entstehung des Pentateuch 90
12.7 Die gattungskritische Methode 90
12.8 Der Unterschied zwischen der historischen Wirklichkeit und dem Geschichtsbild des Alten Testaments: die Überlieferungskritik 91
12.9 Wie sieht es heute aus? 91

IV. Exodus und Sinai

Ein Überblick: Themen der Frühgeschichte Israels in Ex, Lev, Num...... 93

13. Der Auszug aus Ägypten 95
13.1 Väterüberlieferungen und Exodustradition: zwei Vorstellungen vom Anfang Israels 95
13.2 Der historische Ort der Exodustradition 96
13.3 Wie kamen die Unterschiede zwischen den beiden Überlieferungskreisen zustande? 100
13.4 Ein Exkurs: der Elohist deutet den Gottesnamen 101
13.5 Glaube und Geschichte 102
13.6 Ausgestaltung der Exodusüberlieferung: Gott besiegt Ägypten schon in dessen eigenem Land 105

Zusammenfassung – Rückblick: die Vorgeschichte Israels im Rahmen der Geschichte des Alten Orients 108

14. *Das Zehnwort vom Sinai. Einführung in sprachliche Gattungen der Gesetzesüberlieferung* ... 113
14.1 Der Dekalog im Rahmen der Sinaiperikope .. 113
14.2 Zur Überlieferungsgeschichte des Dekalogs ... 114
14.3 Liegen im Zehnwort »apodiktische Rechtssätze« vor? ... 115
14.4 Ein Exkurs: das Talionsrecht ... 117
14.5 Das Zehnwort – Vertragsbestimmungen des Gottesbundes? ... 118
14.6 Drei Wörter aus der jüngeren alttestamentlichen Überlieferung für die göttlichen Gebote: Torah, Bund, Wort ... 120
14.7 Der Dekalog: väterliche Mahnung für den mündig gewordenen Sohn ... 122

Einige Begriffe zum Verständnis der alttestamentlichen Gesetzesüberlieferung ... 124

15. *Die Sinaiperikope* ... 125
15.1 Die Sinaiperikope – ein Magnet für Gesetzessammlungen ... 125
15.2 Der priesterschriftliche Anteil an der Sinaiperikope ... 127
15.3 Die Darstellung der Sinaiereignisse durch JE ... 129
15.4 Überlieferungskritische Befragung der Sinaiperikope ... 131
15.5 Bedeutung der Exodus- und Sinaiereignisse für die Vorgeschichte Israels ... 132

Zusammenfassung und Rückblick: zur Geschichte der mündlichen Überlieferung der Stoffe des Pentateuch ... 134

Anhang

Einführung in die Arbeit mit exegetischer Literatur ... 138
Bibelstellenregister ... 145
Sachregister ... 147
Wegweiser durch das Buch Genesis ... 151
Wegweiser durch Exodus 1–15 ... 155
Quellennachweis der Abbildungen ... 158

I. Einleitung

Bemerkungen zu Ziel und Vorgehen dieser Einführung in das Alte Testament

Diese Einführung will das Alte Testament als geschichtlich geprägtes Glaubenszeugnis vorstellen. Darum wird hier seine Entstehungsgeschichte erzählt. Diese ist jedoch nicht zu trennen von der Geschichte Israels und des frühen Judentums.

Daraus erwächst die erste Schwierigkeit: Die Hauptquelle für die Geschichte Israels ist wiederum das Alte Testament. Es gibt zwar noch einige außerbiblische geschichtliche Quellen aus dem alten Israel selbst, reiche Textzeugnisse aus der altorientalischen Umwelt und eine fast unüberschaubare Menge von Ausgrabungsbefunden. Doch für die Geschichte Israels kommt all dieses Material erst zum Sprechen, wenn man es zum Alten Testament in Beziehung setzt.

Nun ist jedoch das Alte Testament als historische Quelle nicht leicht zu nutzen. Einteilung und Gliederung des Stoffes im Alten Testament sind das Werk einer Spätzeit. Das Gleiche gilt für seine sprachliche Form: Texte, die um 1000 v. Chr. entstanden sind, sprechen im Alten Testament fast das gleiche Hebräisch wie Texte aus dem 2. Jh. v. Chr.: Die Überlieferer haben Spuren älterer Formen der hebräischen Sprache fast ganz getilgt. Was das bedeutet, kann man leicht ermessen, wenn man einmal versucht, einen vor 800 Jahren geschriebenen althochdeutschen Text zu lesen.

Historische Quellen stellen die Wirklichkeit immer selektiv und tendenziös dar. Das Alte Testament ist darüber hinaus von einer komplizierten Geschichte literarisch-redaktioneller Bearbeitungen und zuvor noch von einer nicht minder verwickelten Vorgeschichte mündlicher Weitergabe der Überlieferungen geprägt. Wer das Alte Testament als historische Quelle nutzen will, muß Methoden kennen, die es ihm erlauben, all diese Schichten kritisch zu sichten.

Nun hat die Exegese in den letzten Jahrhunderten ein zunehmend verfeinertes Handwerkszeug geschaffen, das die verwickelte und lange Vorgeschichte des Tanach (s. S. 20), dieses großen, seit der Perserzeit zusammengestellten Kompendiums, wieder sichtbar machen soll.

Diese Einführung in das Alte Testament steht also vor einer doppelten Aufgabe:

Die Entstehungsgeschichte des Alten Testaments soll dargestellt werden als Teil der Geschichte Israels. Das kann am besten so geschehen, daß diese Geschichte von Anfang an nacherzählt wird, von Abraham bis zu den Makkabäern. – Dies wird der hier eingeschlagene Hauptweg sein.

Spuren der Entstehungs- und Vorgeschichte des Alten Testaments sind aufzuzeigen, die Methoden, mit denen das geschehen kann, müssen vorgestellt werden. Das geht am besten, wenn man von dem uns vorliegenden Text aus analysierend zurückfragt. Kompromisse werden unumgehbar sein; das Alte Testament wird in dieser Einführung aus verschiedenen Richtungen befragt werden: Im Rückblick vom fertigen Text aus, analysierend, und im Blick auf den historischen Werdegang.

Lektion 1: Wozu brauchen Christen das Alte Testament?

1.1 Das Alte Testament – abgelöst durch das Neue Testament?

Der Sohn eines Bischofs aus Synope am Schwarzen Meer, *Marcion,* warb im 2. Jh. n. Chr. in der ganzen Christenheit dafür, man solle doch den Gott des Alten Testamentes verwerfen. Der Christengemeinde in Rom soll er eine Riesensumme Geldes angeboten haben, wenn sie sich bereit erkläre, nur noch an den Gott der Liebe zu glauben, den Christus verkündigte. Der Gott, der nach dem Zeugnis des Alten Testaments (AT) diese Welt voller Unheil schuf, der den Menschen ein hartes Gesetz auferlegte, um die Übertreter schwer zu strafen, müsse doch ein wahrer Teufel gewesen sein.

Die Kirche hat damals Marcions Lehre als Ketzerei verworfen und hält bis heute daran fest, daß der Gott des Alten Testaments der Vater Jesu Christi ist. Aber Marcions Denkweise ist bis heute anzutreffen. Und – gibt das Alte Testament ihr nicht Nahrung?

2 Kön 9f: Im Auftrag des Propheten Elischa, der von Gott dazu bestellt wurde, salbt ein Prophetenschüler den Frontoffizier Jehu zum König. Jehu aber bahnt sich durch vielfache Morde den Weg zur Macht. – Soll die blutige Spur des Usurpators als Weg Gottes durch die Geschichte gelten?

Der evangelische Theologe *A.v.Harnack* hat in seinem Buch über Marcion noch 1920 dessen Lehre neu propagiert:

Das Alte Testament im 2. Jh. zu verwerfen, war ein Fehler, den die große Kirche mit Recht abgelehnt hat; es im 16. Jh. beizubehalten, war ein Schicksal, dem sich die Reformation noch nicht zu entziehen vermochte; es aber seit dem 19. Jh. als kanonische Urkunde im Protestantismus noch zu konservieren, ist die Folge einer religiösen und kirchlichen Lähmung.

Ein so scharfes Urteil findet sich auf katholischer Seite kaum. Aber auch hier lassen sich Stimmen beibringen, wonach sich im Alten Testament eine »in Christus überwundene, niedrigere Stufe der Glaubensgeschichte« spiegele (Holländischer Katechismus 1968).

Die christliche Bezeichnung der heiligen Schriften Israels als »Altes Testament« ist unglücklich, auch wenn sie sich auf 2 Kor 3,14 berufen kann; sie weckt den Anschein, als ob es sich um ein längst überholtes Dokument aus der Vorgeschichte unseres Glaubens handele. Holen wir Christen es nur aus historischer Neugier hervor? Oder ist es für uns »geltendes Recht«? Weist es unserem Glauben den Weg?

Im Artikel »Altes Testament« im Lexikon für Theologie und Kirche (1957) charakterisiert *K. Rahner* die Epoche des Alten Testamentes als Zeit des »nicht endgültigen Heiles«; der Alte Bund sei »gescheitert«; hier sei die Selbstmitteilung Gottes »noch nicht endgültig«; sie sei »noch nicht radikal«, »noch rückgängig zu machen«; es sei noch nicht ausgemacht, daß »das begnadigende Wort Gottes das letzte Wort hat«; Heilsgeschichte sei »durch den Unglauben des menschlichen

Partners noch aufhebbar«. Das Alte Testament aber bezeugt, daß Jahwe mit Israel den Bund geschlossen hat:

Ich nehme euch als mein Volk an und werde euer Gott sein.
(Ex 6,7)

Gilt diese Zusage nur auf Widerruf? Kann der Unglaube der Menschen größer sein als Gottes Treue?

Das Alte Testament weiß, daß Israel von Anfang an immer wieder aus dem Bund mit Gott ausgebrochen ist und darüber zu Fall kam. Aber es bezeugt auch, daß Gott immer wieder sein Volk aufhebt und zu sich holt – nicht weil Israel umgekehrt wäre zu Gott (solche Umkehr gelingt selten), sondern weil Gott sich erbarmt:

Ich will ihre Untreue heilen;
aus freier Großmut will ich sie lieben.
(Hos 14,5)

Zentrum der alttestamentlichen Botschaft ist die Verkündigung der unaufhebbaren Treue Gottes, die sich in menschlich greifbaren Zeichen offenbaren will. Das gilt auch von dem Teil des Alten Testaments, der uns Christen vor allem fremdartig erscheint und doch so sehr im Zentrum alttestamentlicher Botschaft steht, daß das Neue Testament das Alte Testament danach mehrfach benennt: vom Gesetz. Gottes Erbarmen über den Fall der Seinen wird faßbar, auch im Angebot von Opferzeremonien und kultischer Sühne, das er ihnen macht, und auch in seinen Geboten, die das Leben seines Volkes regeln sollen. Scharfe Worte über das alttestamentliche Gesetz fallen im zitierten Artikel von *K. Rahner* dort, wo er über den Streit christlicher Theologen referiert, welches »der genaue Zeitpunkt der Abschaffung des alttestamentlichen Gesetzes war, an dem es nicht nur tot, sondern auch tödlich wurde«. Bereits der erste Satz des Zehnworts vom Sinai zeigt, wie wenig in diesem Theologenstreit auf das alttestamentliche Gesetz selbst gehört wurde. Unsere älteren Katechismen haben ihn unrechtmäßig verkürzt; nicht der absolute Herr stellt sich hier vor: »Ich bin der Herrn, dein Gott«, sondern der Gott, der sich der Unterdrückten erbarmt hat:

Ich bin Jahwe, dein Gott,
der dich aus Ägypten geführt hat, aus dem Sklavenhaus.
(Ex 20,2)

Bevor Jahwe Gebote gibt, hat er sich schon längst für sein Volk eingesetzt.

> Das Alte Testament erzählt nicht nur von der Vorgeschichte unseres Glaubens; es ist seit dem Kommen Christi nicht überholt. Es weist als weiterhin gültiges Gotteswort, als Zeugnis von der unaufhebbaren Treue Gottes unserem Glauben den Weg.

1.2 Das Alte Testament – Zeugnis für die Geschichtlichkeit unseres Glaubens

Auf welche Weise ist das Alte Testament für uns gültig?

Röm 11: Entschieden weist der Apostel die Meinung zurück, die Erwählung Israels sei rückgängig gemacht (11,1). Daß Heiden Anteil erhalten am Gottesvolk, stellt er bildlich in einem – menschlich gesehen widersinnigen – Vorgang dar: Zweige eines wilden Ölbaums werden in einen edlen Ölbaum eingepfropft (11,17). Paulus leitet daraus die Mahnung an die Heidenchristen ab: »Nicht du trägst die Wurzel, sondern die Wurzel trägt dich« (11,18).

Christlicher Glaube bleibt ohne Beziehung auf die Gottesbotschaft des Alten Testaments ein Baum ohne Wurzeln. Das Alte Testament ist nicht Prolog, den wir vergessen können, wenn das eigentliche Schauspiel beginnt; es ist lebendig mitten in der neutestamentlichen Gemeinde. Sichtbar wird das an einer so zentralen Stelle wie dem eucharistischen Stiftungswort:

Das ist der Kelch des neuen und ewigen Bundes,
mein Blut, das für euch und für viele vergossen wird.

Was »Blut des Bundes« heißt, sagt Ex 24,8; den »neuen und ewigen Bund« hat Jer 31,31 verkündet; von der Lebenshingabe »für die vielen« spricht Jes 53,12.

Trotzdem – es bleiben all die Finsternisse des Alten Testaments; es bleibt eine Geschichte wie die von der Salbung des blutigen Jehu. Soll auch darin gültige Botschaft vorliegen? In der dogmatischen Konstitution des 2. Vatikanums über die göttliche Offenbarung begründen die Konzilsväter, warum die Bücher des Alten Bundes »unvergänglichen Wert behalten«:

> *Die Geschichte des Heiles liegt, von heiligen Verfassern vorausverkündet, berichtet und gedeutet, als wahres Wort Gottes vor in den Büchern des Alten Bundes.*
> *(Dei Verbum 14)*

Diese Bücher errichten nicht ein Gebäude unveränderlicher Wahrheiten; vielmehr bezeugen sie, daß Gott eine Geschichte in Gang gebracht hat, in deren Verlauf Menschen immer neue Seiten der unfaßlichen Wahrheit Gottes entdecken. »Gott wollte nicht eine Religion stiften, er wollte ein Menschenvolk für sich gewinnen« *(M. Buber)*.

Aus den heiligen Schriften erfahren wir, wie Menschen auf den Weg zu Gott gebracht wurden, wie sie darauf weiterkommen. Wir können gar nicht erwarten, daß sie auf dem gleichen Abschnitt des Weges stehen wie wir. Die Konzilsväter nennen die Bücher des Alten Bundes »das wahre Wort Gottes«. Aber dieses Wort empfangen wir aus einem ganzen Chor von Stimmen; Stimmen von Menschen, die von Gott auf den Weg zum gleichen Ziel gebracht sind, aber noch weit entfernt davon, wie in der himmlischen Liturgie »una voce«, »mit einer Stimme«, zu sprechen.

Diese Vielstimmigkeit ist geradezu das Kennzeichen des Alten Testaments. Der Koran ist das Werk des einen Mohammed. Sogar das Neue Testament ist viel einheitlicher; es ist in einigen Jahrzehnten, in zwar untereinander recht verschiedenen, aber zeitlich – in Reden, Denken und Glauben – einander nahestehenden und ähnlich strukturierten Gemeinden entstanden. Das Alte Testament ist aus einer fast tausendjährigen Geschichte schriftlicher und einer noch viel längeren Geschichte mündlicher Überlieferungen hervorgegangen. Es zeugt von der Mentalität friedlicher Wanderhirten und kriegerischer Stämme, von bäuerlichem und städtischem Denken, von subtilen Gedanken Gelehrter und Vorstellungen einfacher Menschen; Priester kommen zu Wort, die geprägt sind durch Herkunft aus Familien, in denen viele Generationen priesterlich gelebt, gewirkt, gelernt haben; aber auch weltoffene und nüchtern beobachtende Geschichtsschreiber gestalteten das Alte Testament, selbstbewußte und kritische Menschen aus einem großen Reich ebenso wie Menschen aus kleinen, unter dem Druck fremder Mächte stehenden Gemeinden. Eine Vielfalt von Stimmen gibt Zeugnis für das eine Wort Gottes.

Israel ist in vielem ein Kind des alten Orients. Aber es ist auch Fremdling in dieser Welt. Andere Völker des Alten Orients haben auch ihre heiligen Geschichten; aber diese erzählen von Vorgängen, die der menschlichen Geschichte entrückt sind: Schon bei der Grundlegung der Welt wurde der Tempel von Babylon begründet. Israel dagegen hat auch in seinem Glauben nie vergessen, daß es erst spät in die Weltgeschichte eintrat. »Heilig« ist ihm nicht, was wie der Tempel von Babylon von der Schöpfung her in die profane Gegenwart hineinragt; heilig sind ihm Erinnerungen an Ereignisse seiner Geschichte, in denen es, angeleitet vom Zeugnis seiner »Propheten«, Taten Gottes sah.

Ex 14 und 15,20f: Daß die kleine Gruppe von Wanderhirten sicher ein seichtes »Schilfmeer« durchqueren konnte, die schweren Streitwagen aber steckenblieben – das mußte nicht als außergewöhnliches Wunder gedeutet werden. Der vielschichtige Bericht zeigt ein ungläubiges, zweifelndes, wider Willen gerettetes Volk. Das Lied der Prophetin Mirjam in Ex 15,21, ältestes Zeugnis vom Auszug aus Ägypten, deutet Geschehen als Gottestat, als Wunder. Mirjams Glaube steckte an; ihr Lied wurde weitergesungen und gab nicht nur den in der Wüste vom Tod Bedrohten, sondern auch noch den im Lande gegen die Streitwagen der Kanaanäer um ihr Überleben kämpfenden Stämmen immer wieder Hoffnung (vgl. 13.6).

Nicht das Geschichtsfaktum als solches begründet den Glauben; wesentlich ist im Alten Testament nicht die Nachricht über bloße geschichtliche Ereignisse, sondern deren Deutung; das Alte Testament sagt aus, wie Gläubige die geschichtlichen Vorgänge erfuhren, wie sie daraus Lebensmut schöpften für den Fortgang der Geschichte.

Solche Erfahrungen machten Israel zu einem Fremdling im Alten Orient. Andere Völker verharrten, von ihrer Religion angeleitet, in einem Kreislaufdenken: Sie suchten in der Welt, in der sie lebten, immer nur die Wiederholung urzeitlichen Geschehens zu entdecken. Israel aber sah sich auf einen Weg gestellt, auf dem jede Bestätigung der Hoffnung, die ihm gläubige Deutung geschichtlicher Erfahrungen gegeben hatte, das Vertrauen auf neue und unerwartete Hilfe in der Zukunft stärkte. Israel lernte, angeleitet von seinen Gotteserfahrungen, in einer zeitlich fortschreitenden Linie, »geschichtlich« zu denken.

> Wir Christen brauchen das Alte Testament, damit geschichtliches Denken in unserem Glauben lebendig bleibt. Wir glauben: Gott hat in Christus sein endgültiges, unüberbietbares Wort gesprochen. Aber wir wissen auch: Wir sind noch auf dem Weg zu diesem Glauben und brauchen darum Kenntnis von all den Wegen, auf die Gott die Seinen gestellt hat.

Aus diesen Überlegungen ergibt sich die Intention dieser Einführung in das Alte Testament: Sie soll befähigen, das Alte Testament als geschichtlich geprägtes Glaubenszeugnis Israels zu lesen, d.h. die vielen Stimmen, die aus verschiedenen Zeiten, Räumen, Vorstellungswelten zu uns sprechen, mit ihrer besonderen Botschaft zu unterscheiden.

Literatur zu Lektion 1

1. Lehramtliche Verlautbarungen der katholischen Kirche:

Dei Verbum. Dogmatische Konstitution des Zweiten Vatikanischen Konzils über die Göttliche Offenbarung, in: K. Rahner und H. Vorgrimler (Hrsg.), Kleines Konzilskompendium, Freiburg 1966.

Verlautbarungen des *Konzils von Trient* zur Heiligen Schrift, in: J. Neuner und H. Roos, Der Glaube der Kirche in den Urkunden der Lehrverkündigung, Regensburg [11]1983.

2. Wissenschaftliche Auseinandersetzung mit der Frage, von wo aus moderne Menschen Zugang zum Alten Testament finden, heißt »Hermeneutik« (von griechisch: hermeneutike techne, »Technik der Auslegung«); dazu:

O. Loretz, W. Strolz (Hrsg.), Die hermeneutische Frage in der Theologie, Freiburg 1968.

K.H. Ohlig, Woher nimmt die Bibel ihre Autorität?, Düsseldorf 1970.
Vor allem am NT interessiert; Kap. 7 und 8 gehen auf die Autorität des AT für ntl. Autoren ein.

C. Westermann (Hrsg.), Probleme alttestamentlicher Hermeneutik, München 1968.
Eine Aufsatzsammlung evangelischer Autoren.

Lektion 2: Der Kanon der alttestamentlichen Schriften

2.1 Das Alte Testament – eine Bibliothek

Auf Griechisch heißt die Bibel »ta biblia«, »die Bücher«. Wegen der Notwendigkeit, handliche Buchrollen zu behalten, war die Bibel im Altertum kein Buch, sondern eine »Bibliothek« aus mehreren Rollen.

Wann und wie diese Bibliothek zustande kam, ist nur aus wenigen Hinweisen in alten Schriften zu erraten. Zwei davon stammen aus dem 2. Jh. v. Chr.: 1 Makk 1,56f und 2 Makk 2,14f.

Antiochos IV. Epiphanes (d.h. der wie ein Gott »Erscheinende«), Herrscher über Syrien, versuchte damals, Jerusalem für die griechische Lebensart zu erschließen. Vornehme Priesterfamilien unterstützten ihn; ihre Söhne sollten im Gymnasium mit griechischer Sprache und Bildung vertraut werden. Doch als ein Zeusstandbild auf dem Brandopferaltar aufgerichtet wurde, brach – angeführt von der Familie eines Landpriesters – der Aufstand los. Der Gegenschlag war grausam:

> *Alle Buchrollen des Gesetzes, die man fand, wurden zerrissen und verbrannt. Wer im Besitz einer Buchrolle angetroffen wurde, wurde zum Tode verurteilt.*
> *(1 Makk 1,56f)*

Der erbitterte Widerstand frommer Juden konnte schon bald einen Erfolg verbuchen: Der Tempel war wieder in Ihrer Hand. In einem großen Fest – an das bis heute das jüdische Chanukkafest erinnert – sollte er wieder geweiht werden. Ein Brief unterrichtete die jüdische Diaspora in Ägypten davon: Dieser Brief ist als Einleitung zum 2. Makkabäerbuch erhalten. Nach seinem Zeugnis war ebenso wichtig wie die Reinigung des Tempels die Erneuerung der Bibliothek heiliger Schriften.

> *Judas hat alle Schriften wieder gesammelt, die in dem Krieg, den wir führen mußten, zerstreut worden waren. Sie befinden sich heute bei uns. Sollten euch einige davon fehlen, so laßt sie euch durch Boten holen.*
> *(2 Makk 2,14f)*

Welche Bücher gehörten zu der Sammlung, die den Juden der Makkabäerzeit so teuer war, daß sie dafür in den Tod gingen, daß eine Reise von Alexandrien nach Palästina zur Vervollständigung der Bibliothek (Fernleihe!) ihnen selbstverständlich war? – Erst 200 Jahre später findet sich eine Antwort darauf in einer Schrift des *Flavius Josephus*.

Josephus, Jude aus priesterlicher Familie, war von Kindheit an vertraut mit den heiligen Überlieferungen seines Volkes. Beim jüdischen Aufstand, der 70 n. Chr. zum Untergang Jerusalems führen sollte, organisierte er in Galiläa den Widerstand gegen Rom. Doch in Todesgefahr trat er auf die römische Seite über. In seinen »Memoiren« (Vita) spricht er von diesem Ereignis wie von einem Bekehrungserlebnis: Gott wollte den Untergang der in blutige Fehden verstrickten Juden und den Sieg der Friedensmacht Rom. Josephus nannte sich von nun an Flavius, nach dem römischen Kaiser. Er schrieb eine Geschichte des »Jüdischen Krieges«, um nachzuweisen, wie gerechtfertigt Roms Sieg war. In einer anderen Schrift verteidigte er den jüdischen Glauben gegen einen gebildeten Heiden. Dort ist zu lesen:

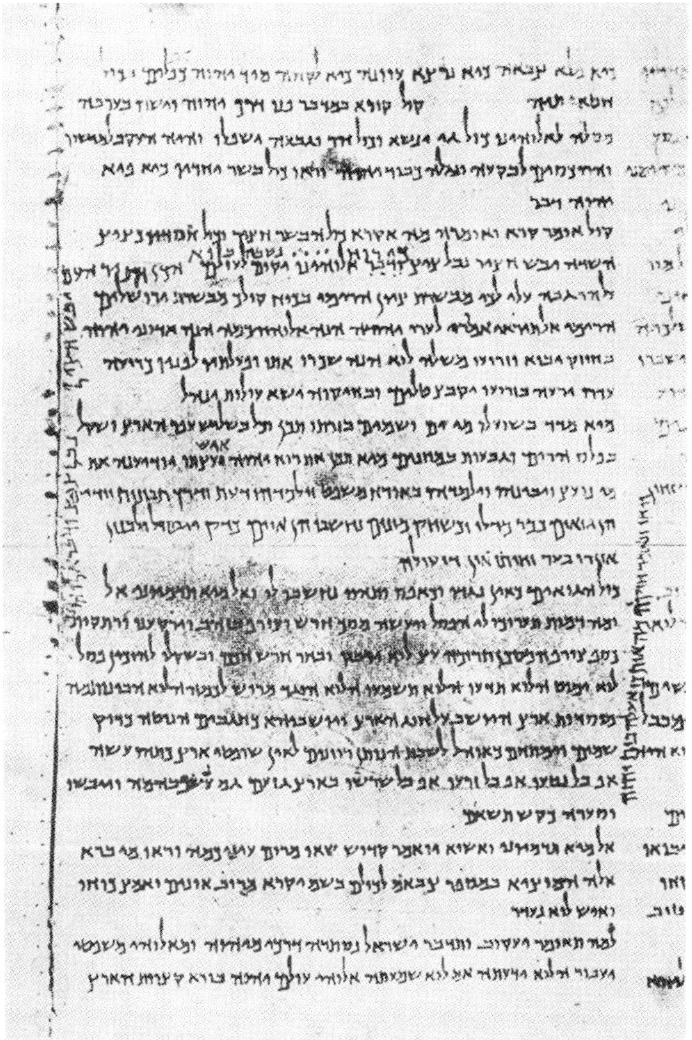

Abb. 1: Kolumne VIII der Jesaja-Rolle I von Qumran
1947 wurden in Qumran, am Toten Meer, die bisher ältesten Handschriften mit alttestamentlichen Texten gefunden; vollständig erhalten ist das Buch Jesaja. Lederstücke sind zu einer 7 m langen Rolle zusammengenäht, die spaltenweise beschrieben ist.

Wir besitzen nicht eine Unzahl widersprüchlicher und ungeordneter Bücher, sondern nur 22... Das sind zuerst die 5 Bücher des Mose. Vom Tod des Mose bis zu Artaxerxes... haben ...Propheten... die Geschichte ihrer Zeit in 13 Büchern erzählt. 4 weitere Bücher enthalten Lieder des Gotteslobes und Lebenslehren für die Menschen. Auch von Artaxerxes bis heute hat man die Begebenheiten erzählt, aber diese Bücher nimmt man nicht mit gleichem Glauben auf, weil die Nachfolge der Propheten nicht mehr gesichert war. Selbstverständlich denken alle Juden, daß diese Bücher Gottes Willensäußerungen sind, sie achten sie und werden, wenn es notwendig ist, mit Freuden dafür sterben.
(In Apionem I, 8)

Seit wann und unter welchen Umständen kamen die Juden dazu, gerade diese 22 Bücher für so wertvoll zu halten? Einen Anhaltspunkt gibt Josephus mit einer nur auf den ersten Blick merkwürdigen Zeitangabe: Die nach der Zeit des Perserkönigs Artaxerxes entstandenen Bücher seien für den Glauben nicht mehr gleich wesentlich. Josephus datiert so, weil er zu einem Heiden spricht. Der bereits erwähnte Brief an die ägyptischen Juden in 2 Makk spricht wahrscheinlich von dem gleichen Vorgang, nennt aber eine Gestalt der jüdischen Geschichte:

In den Erinnerungen des Nehemia steht, wie er eine Bibliothek anlegte und die Bücher der Könige und der Propheten und die Lieder Davids sammelte.
(2 Makk 2,13)

Nehemia war Jude und Beamter am Hofe des Persers Artaxerxes. Er erhielt die Erlaubnis, Jerusalem, das damals, fast 90 Jahre nach der Rückkehr der ersten Verbannten, immer noch in Trümmern lag, wieder aufzubauen. Es gelang ihm, Jerusalem mit Erlaubnis des Perserkönigs aus dem Machtbereich der persischen Verwaltung in Samaria zu lösen und einen eigenen Verwaltungsapparat aufzubauen – sehr zum Mißvergnügen des persischen Gouverneurs von Samaria, ebenfalls ein Mann jüdischen Glaubens. (Auf Vorgänge dieser Zeit sind spätere Gegensätze zwischen Juden und Samaritanern letztlich zurückzuführen.) Von all dem wissen wir aus Aufzeichnungen Nehemias selbst, die im biblischen Buch Nehemia erhalten sind.

Daß Nehemia die heiligen Schriften sammelte, ist dort freilich nicht erwähnt. Denkbar wäre es immerhin, daß Nehemia, besorgt um den inneren Zusammenhalt der jüdischen Gemeinschaft, auch eine Sammlung der heiligen Schriften anregte. Der Gedanke lag damals sozusagen in der Luft. Einige Jahrzehnte nach Nehemia kam – wiederum im Auftrag des Perserkönigs (dieses Mal war es Artaxerxes II.) – der Priester *Esra* nach Jerusalem, um dort das »Gesetz seines Gottes« feierlich zu verkünden (Esra 7). In Esra 7,6 wird Esra »ein Schriftgelehrter« genannt, »kundig im Gesetz des Mose«. Das Gesetz, das er aus Babel mitbrachte, wird der Kern der im Exil redigierten ersten fünf Bücher des Alten Testaments gewesen sein.

Die Jerusalemer stimmten dem Gesetzesvortrag des Esra zu und versprachen, nach diesem Gesetz zu leben. Damit war der Kern des Kanons sozusagen offiziell anerkannt.

Dies sind nun schon alle Nachrichten, die aus einem Zeitraum von fast 500 Jahren über die Entstehung der Sammlung der heiligen Schriften erhalten sind. Sie seien noch einmal zusammengefaßt:

450 v. Chr.: Neh: Nehemia verschafft der Jerusalemer Gemeinde mit Erlaubnis Artaxerxes I. eine gewisse Autonomie.

398 v. Chr.: Esra 7: Esra verkündet im Auftrag Artaxerxes' II. in Jerusalem das »Gesetz seines Gottes«; die Gemeinde akzeptiert es als Richtschnur des Lebens.

167 v. Chr.: 1 Makk 1,56: Bei der Judenverfolgung des Antiochos Epiphanes werden Buchrollen des Gesetzes verbrannt, die Besitzer mit dem Tode bestraft.

164 v. Chr.: 2 Makk 2,13ff: Ägyptische Juden werden eingeladen, ihre Sammlung heiliger Bücher durch Abschriften aus Jerusalem zu komplettieren, da Judas Makkabäus nach der Verfolgung die – angeblich schon von Nehemia hergestellte – Sammlung erneuert hat.

nach 70 n. Chr.: In Apionem I,8: Josephus berichtet über die Sammlung von 22 heiligen Schriften der Juden, die vor der Zeit des Artaxerxes entstanden sind.

2.2 Das Alte Testament – Zeugnis vom einen Wirken Gottes

In seinen »Bekenntnissen« erzählt *Augustinus,* wie er eines Tages, angeekelt von seinem bisherigen Leben, im Garten spazieren ging. Da hört er eine Kinderstimme singen: »Nimm und lies!« Er findet eine Bibel aufgeschlagen auf einem Gartentisch; sein Blick fällt auf Röm 13,13: »Laßt uns ehrenhaft leben wie am Tag, ohne maßloses Essen und Trinken, ohne Unzucht und Ausschweifung, ohne Streit und Eifersucht. Legt den Herrn Jesus Christus an!« Augustinus ist betroffen; er weiß: Diese Worte sind für ihn gesagt; er muß sein Leben ändern. – Für Augustinus ist wie für Gläubige bis heute selbstverständlich:

In der Bibel liegt »Gottes Wort an mich, an meine Zeit« vor. Bei der Abfassung der biblischen Schriften haben deren Autoren jedoch keineswegs an uns, Menschen einer unausdenkbar fernen Zukunft, gedacht; sie haben für ihre Zeitgenossen geschrieben. Wie kam es dazu, daß man trotzdem schließlich diese Schriften las als Zeugnis dafür, daß Gott durch sie zu allen Zeiten sprechen will?

In den oben (2.1) zitierten Texten aus der Zeit zwischen Esra und Josephus ist der Umschwung längst vollzogen. Sie berichten nicht nur darüber, daß die Schriften gesammelt wurden, sondern auch, daß Gläubige bereit waren, für diese Schriften zu sterben. Sie galten ihnen als Äußerungen des Willens Gottes; nach diesen Schriften wollten sie leben. Esra trug die im Exil redigierten Schriften der Jerusalemer Gemeinde als »Gesetz« vor; als »Gesetz« wurden sie von dieser akzeptiert. »Gesetz« heißt im Hebräischen »Torah«.

Die Sammlung der heiligen Schriften wird mit dem hebräischen Wort *Torah* bezeichnet. Was bedeutet Torah?

Das Substantiv Torah ist abgeleitet von einem Verb, das »belehren, zurechtweisen, Auskunft geben« meint. Torah nannte man z.B. die Auskunft, die Priester Ratsuchenden aus ihrer Kenntnis der heiligen Vorschriften gaben. Torah gibt ein Lehrer einem Schüler. Torah ist Wegweisung für das Leben, für das praktische Verhalten. Als *die* Torah gilt den Juden bis heute die Sammlung von Schriften, deren Kern Esra nach Jerusalem mitbrachte, die ersten fünf Bücher der Bibel. Doch im Neuen Testament werden auch Zitate aus Psalmen und Propheten gelegentlich als Worte aus dem »Gesetz« (Torah) bezeichnet.

Beispiele: In Joh 10,34 ein Zitat aus Ps 82,6; in Joh 12,34 ein Zitat aus Ps 110,4; Jes 9,6; Dan 7,14; in 1 Kor 14,21 ein Zitat aus Jes 28,11f.

> Eine altehrwürdige Bezeichnung für die Sammlung der heiligen Schriften ist »Torah«; sie kennzeichnet diese Schriften als »Gesetz«, nach dem der Gläubige leben will.
>
> Die christliche Theologie hat Torah durch das griechische Wort **»Kanon«** ersetzt.
>
> Mit der Bezeichnung »Kanon« wird die Sammlung der biblischen Schriften als »Maßstab« gedeutet, der an das Leben der Gemeinde angelegt wird.

(Kanon ist ein griechisches Lehnwort aus dem Hebräischen. Hebräisch »qanäh« ist das Schilfrohr, die Meßlatte.)

Die Zeit der Sammlung der Schriften ist also zugleich Zeit der »Kanon«-bildung: Eine bei der Abfassung der Schriften noch nicht vorhersehbare Deutung setzte sich durch; sie wurden zur »Torah«, zum »Kanon«, zur fortdauernden Wegweisung für das Leben des Gottesvolkes. Es ist bedauerlich, daß die innere und äußere Geschichte der Menschen, in deren Mitte sich dieser entscheidende Vorgang abspielte, für uns fast ganz im Dunkeln liegt. Bekannt ist nur weniges aus der zweiten Hälfte des 5. Jh. (Esra, Nehemia), dann erst wieder einiges aus der Mitte des 2. Jh. (Makkabäer) und aus der Epoche nach der Zeitenwende (NT, Josephus).

Eines allerdings ist sicher: Diese Zeit, in der eine in riesigen Großreichen fast verlorene, kleine Gemeinschaft von Gläubigen mühsam ihre Identität zu wahren versuchte, indem sie ihre alten Überlieferungen sammelte und sicherte, war nicht eine Zeit umwälzender Neuerungen. Mit der Kanonbildung wurden hier nur Linien kräftiger ausgezogen, die in den Schriften selbst schon angelegt waren. Das gilt für beide Seiten dieses doppelten Vorgangs der Kanonbildung: Einerseits wurden dabei überlieferte Schriften aus alter Zeit als ein für Gegenwart und Zukunft fortgeltendes »Recht« gedeutet; andererseits mühte man sich gerade deswegen darum, alle diese Schriften vollständig in der *einen* Heiligen Schrift zu sammeln.

Beide Tendenzen sind von Anfang an in der Entstehungsgeschichte des Alten Testaments zu beobachten:

Ereignisse aus der Vergangenheit bleiben in Erinnerung, weil man daraus Hoffnung schöpft für Gegenwart und Zukunft (vgl. das in 1.2 über die Exodusüberlieferung Gesagte).

Zwar sprechen aus dem Alten Testament viele verschiedene Stimmen aus unterschiedlichen Zeiten und Gesellschaftsschichten; aber alle legen Zeugnis ab von dem einen Gott, der sich um sein Volk müht. Die Entstehungsgeschichte des Alten Testaments darzustellen heißt auch, die vielfältige Verflochtenheit seiner Schichten zu erfassen, in denen alte Themen immer neu aufgegriffen werden.

Ein Beispiel: »Unser Gott verheißt uns Land«; das wird Hoffnung der wandernden Kleinviehzüchter am Rande des Kulturlandes und Hoffnung der aus Ägypten geflohenen Schar gewesen sein. »Landverheißung« bleibt das Motiv, mit dem der Spannungsbogen umfassender Literaturwerke des AT aufgebaut ist: Wie kommt es vom Auszug aus Mesopotamien und aus Ägypten zum Einzug ins Land (Pentateuch)? Wie kommt es vom Einzug ins Land zum Landverlust? (Deuteronomistisches Geschichtswerk; vgl. Bd. 2). Noch die Bergpredigt nimmt Bezug auf dieses Thema:

Selig, die keine Gewalt anwenden; denn sie werden das Land erben. (Mt 5,5)

Diese Geschichte des ständigen Gesprächs der Traditionsträger miteinander, in der neue Themen meist als Auslegung alter, bekannter Sätze und Überlieferungen begegnen, mündet schließlich in die Entstehung des einen Kanons des Alten Testamentes.

2.3 Der Umfang des alttestamentlichen Kanons

Am Anfang des 4. Jh. v. Chr. brachte der Priester Esra eine im Exil aus älteren Materialien redigierte Schrift nach Jerusalem, die er der dortigen Gemeinde als »Torah« vorlegte – damit begann die Geschichte der Kanonbildung. Doch erst am Anfang des 2. Jh. n. Chr. erfährt man aus einer Schrift des Josephus, daß der alttestamentliche Kanon 22 Bücher umfaßt. Ähnliches ist in der christlichen Überlieferung zu beobachten: Schon im 2. Jh. n. Chr. hat die Kirche die Lehre Marcions verworfen, daß das Alte Testament Zeugnis von einem teuflischen Widergott sei. Aber erst am 8. April 1546, in der 4. Sitzung des Konzils von Trient – erst in der Auseinandersetzung mit der Reformation – wurde genau und feierlich festgelegt, welche Schriften zum Kanon gehören:

Das hochheilige, ökumenische und allgemeine Konzil, im heiligen Geist versammelt, ... nimmt alle Bücher des Alten und des Neuen Testamentes, da der eine Gott der Urheber beider ist, ... mit gleicher Ehrfurcht an.
(Denzinger 1501)

Dann werden die Bücher aufgezählt; 44 sind es für das Alte Testament. Schließlich wird feierlich der Bann ausgesprochen:

Wer aber nicht alle diese Bücher unverändert mit allen ihren Teilen als... kanonisch annimmt, ... der sei im Bann.
(Denzinger 1504)

Mit gleichem heiligen Ernst hat Josephus gesprochen; aber er hat nur die Zahl 22 genannt; eine dritte Zahl, 46, ergibt sich, wenn wir in die »Einheitsübersetzung« oder eine andere katholische Bibelausgabe von heute schauen. Wie kann es zu solchen Unterschieden kommen, wenn doch von Anfang an das Prinzip der Einheit und Vollständigkeit treibende Kraft bei der Kanonbildung war?

Zum Teil ist die Differenz nur äußerlich: Die Konzilsväter von Trient zählten Baruch und die Klagelieder als Teile des Buches Jeremia, so kommt die Zahl 44 zustande. Für Josephus ist die Sammlung der Schriften der zwölf sogenannten »Kleinen Propheten« ein einziges Buch. Doch, abgesehen von diesen nur scheinbaren Unterschieden, besteht bis heute zwischen dem jüdischen und dem katholischen Kanon ein Unterschied von 7 Büchern:

Im jüdischen Kanon fehlen folgende Bücher:

Tobit; Judit; 1 und 2 Makkabäer; das Buch der Weisheit; Jesus Sirach; Baruch; darüber hinaus Teile aus Ester und Daniel (z. B. die Geschichte von der Rettung der schönen Susanna).

Dieselben Bücher ließen auch die Reformatoren nicht als kanonisch gelten; sie fehlen darum bis heute in protestantischen Bibelausgaben.

In diesen unterschiedlichen Auffassungen vom Umfang des Kanon spiegelt sich dessen Entstehungsgeschichte.

Vier Perioden der Kanonbildung entsprechen vier Formen des Kanons:

Ältester Kern des Kanons ist das Werk, das der Priester und Schriftgelehrte Esra 398 v. Chr. nach Jerusalem mitbrachte: Im großen und ganzen wird es den ersten fünf Büchern unserer Bibel entsprochen haben.

Torah: Als Torah legte Esra diese Schrift den Jerusalemern vor. Die Juden nennen den ersten Teil des Kanons bis heute so.

Bücher des Mose: Man nannte dieses Werk so, weil in seinem Mittelpunkt das durch Mose am Sinai vermittelte Gottesgesetz steht.

Gesetz: Nomos, Gesetz, war die griechische Wiedergabe von »Torah«; im Neuen Testament meint »Gesetz« oft diesen ersten Teil des Alten Testamentes.

Pentateuch: »Fünf Rollen« nannte man in der griechisch sprechenden Welt diesen ältesten und ehrwürdigsten Teil des alttestamentlichen Kanons. (Bis heute oft in der wissenschaftlichen Literatur benutzt.)

Die samaritanische Gemeinde ist bis heute auf dieser Stufe der Kanonbildung stehen geblieben; die »Bibel« besteht für sie nur aus den ersten fünf Büchern unseres Alten Testaments. Seitdem sich die Jerusalemer Juden unter Nehemia von der Verwaltung durch Samaria befreit hatten, war der Haß zwischen den Glaubensbrüdern immer heftiger geworden. Darum koppelten sich die Samaritaner von allen Fortbildungen jüdischen Glaubensgutes ab. Doch für Juden ging die Entwicklung weiter.

Im Neuen Testament wird das Alte Testament mehrfach mit dem Doppelnamen *»das Gesetz und die Propheten«* bezeichnet: Seit der Zeit des Esra war ein weiterer großer Teil zum Kanon hinzugekommen.

Nebiim, d.h. »Propheten« nennt die jüdische Überlieferung nicht nur die Schriften
Jesaja; Jeremia; Ezechiel; das Zwölfprophetenbuch,
sondern auch
Josua; Richter; 1 und 2 Samuel; 1 und 2 Könige.

Die Bücher der zweiten Gruppe heißen die »Früheren Propheten«; prophetische Überlieferungen kommen in diesen Schriften vielfach zu Wort. Die Bücher der ersten Gruppe, auch bei den Christen »prophetische Schriften« genannt, heißen bei den Juden die »Späteren Propheten«.

Geschichtliche Bücher und Prophetenbücher unterscheidet die christliche Überlieferung. Doch sie zählt zu den geschichtlichen Büchern weit mehr Schriften:
1 und 2 Chronik, Esra und Nehemia kommen hinzu; in katholischen Bibeln darüber hinaus Tobit; Judit; Makkabäer.

Die ältere Einteilung ist die jüdische. »Gesetz und Propheten« waren um 200 v. Chr. bereits als kanonische Sammlung anerkannt. Das bezeugt das zu dieser Zeit geschriebene Buch Jesus Sirach. In Sir 49 werden Jesaja, Jeremia, Ezechiel und die »Zwölf Propheten« als Autoritäten genannt.

Keine Aufnahme mehr in die jüdische Sammlung der »Propheten« fand das Buch Daniel, das zur Zeit der großen Verfolgung unter Antiochos Epiphanes (2. Jh. v. Chr.) als geheimes Trostbuch unter den unterdrückten Juden kursierte. Doch es fand bei der Judenschaft so große Zustimmung, daß es in eine dritte Gruppe heiliger Bücher aufgenommen wurde, die als letzte feste Form erhielt.

Ketubim, d.h. »Schriften« ist eher ein Verlegenheitsname für Bücher, die man wohl für altehrwürdig und heilig hielt, aber nicht auf Propheten oder gar auf Mose zurückführen konnte:
Psalmen; Sprichwörter; Kohelet; Hoheslied; Ester; Daniel.

TeNaK wurde bei den Juden Bezeichnung der ganzen Heiligen Schrift: ein aus den Anfangsbuchstaben von Torah, Nebiim, Ketubim gebildeter Kunstname.

Zur Zeit Jesu hat die konservative Partei der Sadduzäer – der Priesteradel – nur die Torah (Pentateuch) als Norm jüdischen Lebens anerkennen wollen. Das Neue Testament dagegen hat ebenso wie die Pharisäer, die für religiöse Entwicklungen aufgeschlossener waren, den ganzen Tanach als »Gesetz« des Lebens und Glaubens anerkannt. Mit der Zerstörung des Tempels 70 n. Chr. verlor der Priesteradel seinen Einfluß; die pharisäische Auffassung vom Umfang der Heiligen Schrift setzte sich durch.

Nach der Katastrophe von 70 n. Chr. versuchten pharisäische Schriftgelehrte, das Judentum neu zu festigen. Auf der Synode von Jamnia (100 n. Chr.) belegten sie nicht nur die Sektierer mit dem Bann, sondern setzten auch den Umfang des Tanach fest.

Doch außerhalb Palästinas, bei Diasporajuden, war die Entwicklung inzwischen noch weitergegangen.

In der griechisch sprechenden jüdischen Diaspora, vor allem im westlich orientierten Ägypten und dort am meisten in Alexandrien, einem Mittelpunkt griechischer Wissenschaft und Philosophie, dem Ort der berühmtesten Bibliothek des Altertums, hatten sich Juden den geistigen Strömungen der hellenistischen Welt weit geöffnet, ohne deshalb ihren Väterglauben aufzugeben. In Alexandrien entstand seit 300 v. Chr. eine in der griechischen Diaspora allgemein anerkannte griechische Übersetzung des Alten Testaments, die sogenannte *»Septuaginta«*. Die größere Aufgeschlossenheit dieser Juden für neue geistige Entwicklungen zeigte sich auch darin, daß sie für Gottesdienst und Unterricht jüngere, z.T. griechisch geschriebene Schriften verwendeten, eben jene sieben Bücher, durch die der katholische Kanon sich bis heute vom jüdischen und protestantischen unterscheidet. Die junge Kirche konnte in den Diasporagemeinden eher Fuß fassen als in Palästina; das Alte Testament übernahm sie darum eher in der griechischen Fassung und in der erweiterten Form, die der alttestamentliche Kanon dort gefunden hatte.

Deuterokanonisch, d.h. »zum zweiten, zum anderen Kanon gehörend« nannte die Kirche diese sieben Bücher, die in der älteren Kanonform des Tenach nicht enthalten sind. – Die Protestanten aber, die diese Bücher überhaupt nicht als kanonisch gelten lassen, wollten diese Bezeichnung nicht beibehalten.

Apokryph nennen die Protestanten die sieben Bücher, die bei den Katholiken »deuterokanonisch« heißen. Auch die Katholiken kennen »apokryphe Schriften«; doch – in einer Art interkonfessioneller Sprachverwirrung – meinen sie damit ganz andere Bücher:

Apokryph heißt »verborgen, geheim«. Verschiedene Geheimschriften, abgefaßt in einer verschlüsselten Symbolsprache, liefen in den kleinen jüdischen Gemeinschaften um, die sich in den großen Weltreichen wie verloren vorkommen mußten und nicht selten verfolgt wurden. Man schaute aus nach verborgenen Zeichen, an denen der Glaube seine Überlegenheit über gottfeindliche Weltmächte erkennen konnte. Als einziges derartiges Buch ist das Buch Daniel in den alttestamentlichen Kanon, ja sogar in den Tenach gekommen. Bekannt und bis heute überliefert sind aber noch andere jüdische Schriften dieser Art. Darunter ist das Buch Henoch, das sogar noch älter ist als Daniel, aber auf Grund uns unbekannter Umstände nicht in den Kanon aufgenommen wurde. Diese Schriften verdienen unser Interesse nicht nur als Zeugnisse eines oft tiefen Glaubens, sondern auch deswegen, weil sie einen Eindruck von den Kreisen vermitteln können, in deren Mitte das Neue Testament entstand.

Apokryph nennt die katholische Tradition die Schriften, die als Glaubenszeugnisse in jüdischen Gemeinden um die Zeitenwende entstanden, aber weder in den Tenach, noch in den erweiterten Kanon der griechisch sprechenden jüdischen Diaspora gelangten.

Pseudepigraphisch nennen die Protestanten diese selbe Gruppe von Büchern. – Die Bezeichnung »apokryph« ist bei ihnen ja bereits vergeben und meint die sieben zusätzlichen Bücher der griechischen Kanonform.

Pseudepigraphisch heißt: »Unter falschem Namen veröffentlicht«. Es entspricht dem Charakter dieser Geheimschriften, daß der Autor sich nicht zu erkennen gibt, sondern sich hinter einem berühmten Namen verbirgt.

Die geheimen Visionen des Buches Daniel werden einem Weisen in den Mund gelegt, der der Legende nach Jahrhunderte früher lebte. Andere Bücher berufen sich auf den Urvater Henoch (Gen 5,21ff), auf Esra oder gar auf Adam und Eva.

Die Sprachverwirrung bei der Bezeichnung der »apokryphen« oder »pseudepigraphischen« Schriften ist zwar bedauerlich, aber gewiß zu meistern. Bedenkenswerter ist in diesem Zusammenhang etwas anderes: Feierlich hat das Tridentinum bekannt, daß »alle diese Bücher« »Gott zum Urheber haben«. Feierlich haben die Konzilsväter diejenigen mit dem Bann belegt, die nicht »alle diese Bücher« als kanonisch ansehen. – Aber ob ein bestimmtes Buch kanonisch wurde oder nicht, das hing auch von geschichtlichen Zufällen ab. So sehr das Tridentinum und die Synode von Jamnia die Heiligkeit des Kanons betonen: Er ist eine geschichtlich gewordene Größe; das zeigt sich bis heute darin, daß in unterschiedlichen Glaubensgemeinschaften unterschiedliche Gestalten des Kanons gelten.

<table>
<tr>
<td>Der hebräische Kanon

I. Die fünf Bücher des Mose (die Torah)
Gen, Ex, Num, Lev, Dtn

II. Die Propheten (Nebiim)
1. Frühere Propheten:
Jos, Ri, 1 und 2 Sam, 1 und 2 Kön
2. Spätere Propheten:
Jes, Jer, Ez, Zwölfprophetenbuch

III. Die Schriften (Ketubim)
1. Psalmen und Weisheit:
Ps, Ijob, Spr
2. »Festrollen«:
Rut, Hld, Koh, Klgl, Est
3. Daniel-Apokalypse:
Dan
4. Chronistisches Geschichtswerk:
Esra, Neh, 1 und 2 Chr</td>
<td>Der griechische Kanon

I. Der Pentateuch
Gen, Ex, Num, Lev, Dtn

II. Geschichtliche Bücher
Jos, Ri, Rut, 1 und 2 Sam, 1 und 2 Kön, 1 und 2 Chr, Esra, Neh, Est, Jdt, Tob, 1 und 2 Makk

III. Weisheitsbücher und Psalmen
Ps, Spr, Koh, Hld, Ijob, Weish, Sir

IV. Prophetenbücher
Zwölfprophetenbuch, Jes, Jer, Bar, Klgl, Ez, Dan</td>
<td>Der Kanon der Einheitsübersetzung

I. Die fünf Bücher des Mose
Gen, Ex, Num, Lev, Dtn

II. Die Bücher der Geschichte des Volkes Gottes
Jos, Ri, Rut, 1 und 2 Sam, 1 und 2 Kön, 1 und 2 Chr, Esra, Neh, Tob, Jdt, Est, 1 und 2 Makk

III. Die Bücher der Lehrweisheit und die Psalmen
Ijob, Ps, Spr, Koh, Hld, Weish, Sir

IV. Die Bücher der Propheten
Jes, Jer, Klgl, Bar, Ez, Dan
Zwölfprophetenbuch</td>
</tr>
<tr>
<td colspan="3">Deuterokanonische (kath. Sprachgebrauch) bzw. apokryphe (prot. Sprachgebrauch) Schriften:
Jdt, Tob, 1 und 2 Makk, Weish, Sir, Bar.</td>
</tr>
<tr>
<td colspan="3">Altjüdische Schriften außerhalb des Kanons:
Apokryphe (kath. Sprachgebrauch), bzw. pseudepigraphische Schriften (prot. Sprachgebrauch):
Aristeasbrief, Buch der Jubiläen, Martyrium Jesajas, Psalmen Salomos, Sibyllinen, Buch Henoch, Himmelfahrt des Mose, 4. Buch Esra, Baruchapokalypse, Testamente der zwölf Patriarchen, Leben Adams und Evas u.a.</td>
</tr>
</table>

Abb. 2: Formen des Kanons alttestamentlicher Schriften

Es hat immer Theologen gegeben, die sich mit solchen geschichtlichen Zufälligkeiten in Glaubensdingen nicht abfinden wollten.

Man legte z.B. einen Zeitpunkt fest, bis zu dem hin kanonische Schriften entstanden sein mußten – vgl. die Stellungnahme des Josephus, der sich darauf beruft, daß bis zur »Zeit des Artaxerxes« die Tradition der Propheten nie abgerissen sei. Doch abgesehen davon, daß sich eine solche ununterbrochene Tradition historisch schwer nachweisen läßt, wäre mit einer derartigen zeitlichen Abgrenzung nicht zu erklären, warum das ältere Henochbuch nicht in den Kanon kam, das jüngere Buch Daniel aber doch.

Man versuchte auch innere Kriterien für die Kanonizität anzuführen. Das tat z.B. Marcion, der wegen der Schöpfungslehre und des Gesetzes das ganze Alte Testament verwarf.

Feierlich spricht das Tridentinum von »Gott als dem Urheber beider Testamente«. Diese Formulierung untersagt nicht, die geschichtliche Entstehung des Kanons ernst zu nehmen. Wir können das Wirken Gottes nur »inkarnatorisch« verstehen, d.h. von der Menschwerdung her. Das »und«, das in Christus »Gott und Mensch« verbindet, ist überall mitzudenken, wo der Glaube vom Wirken Gottes in der Geschichte spricht. Die Geschichte des Kanons ist eine menschliche Geschichte, in der auch zufällige menschliche Entscheidungen mitspielen. »Und« es ist zugleich die Geschichte, in der Gott sich sein Volk schuf.

Weil das Alte Testament als Buch des Alten Gottesvolkes entstand und weil die Kirche es als ihr Buch annahm, ist der Kanon der heiligen Schriften des Alten Testaments auch für uns »Norm des Lebens«. Die Sammlung der heiligen Schriften kam geschichtlich zustande – »zufällige« Zeitumstände spielten dabei mit. Darum muß diese Sammlung auch als Zeugnis aus der Geschichte ausgelegt werden.

Das 2. Vatikanum sagt:

Die Heilige Schrift muß in dem Geist gelesen und ausgelegt werden, in dem sie geschrieben wurde.
(Dei verbum 12)

Nach den Überlegungen in diesem Abschnitt heißt das auch: in dem Geist, in dem sie als »Heilige Schrift« gesammelt und zusammengefügt wurde.

Literatur zu Lektion 2

In »Einleitungen« zum Alten Testament wird meist auch die Kanongeschichte behandelt; darum seien hier einige Werke dieser Art vorgestellt.

1. Allgemeinverständlich gehaltene Einführungen:

D. Arenhoevel, So wurde Bibel, Stuttgart [5]1986.
Ein reich bebildertes, didaktisch durchdachtes Sachbuch, das an einigen Beispielen die Entstehungsgeschichte des Alten Testaments veranschaulicht.

M. Augustin/J. Kegler, Bibelkunde des Alten Testaments, Gütersloh 1986.
In Form von Übersichten informiert das Werk über den Aufbau der biblischen Bücher, Inhalte und Themen. Zahlreiche Literaturangaben.

W. Bühlmann, Schlüssel zu Gesetz und Propheten. Hinführung zum Alten Testament für die Praxis – eine Handreichung für Schule und Erwachsenenbildung, Luzern–Stuttgart 1984.
Ausgewählte Themen des Alten Testament sind in ihrem historischen und literarhistorischen Zusammenhang dargestellt: Schöpfung; Werden Israels; Könige und Propheten; Psalmen; Jona.

E. Charpentier, Führer durch das Alte Testament. Anleitung zum Selbst- und Gruppenstudium, Düsseldorf 1984.
Leitfaden ist eine Darstellung der Geschichte Israels vom Auszug aus Ägypten bis zur Perserzeit; eingefügt sind Hinweise zu Entstehung und Botschaft biblischer Bücher.

B. Lang, Ein Buch wie kein anderes, Kevelaer–Stuttgart 1980.
Themen: Entstehung der »Bibliothek« des Alten Testaments; Kanonbildung; Sprachen der Bibel; Handschriften; die Bibel – Buch der Kirche.

2. Wissenschaftliche Einleitungen in das Alte Testament; angestrebt ist umfassende Information über alle Schriften; weiterführende Literatur ist ausführlich verzeichnet:

S. Amsler (u.a.), Le canon de l'Ancien Testament. Sa formation et son histoire, Genf 1984.

H. Cazelles (Hrsg.), Introduction critique à la bible, Paris 1973.

»Spezialisten« berichten über: die Geschichte Israels (Kap. 1); die Sammelwerke und die einzelnen Bücher des Alten Testaments (Kap. 2–5); alttestamentliche Literaturgeschichte; Entstehung des Kanons (Kap. 6).

R. Rendtorff, Das Alte Testament. Eine Einführung, Neukirchen 1983.

Das Alte Testament als Quelle der Geschichte Israels; die atl. Literatur im Leben Israels; die Bücher des Alten Testamentes.

W. H. Schmidt, Einführung in das Alte Testament, Berlin – New York ²1982.

Alle atl. Schriften werden vorgestellt; dabei werden Literaturgeschichte, Geschichte Israels und Glaubensgeschichte Israels zusammengesehen. Gut lesbare Sprache.

J. Scharbert, Sachbuch zum Alten Testament, Aschaffenburg 1981.

Themen: Kirche und Altes Testament; Entstehung und Inhalte der atl. Bücher; Kanongeschichte; Voraussetzungen für das Schriftverständnis – Hermeneutik; Textüberlieferung; Geschichte der Gotteserfahrung Israels; im Anhang ein umfassendes Literaturverzeichnis.

R. Smend, Die Entstehung des Alten Testaments, Stuttgart–Berlin–Köln–Mainz 1981.

Ausgehend von der Endform atl. Texte wird zurückgefragt, über die jeweils älteren Bearbeitungsstufen hinaus bis zur vorliterarischen Überlieferung.

Lektion 3: Die Textüberlieferung

Welches ist der »richtige«, der Urtext der Bibel? In keiner der uns zugänglichen Bibelausgaben ist er zu finden, auch in den hebräischen nicht. Die ersten Niederschriften biblischer Bücher sind schon lange nicht mehr vorhanden. Wir besitzen nur Abschriften von Abschriften von Abschriften usw. Die ältesten erhaltenen Handschriften stammen aus der Zeit Karls d. Gr. Die jüngsten alttestamentlichen Schriften aber entstanden im 2. Jh. v. Chr.; die ältesten wurden schon um 1000 v. Chr. niedergeschrieben: Wie viele Fehler konnten sich in dieser fast zwei Jahrtausende langen Geschichte immer neuer Abschriften einschleichen!

Erstaunlich scheint es nun aber zunächst zu sein, daß hebräische Bibelhandschriften verschiedener Herkunft dennoch fast genau übereinstimmen. Die Erklärung dafür ist jedoch einfach: die Nachfolger der Schriftgelehrten, die nach dem Untergang des 2. Tempels den Umfang des Tanach festlegten, wollten auch den Text sichern. Mit akribischer Gelehrsamkeit erarbeiteten sie aus den in Gebrauch befindlichen Bibelhandschriften einen anerkannten Text und vernichteten anschließend alle davon abweichenden Texte. Zugleich trafen sie pedantische Vorkehrungen gegen neue Abschreibfehler: Verse, Worte, ja Buchstaben wurden gezählt.

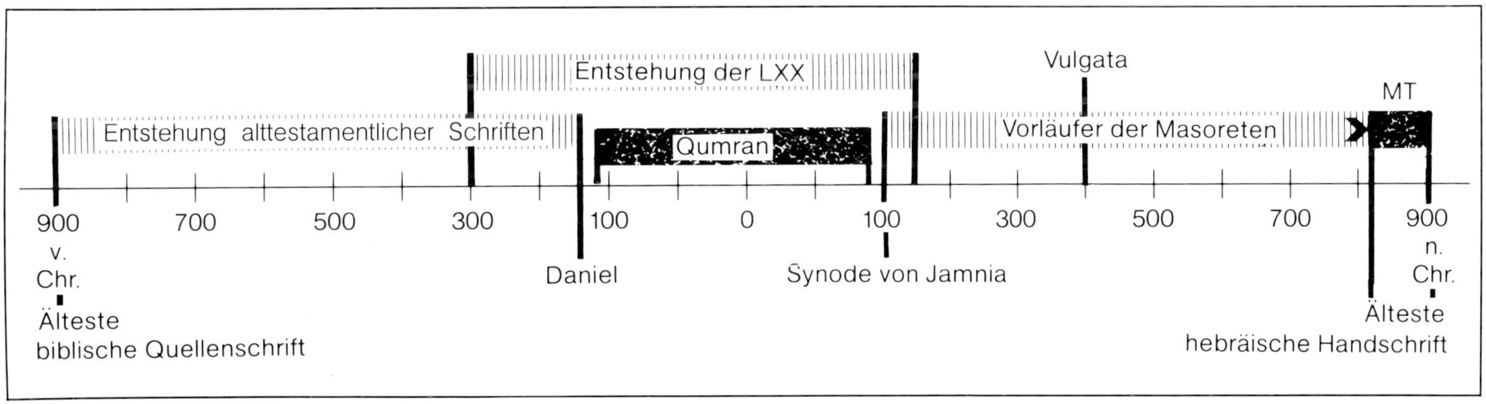

Abb. 3: Überblick zur Geschichte der Textüberlieferung

Abb. 4: Torahrolle von Nablus (Sichem)
Die Samaritaner von Nablus zeigen diese Rolle bei feierlichen Gottesdiensten.

Diese Haltung den heiligen Texten gegenüber kannten die Juden schon in neutestamentlicher Zeit, vgl. Mt 5,18: »Bis Himmel und Erde vergehen, wird auch nicht der kleinste Buchstabe des Gesetzes vergehen.«

Der Text wurde von den Gelehrten rings umgeben mit textsichernden Anmerkungen, mit der sogenannten »Masora«, d.h. »Überlieferung«. Die Schriftgelehrten, die sich um die genaue Textüberlieferung bemühten, nennt man daher »Masoreten«.

Masoretischer Text (MT) ist die Bezeichnung der Textform, die aus der Arbeit jüdischer Gelehrter bis zum Mittelalter hervorging.

Moderne Gelehrte bedauern, daß die Masoreten systematisch andere Textformen ausgemerzt haben; man kann nun keinen vormasoretischen Text mit MT vergleichen und so die Arbeitsweise der Masoreten überprüfen. Nur ein hebräischer Text blieb – wenigstens für den Pentateuch – neben MT übrig:

Der samaritanische Pentateuch bietet eine vom MT abweichende Textform, da die samaritanische Gemeinde die textsichernde Arbeit ihrer feindlichen Brüder nicht annahm. Doch das Alter der von Samaritanern in Nablus (Sichem) aufbewahrten Handschrift ist ungewiß; der Text ist weniger sorgfältig gesichert als MT.

Eine andere Möglichkeit, einen von den Masoreten noch unbearbeiteten Text zu finden, ergibt sich, wenn man aus alten Übersetzungen den zugrundeliegenden hebräischen Text rekonstruiert.

Die Vulgata – d.h. »die Verbreitete« – ist eine lateinische Bibelübersetzung, ein Werk des hl. Hieronymus. Um 390 n. Chr. verbrachte dieser viele Jahre in Palästina. – Doch der hebräische Text, den er bei den Juden dort finden konnte, war wieder masoretischer Text. Für die damalige Zeit war sein Unterfangen fast revolutionär, hatte die Kirche doch das Alte Testament aus der griechischen Überlieferung übernommen. – Die Vulgata war jahrhundertelang die einzige in der römischen Liturgie offiziell zugelassene Textform. Seit 1980 steht ihr im deutschen Sprachraum mit gleichem Rang die »Einheitsübersetzung« zur Seite.

Targume – d.h. »Übersetzungen« – werden die dem biblischen Hebräisch sprachlich am nächsten stehenden altaramäischen Wiedergaben des Alten Testaments genannt. Sie waren notwendig geworden, weil das Aramäische – Verkehrssprache im Perserreich – das Hebräische immer mehr verdrängte. (Zur Zeit Jesu verstand man den hebräischen Anfang eines Psalms schon nicht mehr, vgl. Mt 27,46f). Doch die jüdischen Schriftgelehrten, die mit Sorgfalt auf Reinerhaltung des Bibeltextes achteten, ließen nicht zu, daß Targume auf-

1 [1] בְּרֵאשִׁ֖ית[a] בָּרָ֣א אֱלֹהִ֑ים אֵ֥ת הַשָּׁמַ֖יִם וְאֵ֥ת הָאָֽרֶץ׃ [2] וְהָאָ֗רֶץ   ה ג׳[1] ר״פ וב׳ מ״פ . ג בתור[3] . יג׳[4] ול׳[5] בליש . ח ר״פ[6]

Gen 1,1 in der »Biblia Hebraica«, hrsg. von *R. Kittel,* Stuttgart [13]1962. Die hebräische Schrift wird von rechts nach links gelesen.

[1] **1**	Der Text wurde gesichert durch Einteilung in durchgezählte Verse. (In der Kittel-Bibel sind die hebräischen durch arabische Zahlen ersetzt.)
אלהים	Als Buchstaben sind nur die Konsonanten geschrieben: 'lhjm; zu lesen als »Elohim« (Gott). – Bis zum 5. Jh. n. Chr. wurde der hebräische Text nur mit Konsonanten geschrieben. Einen in der Konsonantenschreibweise sorgfältig gesicherten Text gibt es seit dem 2. Jh. n. Chr.
בְּרֵאשִׁ֖ית[a]	Die Konsonantenzeichen eines jeden Wortes sind von zahlreichen kleinen Zeichen umgeben: br'schjt (am Anfang) ist mit 6 Konsonanten und 7 Zeichen geschrieben. Mit kleinen Kreisen über einem Wort weisen die Masoreten auf ihre Randbemerkungen hin. Die übrigen Punkte und Striche bezeichnen die Vokale und die Intonation; sie wurden erst seit dem 10. Jh. hinzugefügt; die Vokale bezeichnen also eine erst im Mittelalter gebräuchliche Aussprache des Hebräischen: »br'schjt« ist demnach zu lesen als »b[e]reschit«. Buchstaben am Ende eines Wortes weisen auf die Fußnoten des modernen Herausgebers hin.
Cp 1, 1 Orig *Βρησιθ* vel *Βαρησηθ (-σεθ)*, Samar *bārāšit*	Diese Fußnote des modernen Herausgebers besagt, daß es in alten Handschriften statt der Aussprache b[e]reschit auch bräsit oder baräsät (baräset) und baraschit gab.
ה ג׳[1] ר״פ וב׳ מ״פ . ג בתור[3] . יג׳[4] ול׳[5] בליש . ח ר״פ[6]	Diese Randbemerkungen der Masoreten geben Auskunft darüber, wie oft ein Wort in der Bibel vorkommt: ה bedeutet: das Wort kommt fünfmal in der Bibel vor; ג bedeutet: dreimal steht es am Versanfang.
סכום הפסוקים של ספר אלף וחמש מאות ושלשים וארבעה׃	Dieser Text findet sich am Ende des Buches Genesis. Die Masoreten machen damit folgende Angabe: »Die Summe aller Verse dieses Buches: 1.534.«

Abb. 5: Der erste Vers der Bibel. Wie Gelehrte seit Jahrhunderten an der Textsicherung gearbeitet haben.

geschrieben wurden. Prägung durch lange Zeit mündlicher Weitergabe, volkstümliche und predigerhafte Umschreibung statt genauer Übersetzung machen es schwer, aus den Targumen die hebräische Textvorlage zu erraten.

Die Septuaginta (LXX) ist die wichtigste der alten Übersetzungen. Seit etwa 300 v. Chr. schufen griechisch sprechende Diasporajuden in Ägypten nach und nach eine Übersetzung der heiligen Schriften in ihre Muttersprache.

Ihren Namen – zu deutsch »Siebzig«, daher auch die Abkürzung LXX – erhielt sie nach einer Legende: Ptolemaios II. habe 72 Männer, sechs aus jedem Stamm, aus Palästina nach Ägypten geholt, die die Torah für die berühmte Bibliothek von Alexandrien übersetzen sollten. Jeder arbeitete für sich; doch am Ende – o Wunder – waren alle 72 Übersetzungen wörtlich gleich. Die LXX war bei hellenistischen Juden hochgeschätzt; Gott selbst hat nach ihrer Meinung diese Übersetzung inspiriert.

Aus zwei Gründen aber ist es schwer, den der LXX zugrundeliegenden hebräischen Text mit einiger Sicherheit zu rekonstruieren:

Auch die LXX ist nur aus späten und zudem weniger gut gesicherten Handschriften zu entnehmen.

Teilweise gibt die LXX eine gute und treffende Übersetzung, manche Stücke aber umschreiben eher.

Eine sensationelle Bereicherung brachten von 1947 an die Ausgrabungen von Qumran.

Die Handschriften von Qumran stammen aus der zwischen 150 v. Chr. und 70 n. Chr. angelegten Bibliothek einer jüdischen Mönchssekte. Für fast alle biblischen Bücher sind darin zumindest Fragmente eines sicher vormasoretischen Textes zutage gekommen; das Buch Jesaja ist sogar in einer vollständigen Rolle vorhanden.

Das wichtigste Ergebnis dieser Funde für die biblische Textkritik: Sie bestätigen im großen und ganzen MT; zu Recht hatte man bisher diese Textform für die zuverlässigste gehalten.

Das bedeutet freilich nicht, daß MT unbesehen für den »Urtext« gehalten werden kann; es gibt auch hier Stellen, die keinen rechten Sinn ergeben. In solchen Fällen helfen die anderen Textüberlieferungen vielleicht, den Fehler auszumerzen.

In die Wiederherstellung eines »richtigen« Bibeltextes investieren seit fast 2.000 Jahren bis heute viele Gelehrte eine immense, scharfsinnige Arbeit – ein Grund mehr, dieses Buch, in das so viele Menschen ihr Lebenswerk gesetzt haben, mit Ehrfurcht zur Hand zu nehmen.

Literatur zu Lektion 3

E. Würthwein, Der Text des Alten Testaments, Stuttgart [5]1988.

Lektion 4: Einführung in die Gattungskritik: eine Analyse der Turmbauerzählung (Gen 11,1-9)

4.1 Ein methodischer Zugang zu einem Bibeltext

Ein unbefangener, allerdings auch unaufmerksamer Leser könnte die Turmbauerzählung für ein Stück aus einer größeren Geschichte halten: Aus dem ersten Menschenpaar – oder besser aus denjenigen seiner Nachkommen, die die Sintflut überlebten, ist nach und nach die Menschheit entstanden. Nun wird erzählt, wie die bis dahin einige Menschheit sich in viele Völker spaltete.

Bei genauerem Zusehen aber fallen Unstimmigkeiten auf: Nach Gen 10 erwachsen die Völker allmählich aus den Nachkommen der Söhne Noachs; nach Gen 11 dagegen entstehen sie plötzlich: Jahwe spaltet die Menschheit. Nach Gen 10,10 war Nimrod Herrscher in Babel, in der folgenden Erzählung dagegen wird Babel erst gebaut.

Hier wird nicht eine Abfolge von Ereignissen der Urzeit geschildert, vielmehr werden verschiedene Überlieferungen vom Ursprung der Völker nebeneinandergestellt, ohne die Widersprüche zwischen ihnen auszugleichen: Die Turmbauerzählung war ursprünglich eine einzelne, unabhängige Geschichte. So muß sie darum auch ausgelegt werden.

Manche Kommentatoren meinen, auch innerhalb der Erzählung Spuren zweier verschiedener Überlieferungen zu entdecken; nur so sei zu erklären, daß es in 11,5 heißt: »Da stieg der Herr hinab«, und gleich darauf (in 11,7) Gott erst dazu auffordert: »Auf, steigen wir herab!« Zwei voneinander unabhängige Erzählungen seien hier

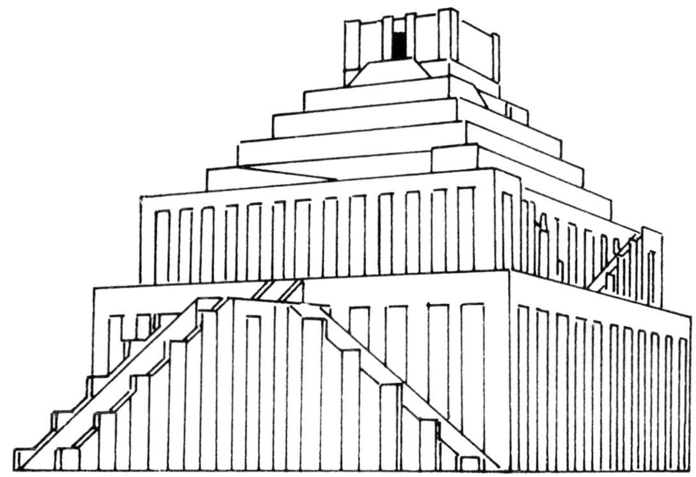

Abb. 6: Der Turm zu Babel
Auf Hochterrassen errichtete Tempel gab es in den großen Städten Mesopotamiens seit dem 3. Jahrtausend v. Chr. Deren größter war »Etemenanki« (d.h. »Haus der Grundlegung des Himmels und der Erde«) von Babel; eine siebenstufige Terrasse erhob sich über einer Grundfläche, deren Seiten 91 m lang waren; die oberste Stufe trug den eigentlichen Tempel.
Im 7. Jh. v. Chr. haben Assyrerkönige diese damals schon uralten Heiligtümer wieder restauriert; die obige Rekonstruktion ist nach Angaben gezeichnet, die aus dieser Zeit überliefert sind.

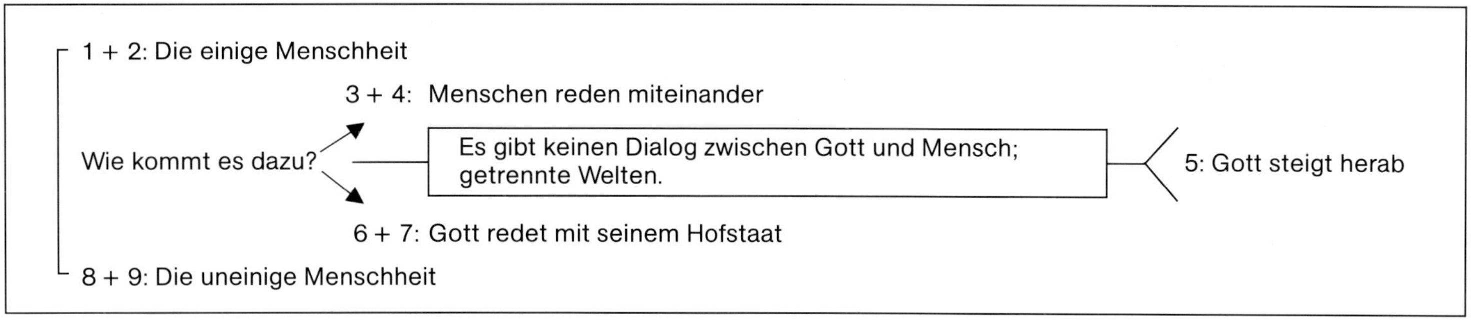

Abb. 7: Der Aufbau der Turmbauerzählung

kombiniert, die eine habe vom Bau einer Stadt, die andere von einem Turmbau erzählt; die eine von der Zerstreuung über die ganze Welt, die andere von der Sprachverwirrung. – Doch zum Bild einer Stadt im Zweistromland gehört der große Turm, das Hauptheiligtum; ebenso gehören Sprachverwirrung und Zerstreuung der Völker zusammen. Vor allem trägt 11,1–9 deutliche Merkmale der einheitlichen, in sich geschlossenen Komposition.

Aus dem klaren Aufbau der Erzählung ergibt sich auch eine erste Erklärung für die scheinbare Unstimmigkeit des doppelten »Herabsteigens«: Vers 5, der Mittelpunkt der Erzählung, soll darauf aufmerksam machen, wie die beiden in 3 + 4 und 6 + 7 getrennt dargestellten Welten miteinander in Kontakt kommen können: durch Gottes Herabkunft.

Die methodischen Schritte der bisherigen Überlegungen sollen kurz bedacht werden:

Wir – Menschen des 20. Jh. – wollen einen alttestamentlichen Text verstehen. Dazu haben wir ihn zunächst aus seiner jetzigen Umgebung herausgelöst, weil er offenbar einmal unabhängig davon gewesen sein muß. Zu erkennen war das an Widersprüchen zwischen der Turmbauerzählung und den voraufgehenden Texten. Diesen methodischen Schritt nennt man **Literarkritik.**

Die literarkritische Arbeit hätte auch soweit gehen können, die Erzählung selbst zu zerstückeln, nachzuweisen, daß hier nicht eine, sondern Fragmente aus zwei verschiedenen Erzählungen vorliegen. Doch der geschlossene Aufbau sowie die Zusammengehörigkeit der Motive sprechen dagegen.

Ein großes Stück fertiger Arbeit ist vorausgesetzt worden: Es wurde mit einer Übersetzung gearbeitet; und diese wiederum hatte einen »richtigen« hebräischen Text vorausgesetzt. Diesen Text haben andere für uns hergestellt, indem sie alte Handschriften kritisch mit-

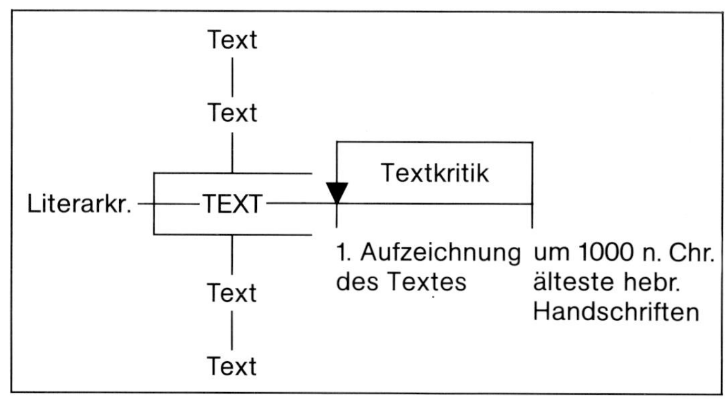

Abb. 8: Literarkritik und Textkritik: zwei grundlegende exegetische Methoden

einander verglichen. Diesen Teil exegetischer Arbeit (der ohne große Sprachkenntnisse nicht zu leisten ist) nennt man **Textkritik.**

Die nächste Aufgabe besteht darin, für die Turmbauerzählung, die aus dem Zusammenhang gelöst wurde, in dem sie in der Bibel steht, den Zusammenhang wiederzufinden, in den sie ursprünglich gehörte. Wer kann so etwas erzählt haben? Unter welchen Umständen? In welcher Absicht?

Bei modernen Texten braucht man sich diese Fragen gewöhnlich nicht zu stellen, weil man von vorneherein weiß, in welchen Zusammenhang sie gehören:

> Wir nehmen Wasser, wir nehmen Druckluft, wir mischen beides bei Minustemperaturen und schon schneien wir für Sie.

Menschen des 20. Jh. wissen, in welchen Zusammenhang solche Worte gehören: So werden Manager von Wintersportorten in einer Werbeschrift für Schneekanonen angesprochen. Man kann sich aber leicht vorstellen, wie gründlich Menschen der biblischen Zeit diese Worte mißverstanden hätten – vielleicht als ein Stück aus einer Göttergeschichte, in der geschickte Wettergötter reden? Wir stehen umgekehrt im gleichen zeitlichen Abstand zur Turmbauerzählung und müssen darum mit aller Sorgfalt festzustellen versuchen, in welchen Lebenszusammenhang diese Erzählung einmal gehörte. Die

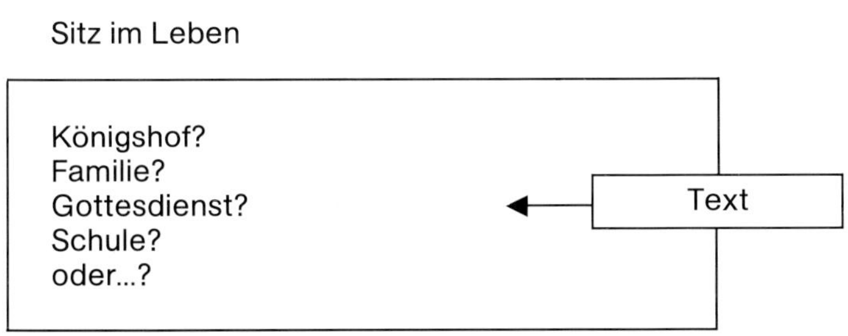

Abb. 9: Gattungskritik sucht für den biblischen Text einen »Sitz im Leben«

Fachexegese braucht für diesen methodischen Schritt folgende Begriffe: **Gattungskritik;** Fragen nach dem **Sitz im Leben.**

Wohin gehörte eine solche Erzählung einmal? Erzählte man sie kleinen Kindern in der Familie? Sprach so ein Lehrer zu seinen Schülern? War es eine heilige Geschichte, vorgetragen im Kult? Es gäbe viele Möglichkeiten. Einige sollen erprobt werden.

4.2 Ist die Turmbauerzählung ein Beispiel alter Geschichtsschreibung?

Zwei wichtige Kennzeichen des historischen Berichts fehlen ihr:

> Geschichtsschreiber stellen Vorgänge, von denen sie berichten, in einen bekannten Ereigniszusammenhang. Sie berichten über Vorgänge, von denen sie sich glaubwürdige Kenntnis verschafft haben.

Diese Erzählung aber ist erst nachträglich und so lose in einen Zusammenhang eingefügt worden, daß ihre Eigenständigkeit noch leicht zu erkennen war: Die Menschen, die sie ursprünglich erzählten, hatten kein Interesse daran, sie einem bestimmten Ablauf von Ereignissen zuzuordnen. Ferner: Bis zu einer Zeit, in der die Menschheit noch nicht in Völker aufgeteilt war, kann keine Kette sicherer Überlieferung mehr vorgestellt werden.

Einzelne Elemente dieser Erzählung sind jedoch historisch verbürgt:

Es gab die große Stadt Babel, in deren Straßen und auf deren Märkten sich Menschen vieler Sprachen begegneten. Zu den Ausgrabungsfunden von Babel gehören auch Wörterbücher, die dem Erlernen fremder Sprachen in den Schulen der Stadt dienten. Vielsprachigkeit gehörte zum Alltag dieser Stadt, die lange Zentrum eines großen Reiches mit weitreichenden internationalen

Beziehungen war. Eine babylonische Inschrift aus dem 6. Jh. v. Chr. sieht fast wie eine Parallele zur Turmbauerzählung aus: Der Herrscher Nebukadnezzar rühmt sich, den zerstörten Tempelturm von Babel wieder aufgebaut zu haben:

Alle Völker, zahlreiche Nationen zwang ich zur Arbeit
an Etemenanki.

Damit ist bereits das zweite Element der Turmbauerzählung genannt, das auch der Historiker kennt: Es gab in Babel den großen Tempelbau E – temen – an – ki, »Haus der Grundlegung des Himmels und der Erde« (vgl. Abb. 6). Der Name des Bauwerks verrät, wie man es verstand: als ein Abbild des Weltenbaus. In der zitierten Bauinschrift des Nebukadnezzar heißt es:

Die hohe Wohnung Marduks, meines Herrn,
errichtete ich auf seinem Gipfel.

In zahlreichen Städten des Zweistromlandes standen solche Tempeltürme, Abbilder der Welt. Ihre Fundamente, sagte man, reichen hinab bis ins Grundwasser, bis in das große Meer, auf dem die Erde schwimme; ihre Spitze stellte den Zenit dar, den Nordpunkt des Himmels, wo die höchsten Himmelsgötter wohnen. Ein Nachklang dieser Deutung der Zikkurats begegnet in der Turmbauerzählung:

Bauen wir einen Turm mit einer Spitze bis zum Himmel!
(Gen 11,4)

Doch der Historiker weiß auch, daß Etemenanki gewiß nicht zu einer Zeit gebaut wurde, als die Menschheit noch nicht in Völker unterteilt war –, weit älter ist z.B. der Tempelturm von Eridu. Eine erzählende Gattung, die einzelne historische Elemente aufgreift, sie aber unhistorisch verwendet, ist die Sage.

4.3 Ist die Turmbauerzählung eine Sage?

In Sagen sprechen Menschen, die von einer Erfahrung so beeindruckt sind, daß sie sie weitergeben wollen. Die Hörer sind wiederum von der Erzählung so angetan, daß sie sie weitersagen. So entsteht die Sage, und so lebt sie fort: im Weitersagen.

Der Turmbauerzählung ist diese Entstehungsweise noch anzumerken. Hier sprechen Menschen von ihrer Erfahrung mit der großen, fremden und unheimlichen Stadt. Solch ein Sprachengewirr! Wie mögen die Menschen in der Stadt einander nur verstehen? Solch ein prächtiger Bau! Man sagt, seine Spitze reiche bis zum Himmel! Angst vor der städtischen Zivilisation, vor der beeindruckenden Tüchtigkeit der Städter spiegelt sich in dem staunenden Satz:

Ihnen wird nichts mehr unerreichbar sein,
was sie sich auch vornehmen!
(Gen 11,6)

Dieses Wort wird sogar Gott in den Mund gelegt. Die Erfahrung, die daraus spricht, ist in unserer Zeit durchaus nachzuempfinden: Wozu sind Menschen fähig? Werden sie noch eine Grenze ihrer Tüchtigkeit gelten lassen?

Denkbar ist also folgende Entstehung der Turmbauerzählung: Einer der Wanderhirten, die zu den Vorfahren Israels gehörten, erzählt daheim von seinen Erfahrungen in der großen Stadt und versucht, sie zu verstehen. Wer davon gehört hat, erzählt es weiter. Diese Erzählung ist schließlich dem Autor einer biblischen Schrift zu Ohren gekommen, und er nahm sie in sein Werk auf.

Die Turmbauerzählung ist eine **Sage.**

Aber ein wesentliches Element der Sage fehlt.

Auch heute noch werden Sagen geboren. Wenn sich in Deutschland bei Familienfesten die Verwandten treffen, wird die ältere Generation bald anfangen, vom letzten Krieg zu erzählen: Wie der eine mit knapper Not dem Tode entkam, der andere erfinderisch Essen beschaffte. Der große, geschichtliche Zusammenhang ist für diese Erzähler unwesentlich; wichtig ist ihnen allein, wie sie selbst damals davongekommen sind. Auch die jüngeren Zuhörer werden vor allem an diesen persönlichen Dingen interessiert sein: Was wäre aus dem Haus geworden, in dem wir jetzt sitzen, wenn der Nachbar damals nicht rechtzeitig die Brandbombe entdeckt hätte?

Die Sage wird erzählt und weitergegeben, weil Erzähler und Zuhörer persönlich betroffen sind.

Die Abrahamserzählungen tragen dieses Merkmal: Hätte es uns – das Volk Israel – jemals gegeben, wenn Abraham nicht dem Ruf Gottes gefolgt wäre? Wären wir da, wenn Sara, unsere Stammutter, nicht aus dem Harem des Pharao gerettet worden wäre (Gen 12)?

Die Turmbauerzählung aber spielt weder in der Heimat der Erzähler noch unter deren Vorfahren, sondern in einem fernen, für die Erzähler exotischen Land, dessen Eigenarten erklärt werden müssen: Mit Ziegeln und Erdpech baut man dort, nicht mit Steinen und Holz wie im gebirgigen Palästina.

Die Fragen, die diese Erzählung zu verstehen sucht, gehen nicht nur den kleinen Kreis derer an, die sich vom Turmbau in Babel erzählten. Es geht um die ganze Menschheit: Warum ist die Menschheit so uneins? Warum verstehen die Völker einander nicht?

Hinter solchen Fragen steht die Vorstellung von der einen Menschheit; wie wenig selbstverständlich sie ist, zeigt sich daran, daß in manchen Sprachen das Wort »Mensch« Mitgliedern des eigenen Volkes vorbehalten ist.

Solche grundsätzlichen Fragen nach dem Zustand der Menschheit und der Welt versuchen wir heute wissenschaftlich anzugehen: Philosophie, Naturwissenschaft, Anthropologie, Philologie, Linguistik, Soziologie, Geschichtswissenschaft können dazu beitragen zu erklären, wie Völker, wie Sprachen entstehen. In der vorwissenschaftlichen Zeit befaßte sich mit solchen Grundsatzfragen der **Mythos.**

4.4 Ist die Turmbauerzählung ein Mythos?

Ein kanaanäischer Mythos erzählt, der Gott Baal, der im Gewittersturm erscheint, sei von Mot, dem Gott des Todes, besiegt, in die Unterwelt gestiegen; weil Baal »tot« ist, herrscht sommerliche Dürre.

> Der Mythos erklärt einen Zustand auf Erden, indem er von einem Geschehen in der für Menschen unerreichbaren Götterwelt erzählt.

Die Turmbaugeschichte erzählt, wie Gott die Vollendung der Stadt und des Turmes verhinderte – so entstanden Völker und Sprachen. Ein Vorgang in einer unerreichbar fernen Urzeit der Menschheit erklärt deren gegenwärtigen Zustand.

Soweit ist die Turmbauerzählung dem Mythos ähnlich. Aber es gibt auch gewichtige Unterschiede:

Der Mythos verschafft den Menschen ein Wissen, das Macht gibt.

Wer weiß, daß Baal in der Unterwelt ist, kann versuchen ihn zu wecken, um die Dürre zu beenden – in 1 Kön 18 ist in karikierender Übertreibung ein solcher Gottesdienst von Baalspropheten dargestellt.

Die Turmbauerzählung spricht von Gott ganz anders: Die Menschen haben ein riesiges Bauwerk errichtet, das bis zum Himmel reichen soll; aber Gott muß, um es sehen zu können, erst einmal »herabsteigen«. Mit dem Wissen, das diese Erzählung verschafft, ist keine Macht über Gott zu gewinnen; im Gegenteil, die Weltüberlegenheit Gottes wird erwiesen.

Diese antimythische Tendenz ist dem Erzähler wichtiger als Folgerichtigkeit – eine zweite Erklärung für das doppelte »Herabsteigen« Gottes.

Der Mythos ist spannend, farbig, weil er vom Kampf gegensätzlicher göttlicher Kräfte erzählt.

Baal wird verschlungen von Mot, der sein Maul vom Himmel bis zur Unterwelt aufriß. Anat aber, Baals

Schwester, besiegt Mot. Im Mythos wird von diesem Sieg so gesprochen:

Sie spaltet ihn, sie worfelt ihn, sie verbrennt ihn, zermahlt ihn in der Handmühle, streut ihn in das Feld, die Vögel fressen ihn.

Das ist nicht nur dramatisch erzählt, sondern wurde wohl auch im Kult dramatisch – an der ersten oder letzten Garbe – dargestellt.

W. Busch hat »Max und Moritz« mit einer ähnlichen, wahrscheinlich über mittelalterliche Mysterienspiele vermittelten Szene beendet: Die bösen Buben enden in einer Mühle: »Hier kann man sie noch erblicken, fein geschroten und in Stücken; doch sogleich verzehret sie Meister Müllers Federvieh.«

In der Turmbauerzählung ist solche Dramatik nicht möglich. Unverbunden stellt sie die Reden Gottes und der Menschheit nebeneinander; der weltüberlegene Gott hat keinen ebenbürtigen Widerpart. Ohne daß die Menschheit etwas dazu oder dagegen tun kann, ja ohne daß sie merkt, wer handelt, stellt Gott allein den Zusammenhang zur irdischen Welt her, indem er »herabsteigt«.

Damit ist zugleich ein dritter Unterschied zwischen dem Mythos und dieser Erzählung angedeutet:

Im Mythos streiten Götter miteinander um die Herrschaft; der Mensch hat keinen Anteil daran; die Götter sind an ihm nicht interessiert – und doch wird bei diesem Kampf über sein Geschick entschieden.

Die Menschheit muß z. B. unter der Dürre leiden, wenn Baal unterliegt. Wenn der Gott der Turmbauerzählung dagegen die Menschheit »straft«, so tut er es nicht aus der Ferne; er will zuerst einmal »herabsteigen«. Man sollte vielleicht das Eingreifen Gottes in der Turmbauerzählung lieber nicht »strafen« nennen: Gott weist die Menschheit, die keine Grenzen ihrer Tüchtigkeit anerkennen will und nur auf ihren eigenen Ruhm bedacht ist (»sich einen Namen machen«), auf ihre Grenzen hin. Eine Menschheit, die überzeugt ist, sich aus eigener Kraft einen Weg zum Himmel schaffen zu können, ist schrecklich. Gott rettet die Menschheit vor sich selbst und setzt dabei aufs Spiel, was er selbst gewollt hat, als er die Menschheit machte: ihre Einheit. Ist das nicht das geringere Übel im Vergleich zu der furchtbaren Tüchtigkeit von Menschen, die nur an ihr eigenes Werk denken?

> Die Turmbauerzählung ist weder ein historischer Bericht noch ein Mythos. Am ehesten könnte man sie noch eine Sage nennen. Eine Verlegenheitsbezeichnung der modernen Exegese für diese Art von Erzählungen ist Menschheitssage.

Literatur zu Lektion 4

H. Barth, O. H. Steck, Exegese des Alten Testamentes. Leitfaden der Methodik, Neukirchen [8]1978.
Systematische Einführung: Text- und Literaturkritik; Überlieferungs-, Redaktions-, Form- und Traditionsgeschichte, Bestimmung des historischen Ortes.

J. Barton, Reading the Old Testament. Method in Biblical Study, London 1984.
Setzt Kenntnis der »klassischen« Methoden voraus; kritische Auseinandersetzung mit »strukturalistischer« Textauslegung. Als Beispiel dient das Buch Kohelet.

G. Fohrer u. a., Exegese des Alten Testamentes. Einführung in die Methodik, Heidelberg [4]1983.

J. Schreiner (Hrsg.), Einführung in die Methoden der biblischen Exegese, Würzburg 1971.
Ein Werk aus der Zeit, in der historisch-kritische Bibelauslegung im katholischen Raum noch nicht selbstverständlich war. An Beispielen werden diese Methoden erläutert; die theologische Bedeutung dieser Art der Schriftauslegung wird diskutiert.

W. Stenger, Biblische Methodenlehre, Düsseldorf 1987.

Werkstatt Bibelauslegung, Stuttgart 1976.
Verschiedene Autoren erläutern leicht verständlich und anschaulich an Einzeltexten (z.B. an der Turmbauerzählung), wie Exegeten arbeiten.

II. Überlieferungen der Väterzeit

Lektion 5: Hauptgattungen der Väterüberlieferung (Gen 12-50): Stammvatersage und Familiensage

Mein Vater war ein heimatloser Aramäer.
(Dtn 26,5)

Dieses Bekenntnis spricht ein israelitischer Bauer, wenn er Erntegaben zum Altar bringt. In Israel ist die Erinnerung daran lebendig geblieben, ein erst spät aus anderen Völkern hervorgegangenes Volk zu sein. Noch erstaunlicher ist Jos 24,2:

Jenseits des Stromes (Eufrat) lebten eure Väter und dienten anderen Göttern.

Jahwe war den Vorfahren Israels nicht schon seit eh und je bekannt. Ein anderes Bild gewinnt der Leser der Vätererzählungen in Gen 12–50: Jahwe beruft Abraham, leitet ihn auf seinem Weg durch Kanaan.

Diese Lektion soll sprachliche Gattungen vorstellen, in denen die Väterüberlieferungen vorliegen. Bei einer solchen Untersuchung kommt man nicht umhin, auch zu fragen, ob und wie sich in diesen Erzählungen die Väterzeit wirklich spiegelt; z.B.: Ist es glaubwürdig, daß ein ganzes Volk aus einer einzigen Familie hervorgegangen ist, von deren ersten vier Generationen – Abraham, Isaak, Jakob, den zwölf Söhnen Jakobs – die Väterüberlieferungen erzählen?

5.1 Stammvater eines Volkes

Für einen Menschen unserer Zeit ist es unmittelbar einsichtig, daß ein Volk nicht von einem einzigen Mann abstammen kann. Trotzdem sollte man derartige Vorstellungen, wenn sie in der Bibel begegnen, nicht von vorneherein als unerheblich beiseite schieben. Es spricht sich darin die historisch richtige und wirksame Überzeugung aus, daß ein Volk in Vergangenheit und Zukunft ein gemeinsames Geschick hat.

Die Propheten können von Israel wie von einer einzigen Person sprechen:

Als Israel jung war, gewann ich ihn lieb,
ich rief meinen Sohn aus Ägypten.
(Hos 11,1)

Ähnliche Denkweise liegt vor, wenn in Gen 32,23ff erzählt wird, daß ein einzelner Mann (Jakob) sich den Volksnamen Israel als Ehrennamen erwarb.

Es ist eine nicht nur im Alten Testament zu beobachtende Eigentümlichkeit volkstümlichen Erzählens, daß besondere Merkmale einer Gemeinschaft in der Gestalt eines Stammvaters dargestellt werden.

In Gen 25–27 wird mehrfach das Stichwort »rot« mit Esau in Verbindung gebracht, mit Vergnügen stellt der Erzähler ihn als einen sehr behaarten Menschen dar, »pelzig« wie ein Ziegenböckchen. »Rot« heißt hebr. »edom«, und Esau ist Stammvater der Edomiter; »pelzig« heißt »seïr«; und die Edomiter wohnen im Waldgebirge Seïr (das wahrscheinlich seinen Namen nach dem Anblick hat, den ein bewaldetes Gebirge von ferne bietet).

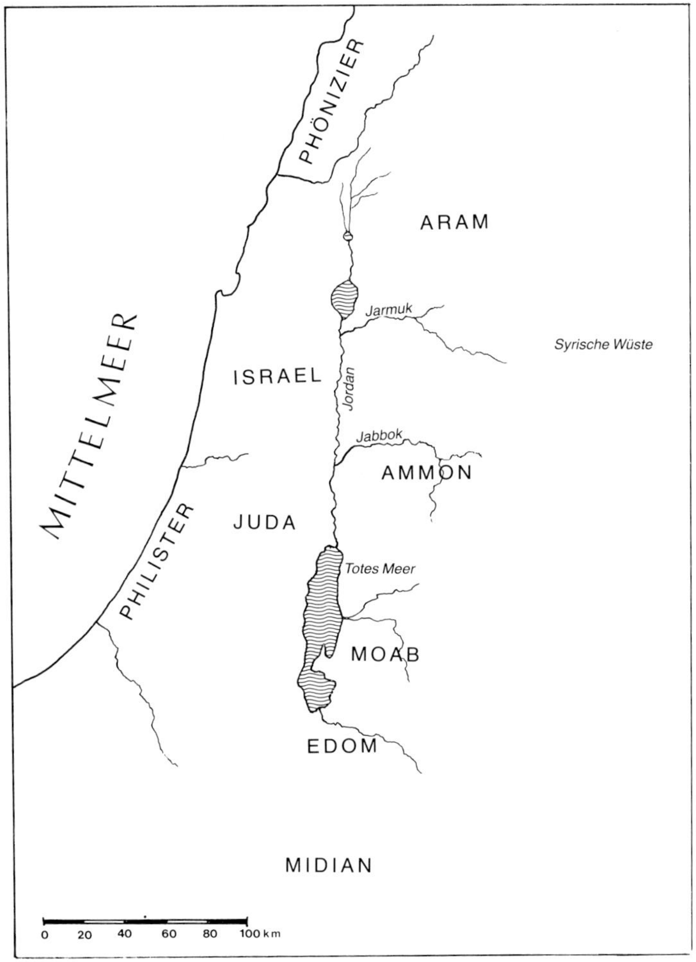

Abb. 10: Israel und Juda zwischen den Völkern

Stammvatersagen sind keine reinen Phantasieprodukte. Die Phantasie hat vielmehr historische Zustände einer Denkweise, die konkrete Anschaulichkeit braucht, begreiflich gemacht.

In moderner historischer Sprache würde man sagen: Israel und Edom sind verwandte Völker. »Verwandt« umschreibt dabei etwa folgende Tatsachen: Beide treten in Palästina erst kurz vor 1200 v. Chr., mit Beginn der Eisenzeit, auf; beide konkurrieren seitdem miteinander um den relativ schmalen Streifen Kulturlandes zwischen dem Mittelmeer und der großen Wüste. – Im Buch Gen aber wird vom Streit der Brüder Esau und Jakob erzählt.

In der gleichen Zeit wie Edom und Israel erschienen auch noch andere »verwandte« Völker in dem schmalen Streifen Kulturlandes zwischen Mittelmeer und Syrischer Wüste: Aram, Ammon, Moab, Midian. In den Väterüberlieferungen erscheinen »Stammväter« dieser Völker als Verwandte der Vorfahren Israels.

Gen 13 erzählt, wie Lot, Abrahams Neffe, sich von Abraham trennte und sich den östlichen Teil des Landes aussuchte; Gen 19,30ff weiß zu berichten, daß aus dem Verkehr der Töchter Lots mit ihrem Vater zwei Söhne hervorgingen, deren Namen, Moab und Ammon, gedeutet werden als »vom Vater« und »Sohn des Vaters«. Philologisch ist diese Deutung natürlich nicht richtig, aber sie spiegelt zutreffend sowohl die Vorstellung, daß Israel mit diesen Völkern verwandt ist, als auch das Gefühl des Abscheus vor ihren fremdartigen Sitten.

5.2 Erschütternde Erfahrungen einzelner

Die »Stammväter« – Abraham, Isaak, Jakob, Esau usw. – sind in den biblischen Erzählungen jedoch nicht nur Verkörperungen der Völker und Stämme, die aus ihnen hervorgegangen sein sollen.

Welche Zustände in der Welt der Völker und Stämme könnte man sich verbildlicht denken in der Figur des blinden, alten Isaak, der – betrogen von seinem Sohn Jakob – den älteren und geliebten Sohn Esau nicht segnen kann?

Viele Sagen im Buch Genesis enthalten erschütternde Szenen, in denen Konflikte eingefangen sind, wie der einzelne sie im Zusammenleben mit den Seinen erfahren kann. Das bedeutet keineswegs, daß die Sagen sich in seelische Vorgänge vertiefen: Es wird knapp erzählt, alles ist auf das sichtbare Geschehen konzentriert; oft macht nur eine Geste aufmerksam auf ergreifende oder schlimme Vorgänge im Innern eines Menschen.

Als Abraham Hagar mit ihrem und seinem Sohn Ismael in die Wüste schickt, gibt er ihr Verpflegung mit, aber zu wenig um zu überleben (Gen 21).

Aufgefordert, seinen Sohn Isaak zu opfern, bricht Abraham am frühen Morgen auf; aber als sie dann zum Berg des Opfers hinaufsteigen, trägt er selbst die gefährlichen Dinge, Messer und Feuer (Gen 22).

Ein Grundbestandteil der Väterüberlieferungen in Gen 12–50 sind Stammvatersagen. Diese führen nicht in die Väterzeit selbst zurück, sie setzen vielmehr voraus, daß die Völker, die aus den »Stammvätern« hervorgegangen sein sollen, bereits da sind.

Abraham, Isaak, Jakob, Esau und andere Gestalten der Väterüberlieferungen sind mehr als bloße Verkörperungen von Stammeseigenschaften und -schicksalen. In dem, was diesen Menschen widerfährt, spiegeln sich Erfahrungen, die der einzelne machen kann: Schuld und Versagen, Betrug und Angst des Betrügers, Streit und Versöhnung.

5.3 Geben diese Erzählungen historische Auskünfte über die Väterzeit?

Das Hauptinteresse der Erzählungen in Gen 12–50 gilt Ereignissen, die in einer Familie wichtig sind: Geburt und Tod, Auseinandersetzung zwischen Familienmitgliedern. Es wird von Vorgängen erzählt, die über den Fortbestand einer Familie entscheiden, aber in der Völkerwelt keine Spuren hinterlassen. Diese Erzählungen stammen aus einer vorgeschichtlichen Welt, in der nicht das Volk oder der Staat, sondern die Familie die größte menschliche Gemeinschaft ist. (Gelegentlich wird das Familienoberhaupt sogar auf eine Stufe gestellt mit dem Oberhaupt eines fremden Staates, mit dem Pharao, mit einem Stadtkönig). Die Frage, ob ein Kind geboren oder ob der betrogene Bruder Rache nehmen wird, ist ebenso entscheidend wie in der Geschichte der Völker die Frage, ob der König einen Nachfolger findet oder der Staat einen Krieg übersteht. Man hat diese Sagen nach dieser Eigenart benannt: es sind **Familiensagen.**

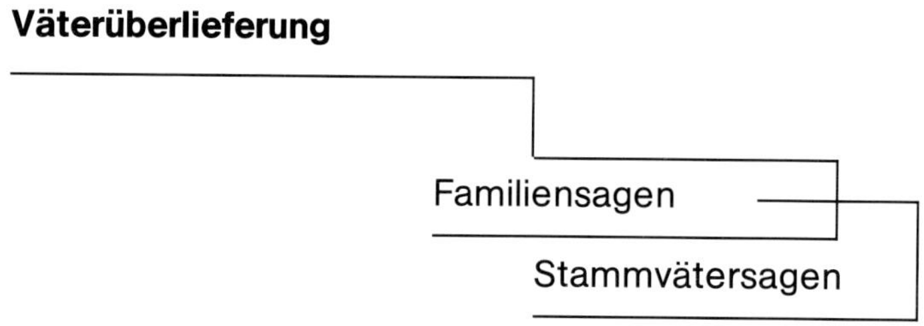

Abb. 11: Zur Entstehung der Väterüberlieferung

Führt diese Überlieferungsschicht (anders als die der Stammvatersagen, die sie später überlagerte) in die Vorgeschichte Israels, in die Zeit der Väter zurück? Schildert sie unmittelbar Zustände jener frühen Zeit?

Vor einer zu raschen Bejahung der Frage ist derjenige gewarnt, der auf die Eigentümlichkeiten einzelner dieser »Familiensagen« achtet. Unterschiedliche Typen lassen sich unterscheiden:

□ Geschehnisreiche Sagen im wortkargen Stil

Einige Eigentümlichkeiten wurden bereits genannt: Beschränkung auf wenige Personen; auf den äußeren Geschehensablauf; knappe und genaue Aussagen über sichtbare Vorgänge; Verzicht darauf, von Vorgängen im Inneren der Menschen zu sprechen – trotz der schweren inneren Konflikte, in die die Menschen geführt werden.

Anderes fällt auf, wenn man diese Erzählungen mit deutschen oder griechischen Sagen vergleicht:

Dort gibt es Siegfried und Achill, die strahlenden Helden, die doch verletzlich sind; es gibt den tatenreichen Herakles, den listigen Odysseus: Menschliche Größe bewährt sich in einer widrigen Welt. Fast übermenschlich erscheint die Treue Hagens; mit bewundernswerter Würde gehen die Burgunderfürsten in den Tod.

Diese Sagen erzählen nicht von »großen« Menschen: Abraham ist nicht der tatenreiche Held; er ist ein Mensch, dem etwas zustößt. Der Sinn seines Lebens ist gefährdet, wenn er die Mutter oder das Kind verliert; aber er handelt zu ihrer Rettung nie von sich aus. Und wenn er einmal etwas unternimmt – indem er auf Saras Rat die Sklavin in die Wüste schickt (Gen 21)–, stiftet er heillose Verwirrung, aus der nur Gott noch retten kann. Gott aber tut bei dieser Rettung dann mehr als nur das Notwendige: Er rettet nicht nur das Leben von Mutter und Kind, sondern macht Ismael zum Stammvater eines großen Volkes.

In griechischen und deutschen Sagen bewährt sich der Mensch selbst im Untergang – alttestamentliche Sagen heben das Versagen der Menschen hervor. Ein nüchterner Blick für menschliche Schwäche auch der großen Gestalten ihres Volkes zeichnet die biblischen Erzähler aus, ein Sinn dafür, daß der Mensch – wie sehr er sich auch in Schuld verstricken mag – doch immer neue Möglichkeiten erhält, sich daraus zu erheben. Dadurch werden diese Sagen zu Bildern des Menschenlebens, die bis heute unmittelbar ansprechen.

☐ Gen 24: Eine geschehnisarme, aber an höflichen Reden reiche Erzählung

Das Geschehen, um das es in Gen 24 geht, ist in einem Satz festgehalten: Abraham läßt seinen Knecht im Land seiner Väter um eine Frau für seinen Sohn werben. Doch die Erzählung ist lang, ausgeschmückt mit bunten Schilderungen und wohlgesetzten Reden: Nicht die dichte, bedeutungsschwere Handlung interessiert, sondern die Vielfalt des Lebens, die feine Art höflichen Umgangs miteinander.

Diese Erzählung muß in einer ganz anderen Zeit und Umwelt Gestalt angenommen haben als die Sagen des ersten Typs.

☐ Die lange und vielschichtige Josefserzählung

Viele Figuren und Nebenfiguren agieren auf einem für Israeliten exotischen Schauplatz, dem fernen Ägypten, auf dessen Merkwürdigkeiten der Erzähler gern eingeht. Die alten Sagen haben nur ein einziges, bedeutsames Ereignis zum Inhalt; hier wird ein ganzer, ungewöhnlicher Lebenslauf erzählt: Aus dem unreifen Angeber, der Haß und Neid der Brüder herausfordert, wird durch Erniedrigung und Leid der weise und hochgeachtete, zur Leitung eines großen Landes fähige Mann, der seine Brüder, die sich schwer an ihm vergangen haben, tröstet:

Grämt euch nicht, weil ihr mich hierher verkauft habt; denn um Leben zu erhalten, hat Gott mich vor euch hierhergeschickt. (Gen 45,5; vgl. 50,20).

☐ Gen 27 – 33: Der Jakobszyklus

Einzelne Sagen, die einmal unabhängig voneinander erzählt worden sein können, lassen sich zwar noch herausschälen. Aber ein gemeinsames Thema verbindet sie nun zu einer spannungsvollen Einheit: Kann ein Segen, der durch Betrug gewonnen wurde, sich auswirken?

Zunächst scheint es, als gelte der Segen nicht; Jakob wird heimatlos. Aber auf der Flucht bestätigt ihm eine Gotteserscheinung: Gott wird ihn auch im fremden Land nicht verlassen. Aus der Frage, wie sich denn in der Fremde der Segen auswirken kann, beziehen dann die Jakob-Labangeschichten ebenso ihre Spannung wie aus den Abwandlungen des Motivs vom Betrüger, der selbst betrogen wird.

Der Spannungsbogen endet schließlich mit dem Wiedersehen der Brüder, das so nicht zu erwarten gewesen wäre: Der Ungesegnete wirft sich vor dem Gesegneten zu Boden, und der Betrogene umarmt den Betrüger.

> Die Familiensagen in Gen 12–50 sind keine einheitliche Gattung; sie sind nicht an einem einzigen »Sitz im Leben« beheimatet. Verschiedene Erzähler haben sie für unterschiedlich interessierte Zuhörer unter je anderen Umständen geformt. Sie können also nicht unmittelbar in die Zeit der Familien und Sippen zurückführen. Es ist aus ihnen zunächst nur zu erfahren, wie man in Israel zu verschiedenen Zeiten von dieser Vorgeschichte des Volkes erzählte.

Literatur zu Lektion 5

C. Westermann, Gen 12–50. Erträge der Forschung, Darmstadt 1975.

Ein Forschungsbericht, der sorgfältig und kritisch die bis dahin erschienene Literatur zur literarischen und vorliterarischen Gestalt der Vätersagen sichtet, sowie zu Zeit, Umwelt, Religion der Väter Israels.

Vgl. auch Literatur zu Lektion 7.

Lektion 6: Einführung in die Gattungsgeschichte: Analyse von Gen 32,23-33: Jakobs Kampf am Jabbok

6.1 Literarkritische Analyse

Die Sage vom nächtlichen Kampf Jakobs am Jabbok hat einmal als ein vom jetzigen Zusammenhang unabhängiges Stück existiert. Sie unterbricht störend die Erzählung vom Wiedersehen Jakobs und Esaus:

Aus Angst vor der Rache des betrogenen Bruders war Jakob in die Fremde geflohen, einsam und mittellos. Jetzt kehrt er als reicher Mann zurück. Doch er fürchtet sich, als er hört, der Bruder rücke ihm mit 400 Mann entgegen. Doppelte Vorsorge trifft Jakob: Er teilt seine Karawane, damit Esau nicht alle zugleich angreifen kann; und er schickt dem Bruder Geschenke entgegen. Bevor nun erzählt wird, welchen Erfolg diese Maßnahmen haben, wird von der Überquerung des Jabbok erzählt, bei der Jakob Frauen und Kinder und »alles, was ihm gehört« sicher übers Wasser bringt, am Ende aber allein am jenseitigen Ufer von der Nacht überrascht wird. Der Erzähler bedenkt nicht, daß ja eigentlich zwei Karawanen und dazu noch die Herden, die als Geschenke gedacht waren, den reißenden Fluß überqueren mußten.

6.2 Gattungskritische Analyse

Die Erzählung trägt Merkmale verschiedener Gattungen:

☐ In einigen Zügen gleicht sie Gespenstersagen.

In der Nacht greift ein Unheimlicher, der nicht mit Namen genannt wird, »ein Mann«, Jakob an (vgl. in deutschen Gespenstersagen »die weiße Frau«). Die bedrohliche Macht der Finsternis ist unfaßbar, namenlos; der helle Tag vertreibt sie; vgl. das Grimmsche Märchen vom »Grabhügel«, wo der Teufel beim ersten Sonnenstrahl weichen muß. In jenem Märchen hat der Soldat dem Bösen Reichtum abgelistet – hier gewinnt Jakob Segen. Doch zugleich ist Jakob gezeichnet: seit dem Kampf mit »dem Mann« lahmt er an der Hüfte. Auch das ist ein Element zahlreicher Gespenstersagen: Der Mensch geht nicht heil aus der Begegnung mit dem Unheimlichen hervor.

☐ Gespenstersagen sind meist Ortssagen.

Am »Grabhügel«, im verfallenen Schloß, im tiefen Wald haust das Unheimliche. So auch hier: Der Jabbok ist ein tief eingeschnittener, reißender Fluß. Die Gefahren der Flußüberquerung werden in einem »Mann« veranschaulicht, der dem Menschen an der Furt auflauert. – So wird im Grimmschen Märchen vom »Eisenhans« die Gefahr des Moorwaldes personalisiert in dem wilden Mann, der Menschen in den Sumpf zieht.

☐ Die Ortssage ist zur Heiligtumssage geworden.

Archäologen sind bis heute nicht einig darüber, wo der Ort Penuel genau liegt. Nach Ri 8 war Penuel noch lange nach der Väterzeit nicht israelitisch; die heidnische Stadt ist Gideon, dem Helden aus Israel, feindlich gesinnt. – Wahrscheinlich hat man erst, nachdem Penuel israelitisch geworden war, angefangen davon zu erzählen, daß Jakob, der Stamm-

Abb. 12: El, der große Gott am Ursprung der Wasser
Der thronende Gott hält ein Gefäß in der Hand, aus dem vier Weltströme entspringen. Andere Götter empfangen sie und leiten sie weiter. Hinter El's Thron ist Ischtar, die Göttin der Liebe und Fruchtbarkeit, zu erkennen an dem stilisierten Baum, der ihren achtstrahligen Stern in der Krone trägt. Sie leitet einen Teil der Wasser als Regen auf die Erde, die sich als kleine Schale über dem Grundwasser erhebt. Viel mächtiger ist El's Thron, der ebenfalls auf dem Grundwasser steht. Götter wirken an den Säulen des Throns, damit er nicht wankt. – Ein solcher Gott ist nicht eine kleine Lokalgottheit; er ist ein Herr über kosmische Kräfte.

vater Israels, diesem Ort seinen Namen gegeben habe und daß dieser Ort durch eine Gottesbegegnung Jakobs geheiligt sei.

Penuel ist ein sprechender Name, passend zu einem Kultort: Penuel heißt »Gott wendet sich zu« oder »Angesicht Gottes«. Einem gespensterhaften Zwischenwesen hätte man nie einen Kultort geweiht; man hätte es auch nicht El genannt. »El« ist in kanaanäischen Mythen der große Vater der Götter und Menschen. Diese Sage erzählte einmal – noch in vorisraelitischer Zeit – von einem großen Gott, der sich in Penuel den Menschen zuwendet, der aber, bevor er sein Antlitz zeigt, bezwungen sein will.

Die Erzählung vom nächtlichen Kampf Jakobs ist ein Beispiel einer dritten Erzählgattung, in der Väterüberlieferungen vorliegen; sie ist eine **Kultortsage.**

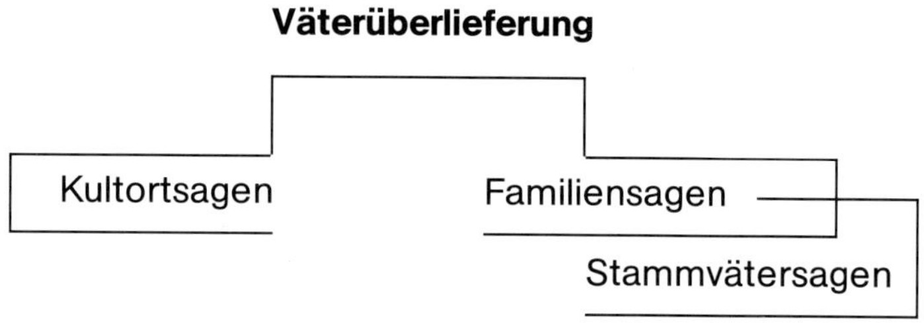

Abb. 13: Zur Entstehung der Väterüberlieferung

Eine andere im Jakobszyklus an wichtiger Stelle eingefügte Kultortsage ist Gen 28: Beim Verlassen der Heimat begegnet Jakob Gott in Bet-El. Rudimente von Kultortsagen darf man in Nachrichten sehen, nach denen die Patriarchen im Land Altäre gebaut haben.

Die heidnische Kultortsage von Penuel erzählte man, als der Ort israelitisch wurde, als eine Geschichte, die Israels Stammvater Jakob widerfuhr.

Die Haupttendenz der heidnischen Sage war für einen Israeliten durchaus annehmbar: Tödliches Erschrecken vor der Anwesenheit eines göttlichen Wesens ist eine urtümliche menschliche Erfahrung, die auch Israel kannte.

Sicher müssen wir sterben, weil wir Gott gesehen haben. (Ri 13,22)

So spricht Manoach, Simsons Vater, zu seiner Frau, als er begreift, daß »der Mann« den sie gesehen haben, ein Gottesbote war. »Wer Gott sieht, muß sterben« – so brachten alte Erzähler zum Ausdruck, was auch wir noch glauben: Gott begnügt sich nicht mit einem kleinen Anteil am Menschen; er beansprucht ihn ganz und gar.

Im Vordergrund der altisraelitischen Erzählung von der Begegnung Jakobs mit dem Gott in Penuel muß vor allem Bewunderung für den Menschen gestanden haben, der der Anwesenheit des schrecklichen Gottes standhält. Eine frühe Form der Sage hat von einem Sieg Jakobs erzählt.

Jakob erwirbt sich einen Siegernamen:

Israel sollst du heißen; denn mit Gott und mit Menschen hast du gestritten und hast gesiegt.
(Gen 32,29)

Philologisch richtig wäre es, im Namen »Israel« das Element »El« – Gott – als Subjekt des Satzes zu verstehen; so sind zahlreiche semitische Namen gebildet. Israel bedeutet: »Gott streitet« oder »Gott herrscht«. Der Verbstamm sr', der übrigens auch im Namen Sara – Herrscherin – vorliegt, kann beide Bedeutungen haben.

Die Vorstellung von einem Sieg des Stammvaters mußte anstößig erscheinen, sobald man die Sage als Erzählung von der Begegnung Jakobs mit dem Gott Israels verstand. Trotzdem sind auch in der Endgestalt Spuren der Vorstufen nicht so völlig ausgetilgt, daß man diese nicht mehr erraten könnte. Ehrfürchtiges Bewahren hat im Laufe der Entstehungsgeschichte des Alten Testaments immer wieder den Umgang mit überliefertem Gut bestimmt. So wird das neue Verständnis der Erzählung vor allem darin sichtbar, daß sorgfältig vermieden wird, Gott selbst als den Gegner Jakobs im Ringkampf zu nennen.

Bei diesem Bemühen kam den Bearbeitern das Unbestimmte zustatten, das der Erzählung von ihrer Vergangenheit als Gespenstersage her anhaftete. – Ähnliche Wirkung hat es, daß nicht der Name »Jahwe«, sondern die Gottesbezeichnung »Elohim« gebraucht wird. Elohim ist eigentlich »Gottwesen«; nicht nur der eine Gott heißt im Alten Testament so, sondern auch die fremden Götter, die himmlischen Wesen in Gottes Umgebung, hin und wieder sogar ein gespenstisches Wesen wie ein Totengeist.

Auch die Endform erzählt noch, daß der Gegner Jakob nicht besiegen kann; sogar den Gelähmten muß er bitten, ihn doch vor Morgengrauen noch freizugeben. Doch bei all dem wahrt er seine Überlegenheit.

Im »Mann« offenbart sich der unendlich überlegene Gott: Der Gegner überhört Jakobs Segensforderung und fragt ihn stattdessen nach seinem Namen. Wer aber seinen Namen preisgeben muß, enthüllt sein Wesen und gibt dem anderen Verfügungsgewalt über sich selbst.

»Jakob« ist Kurzform von Jakub-el, eines aus ägyptischen Quellen des 18. Jh. bekannten semitischen Namens, der bedeutet: »Gott wird schützen«. Im Hebräischen aber ging die Wurzel ᶜkb, »schützen«, verloren; die Bedeutung des Namens wurde nicht mehr verstanden. So wurde Jakob von ᶜkb, »Ferse«, abgeleitet: Jakob hielt bei der Geburt die Ferse des älteren Zwillingsbruders fest (Gen 25,26). Oder man leitete Jakob von ᶜkb, »betrügen«, ab: Als »Fersenschleicher«, als «Betrüger« muß Jakob sich seinem Gegner zeigen, wenn er seinen Namen nennt.

Das Gottwesen aber gibt ihm einen neuen Namen und nimmt damit das Recht in Anspruch, das der Herr einem neu erworbenen Sklaven gegenüber hat. Auskunft über den göttlichen Namen dagegen wird Jakob verweigert. Wenn Jakob nach diesem Zwischenspiel den Segen erhält, ist dieser nicht mehr Frucht des Sieges, sondern freie Gabe des Überlegenen.

Hos 12,3ff zeigt, daß der Prophet Hosea diese Sage in etwas anderer Form kannte. Aber auch hier ist das Spiel mit den Namen wichtig: Schon im Mutterleib »betrog« (ᶜkb – Jakob) er seinen Bruder. Als er ein Mann war, »stritt« (sr' – Israel) er mit Gott.

Bevor die Erzählung vom Kampf am Jabbok in den Jakob-Esau-Zyklus aufgenommen wurde, hatte sie schon eine lange Geschichte mannigfacher Veränderungen hinter sich gebracht. Mehrfach hat sie den »Sitz im Leben« geändert. Um diese Erzählung richtig verstehen zu können, muß man ihren ganzen Werdegang im Auge behalten: Von der Gespenster- und Ortssage der Jabbokfurt zur Kultortsage vom schrecklichen Gott von Penuel, von der Sage vom Sieg des Stammvaters über das Gottwesen bis zur Umdeutung des Sieges in eine Begegnung mit dem Repräsentanten des unendlich überlegenen Gottes.

> Gattungskritik darf sich bei vielen biblischen Erzählungen nicht damit begnügen, einen einzigen »Sitz im Leben« aufzufinden. Um eine Erzählung in der uns vorliegenden Endform zu verstehen, muß man oft eine ganze **Gattungsgeschichte** verfolgen, in deren Verlauf sich der Sinn der Erzählung verschoben hat, die aber auch in der Endgestalt noch Spuren hinterlassen hat.

Die Gattungsgeschichte der Erzählung vom Jakobskampf macht es verständlich, wie merkwürdig vieldeutig die Aussagen der Erzählung sind: Jakob geht unbezwungen und unterlegen, geschädigt und beschenkt, als Sieger über ein Gottwesen und als ein in seine Grenzen gewiesener Mensch aus diesem Kampf hervor.

Auch dem Propheten Hosea war die Gestalt des unterlegenen Siegers Jakob bekannt:

Er stritt mit dem Engel und siegte;
weinend flehte er ihn um Gnade an.
(Hos 12,5)

6.3 Einordnung in den jetzigen Zusammenhang

Mit der Einfügung der Erzählung vom nächtlichen Kampf am Jabbok in den Jakob-Esau-Zyklus tritt noch eine weitere Dimension hinzu. Die Erzählung hat das Thema des Segens mit diesem Sagenkranz gemeinsam. Mit Hirtenschläue hat Jakob bei Laban großen Reichtum gewonnen; man wird sich in Israel gern diese Geschichten vom listigen Ahnherrn erzählt haben. Aber eines Tages wird man sich gefragt haben, ob denn Segen wirklich durch menschliche Schläue zu gewinnen sei. Diese Frage kann Anlaß gewesen sein, die Erzählung vom besiegten Sieger einzufügen und so auf den überraschenden Schluß des Zyklus, die demütige Unterwerfung des Gesegneten, vorzubereiten.

In ihrem langen Werdegang ist die Erzählung zu einem vieldeutigen Gebilde geworden. Damit gibt sie die Möglichkeit, die schreckliche und die segnende Nähe Gottes, die Größe und die Schwäche des Menschen vor Gott immer neu zu bedenken

Literatur zu Lektion 6

Literatur zur Einführung in die Gattungs- oder Formgeschichte:

K. Koch, Was ist Formgeschichte?, Neukirchen [3]1967.
Eine Einführung in die damals für viele noch neue Arbeitsweise, für die Hand von Theologiestudenten.

G. Lohfink, Jetzt verstehe ich die Bibel. Ein Sachbuch zur Formkritik, Stuttgart [13]1986.
Allgemeinverständlich; reich bebildert; didaktisch geschickt aufgebaut; atl. und ntl. Textbeispiele.

In einigen »Einleitungen zum AT« gehen die Verfasser ausführlich auf Probleme der Gattungsgeschichte ein; vgl. die Einleitung von *R. Rendttorff* (siehe Literatur zu Lektion 2).

F. Stolz, Das Alte Testament, Gütersloh 1974.
Der 2. Teil dieser Einleitung – »Die Gemeinschaft als Trägerin alttestamentlicher Literatur« – geht ausführlich auf die Gattungsgeschichte ein.

Lektion 7: Einführung in die Überlieferungskritik: die Väterüberlieferungen

Stimmt das Bild, das im Alten Testament von der Herkunft Israels entworfen wird? Gattungskritische Untersuchungen können auf diese Frage keine Antwort geben: Wer die Eigenarten der Stammvater-, Familien-, Kultortsagen untersucht, die in Gen 12–50 von der Väterzeit erzählen, erfährt nur, wie man sich in verschiedenen Epochen und Gemeinschaften Israels diese Zeit vorgestellt hat. Eine andere Methode führt weiter zurück: die **Überlieferungskritik.**

7.1 Eine erste Erprobung überlieferungskritischen Fragens

Dornen und Disteln läßt der Ackerboden dir wachsen.
Im Schweiße deines Angesichtes sollst du dein Brot essen.
(Gen 3,17f)

Hinter diesem Strafspruch über Adam steht bäuerliche Erfahrung; in schweißtreibender Plackerei gewinnt der Bauer dem Boden die Frucht ab; von selbst würde sich nur die im Mittelmeerraum auf allen unbearbeiteten Böden wachsende Macchia darauf ausbreiten.

Ich gebe euch ein Land, das von Milch und Honig fließt.
(Ex 3,8 u.a.)

So könnte einem Hirten das Leben im Kulturland erscheinen; er beachtet nicht die mühselige Feldarbeit, sondern nur ihre Folge: Blühende Äcker und Fruchtgärten könnten reiche Weide und großen Milchertrag bringen; Bienen sammeln Honig für den Menschen. Doch diese Formel ist kein Überbleibsel aus der Zeit der Wanderhirten. Denn sie begegnet ausschließlich in einer späten Schicht des Alten Testaments, in Texten aus der sogenannten deuteronomistischen Redaktion, einer großen theologischen Schule des 7. und 6. Jh. (vgl. Bd. 2 des Werkbuches), d.h. einer Zeit, in der Israel längst ein Volk aus Bauern und Städtern war. Nicht Hirten aus der Vorzeit Israels sprechen hier, sondern Theologen, Gesetzeslehrer – »Intellektuelle« – einer Spätzeit, die, dem bäuerlichen Leben fernstehend, das Leben im Land idealisieren.

In welchem geschichtlichen Umfeld hat sich eine Überlieferung gebildet? Stammt sie z.B. aus einer Zeit, in der Israels Vorfahren noch als wandernde Hirtensippen lebten? Oder aus bäuerlichem Kulturkreis der Seßhaften? – An einer anderen Stelle führt diese »überlieferungskritische« Frage zu einem besseren Erfolg.

7.2 Überlieferungskritische Fragen zur Festordnung Israels

Die drei großen Jahresfeste des alttestamentlichen Festkalenders sind bäuerliche Feste.
Das *Fest der Ungesäuerten Brote* markiert den Beginn der Gerstenernte, eine neue Periode der Ernährung, in die Sauerteig aus der letztjährigen Ernte nicht mit hinübergenommen werden darf.

Sauerteig ist ein Rest nicht ausgebackenen Brotteiges, der »sauer« geworden ist und bei Erwärmung eine große Menge frischen Teiges durchsäuern und so für den Backvorgang lockern kann. Man hebt von einem Backvorgang zum nächsten immer einen Rest nicht ausgebackenen Teiges kühl und luftig auf; nur am Beginn der neuen Ernährungsperiode soll man mit ungesäuertem Brot ganz neu anfangen.

Das *Pfingstfest,* Fest der Weizenernte und Abschluß der Getreideernte des Jahres, wird sieben Wochen nach dem Beginn der Gerstenernte begangen.
Das *Laubhüttenfest* fällt zusammen mit der Oliven- und Weinernte.

Israels Festordnung hat sich im Laufe der Geschichte zwar verändert – die drei Festkalender in Ex 23,14–17; Dtn 16,1–17; Ex 34,18–23 zeigen das an, wenn man sie in dieser Reihenfolge liest – doch die Grundstruktur der drei bäuerlichen Feste blieb erkennbar.

Der Sabbat prägt den Lebensrhythmus eines Israeliten stärker als die drei großen Jahresfeste. Er wird nicht in einer gemeinsamen Feier »ganz Israels« am Heiligtum begangen, sondern in der Familie; vgl. das Sabbatgebot im Zehnwort vom Sinai: Sohn und Tochter, Sklave und Sklavin und das Vieh, die ganze Hausgemeinschaft soll am Sabbat beteiligt sein (Ex 20,10). Jeder siebte Tag wird so gefeiert – unabhängig von allen natürlichen Rhythmen. Woher Israel diese Zeiteinteilung hat, ist ungeklärt.

Im Zweistromland beachtete man im Laufe des Monats mehrere von den Mondphasen abhängige Unglückstage, an denen man sich z.B. vor Geschäftsabschlüssen hütete; einer davon wurde »schapattu« genannt. – Aber der Mondzyklus von 29 1/2 Tagen ist nicht durch sieben teilbar; zudem wäre zu erklären, wieso aus Unglückstagen festliche Ruhetage wurden.

Eine Tatsache aber ist gewiß: Israel kannte den 7. Tag als Tag der Arbeitsruhe schon in vorstaatlicher Zeit: Er kommt im Zehnwort ebenso vor wie im »Bundesbuch«, einer aus der Zeit vor David stammenden Gesetzessammlung, vgl. Ex 20,10; 23,12. Zu den Erfordernissen bäuerlichen Lebens steht eine so starre Zeiteinteilung in Widerspruch: Ex 34,12 muß eigens einschärfen:

Am siebten Tag sollst du ruhen.
Auch zur Zeit des Pflügens und Erntens sollst du ruhen.

Alle sieben Tage wird Israel daran erinnert, daß es mehr ist als ein Bauernvolk. (Manch einer erhofft heute Heilung für eine kranke Menschheit und Erde davon, daß wir lernen sollten, uns wieder einzuschwingen in die Rhythmen der Natur. Das alte Gottesvolk sollte sich jeden siebten Tag daraus lösen.)

Das Paschafest wird wie der Sabbat nicht am Heiligtum begangen, sondern in der Familie. Die Hausgemeinschaft verzehrt in der ersten Nacht des Frühlingsvollmondes das Paschalamm. Das Blut des Tieres wird bei einem unheilabwehrenden Ritus gebraucht.

Die Paschaordnung findet sich in Ex 12. Die Kalender in Ex 23 und 34 erwähnen das Paschafest nicht. Nur die deuteronomischen Gesetzgeber haben in Dtn 16 versucht, das Paschafest mit dem bäuerlichen Festkalender zu verbinden: Es soll sich mit dem Fest der Ungesäuerten Brote verbinden, das darum nicht mehr an wechselnde Termine des ersten Ernteschnitts gebunden ist, sondern auch bei Frühlingsvollmond gefeiert wird.

Der Termin des Pascha, eine Vollmondnacht im Frühjahr; das Lamm, das im Mittelpunkt der Feier steht; der Abwehrritus mit dem Blut; die Aufbruchsstimmung der Feiernden (gegürtet, Sandalen an den Füßen, den Stab in der Hand): Das alles gibt einen Sinn, wenn Hirten damit den Weidewechsel im Frühjahr vorbereiteten, wenn nach dem Winterregen die Steppe weiter draußen ergrünt. Besonders für die im Frühling geborenen Jungtiere wird die Wanderung gefährlich sein; darum das junge Lamm, darum der Abwehrritus.

Pascha und Sabbat sind Familienfeste; die Übereinstimmung mit der vornehmlich in Form von Familiensagen vorliegenden Väterüberlieferung fällt auf. Sie gibt Anlaß zu folgender Vermutung:

Sowohl in Vätersagen wie in Sabbat und Pascha tritt die Familie als eine Grundform menschlichen Miteinanders in Erscheinung; daraus läßt sich schließen, daß in diesen Festen ebenso wie in den Familiensagen ein Element aus der vorstaatlichen Zeit den langen Überlieferungsprozeß überdauert haben könnte.

Die **Literarkritik** trennt einen ursprünglich unabhängig existierenden Text aus dem Zusammenhang, in dem er jetzt vorliegt, und reinigt ihn von späteren Zusätzen.

Die **Gattungskritik** fragt nach der Form eines Textes, z.B. nach der Art, in der er erzählt, und bringt diese Art des Sprechens in Zusammenhang mit den Lebensgemeinschaften und -formen, mit dem »Sitz im Leben«, an dem man auf diese Weise zu reden pflegte.

Die **Überlieferungskritik** fragt: Woher hat der Text seine Inhalte? Woher wissen die Erzähler das, was sie sagen? Oder auch: Woher stammen die Riten eines Festes?

In der praktischen Auslegung eines biblischen Textes sind diese – hier getrennt voneinander dargestellten – methodischen Schritte meist miteinander zu verbinden.

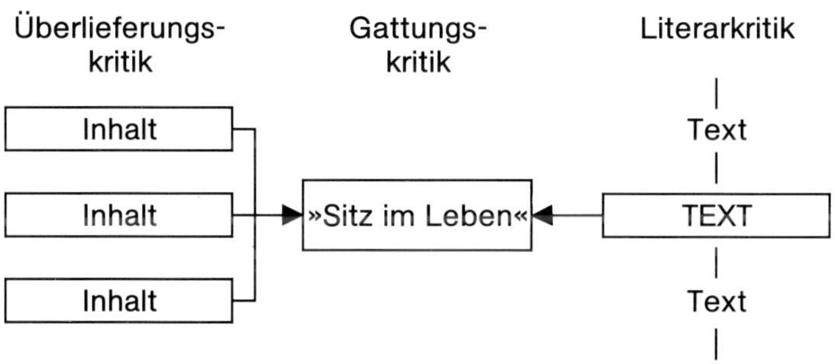

Abb. 14: Das Zusammenspiel der Methoden

7.3 Überlieferungskritische Fragen zu Jakobserzählungen

Folgende überlieferungskritische Überlegungen wurden bereits bei der Analyse der Erzählung vom Kampf am Jabbok notwendig:

Daß Penuel ein heidnischer Kultort war, geht aus dieser Erzählung selbst nicht hervor, wohl aber aus Ri 8, wo Gideon die nichtisraelitische Stadt zerstört. – Nützlich für die Beurteilung dieser Überlieferung von Penuel wäre es gewesen, wenn die Lage des Ortes festzustellen gewesen wäre, wenn man vielleicht sogar noch Spuren des vorisraelitischen Kultes hätte entdecken können.

Die Analyse der Penuelsage hat bereits ein Beispiel dafür geliefert, wie Überlieferungskritik vorgeht:

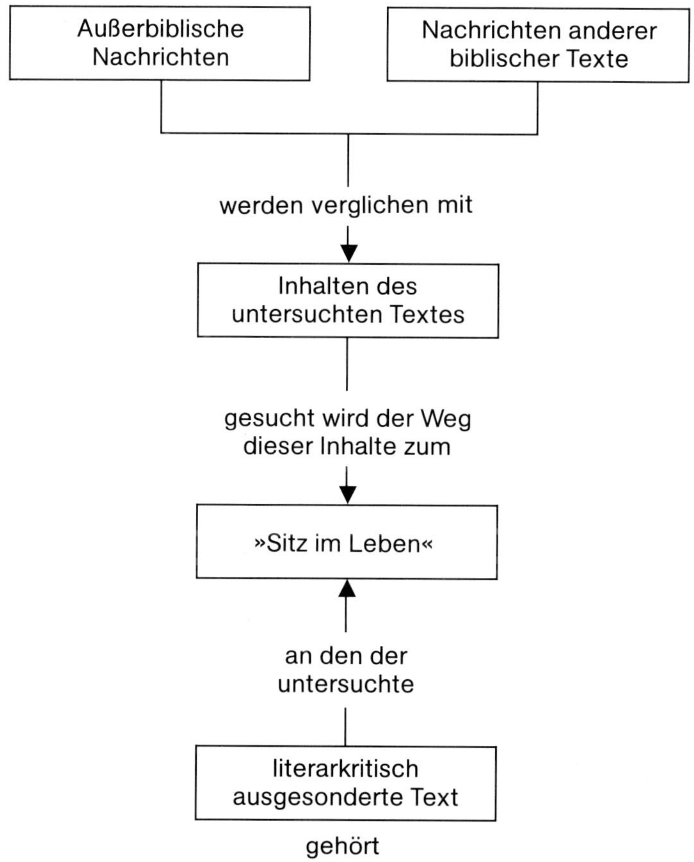

Abb. 15: Methodische Schritte der Überlieferungskritik

Überlieferungskritische Forschung hält alle erreichbaren Nachrichten über den Inhalt eines Textes nebeneinander und versucht, ein einleuchtendes Bild davon zu gewinnen, wie die Gemeinschaft, in deren Mitte der Text entstand, von diesem Gegenstand Kenntnis erlangen konnte.

Das Thema »Jakob in Penuel« läßt sich überlieferungskritisch noch weiter erhellen: Der Weg, auf dem Jakob bei seiner Heimkehr aus Mesopotamien wandert, ist schon geographisch gesehen der geeignete Verbindungsweg zwischen ost- und westjordanischem Gebirge. Den umgekehrten Weg geht Gideon, als er bei der Verfolgung der flüchtenden Midianiter vergeblich die Unterstützung der Leute von Penuel erbittet, vgl. Ri 8.

Besondere Bedeutung in der Jakobstradition hat das Ziel dieses Weges, Sichem: Nach Gen 34 hat Jakob vor den Toren der Stadt ein Grundstück gekauft und freundliche Beziehungen zu den Sichemiten angeknüpft. Spuren der Anwesenheit von Nomaden bei Sichem haben Archäologen entdeckt, z.B. ein außerhalb der Stadt errichtetes Heiligtum: Die Sichemiten haben offensichtlich in ihrer Nachbarschaft eine Kultstätte von Nomaden geduldet. Damit stimmt die Nachricht überein, daß auch Jakob in der Nähe von Sichem einen Altar errichten konnte (vgl. Gen 33,20).

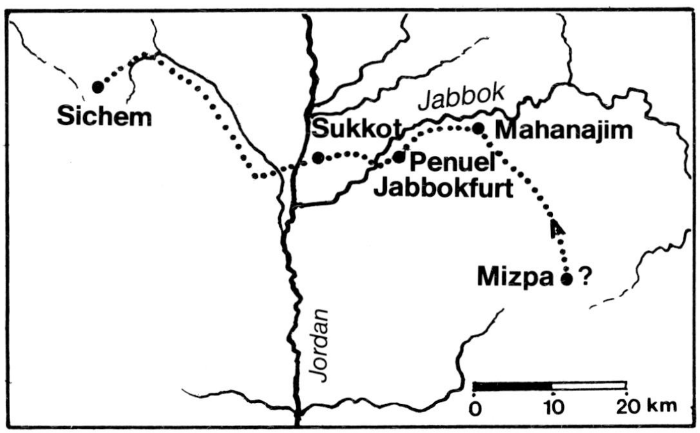

Abb. 16: *Jakobs Weg vom Ost- ins Westjordanland*

Freundliche Beziehungen zwischen der Stadt Sichem und Nomaden in ihrer Umgebung bezeugen ferner Briefe aus dem 14. Jh. v. Chr., die in einem ägyptischen Archiv (in Amarna) entdeckt wurden. In diesen Briefen führen kanaanäische Kleinkönige beim Pharao, ihrem Schutzherrn, Klage darüber, daß Sichem sich mit unruhigen Elementen außerhalb der Stadt verbündet habe.

Diese verstreuten Nachrichten machen es wahrscheinlich, daß eine wandernde »Jakobs«-Gruppe in vorisraelitischer Zeit von Osten her ins Land kam, sich bei Sichem niederließ und dort für längere Zeit blieb.

Überlieferungskritik setzt eine möglichst umfassende Kenntnis aller verfügbaren schriftlichen und nichtschriftlichen Quellen voraus und führt doch oft nur zu Hypothesen, die nicht besser sein können als die dafür zusammengetragenen Argumente.

7.4 Überlieferungskritische Fragen zur Vätertradition

Erst recht sind nur mehr oder weniger gesicherte Hypothesen zu erreichen, wenn man die Väterüberlieferungen als ganze danach befragt, woher ihre Inhalte stammen. Führen wenigstens einige davon zurück in die Zeit vor der Entstehung des Volkes Israel? Antwort ist am ehesten zu erhoffen, wenn man nach solchen Elementen Ausschau hält, die sich bei der Weitergabe der Überlieferungen von Generation zu Generation nicht so rasch verändern.

Ein solches stabiles Element sind die **Personennamen:** Abraham, Isaak, Jakob, Lea, Rachel, Rebekka sind Namen, die zu der Zeit, als Israel bereits ein Volk war, nicht mehr in Gebrauch waren.

Rebekka heißt nach einer im Hebräischen verlorenen Wortwurzel »Kuh«;

Rahel heißt »Mutterschaf«;

Lea heißt ebenfalls »Kuh«.

Diese Namen passen in die Welt der Wanderhirten. – Von Tiernamen abgeleitete Mädchennamen finden sich in den Überlieferungen über die spätere Geschichte Israels nur noch selten.

Jakob ist wie »Rebekka« aus einem im biblischen Hebräisch verlorenen Wortstamm gebildet. Der semitische Name Jakub-el, »El wird schützen«, begegnet mehrfach in außerbiblischen Quellen bis zum 14. Jh., innerbiblisch dagegen nach der Väterüberlieferung erst wieder in neutestamentlicher Zeit.

Abraham oder **Abram** sind zwei Formen des gleichen Namens; eine dritte Form begegnet in der Moseüberlieferung: Abiram (Num 16). Der Name bedeutet »der Vater ist erhaben«; das Element Ab, »Vater«, ist ein Gottestitel. Abirami heißen in Texten des 14. Jh. aus der nordkanaanäischen Stadt Ugarit mehrere Personen. Namen, die mit »Ab« oder mit anderen Verwandtschaftsbezeichnungen wie »Ach«, Bruder, oder »am«, Ahn, gebildet sind, sind auch bekannt geworden bei Nomaden, die im 18. Jh. v. Chr. vor den Toren der nordmesopotamischen Stadt Mari lebten und von denen man aus Aktennotizen im königlichen Archiv der Stadt weiß.

Isaak ist bisher außerbiblisch nicht belegt. In der Art der Namensbildung entspricht Isaak dem Namen Jakob und zahlreichen anderen Namen in der semitischen Welt: Das »I« oder besser »J« kennzeichnet die Wunschform eines Verbes: »Jizchaq-el« bedeutet: »Möge El lachen«, d. h. gnädig sein. In der biblischen Überlieferung ist die ursprüngliche Bedeutung des Namens vergessen; Gen 17,17 und 18,12 erklären ihn damit, daß die Eltern bei der Ankündigung der Geburt Isaaks »gelacht« hätten, weil sie diese für unmöglich hielten.

An diesen und anderen Beispielen zeigt sich:
Den langen Überlieferungsprozeß unverändert überdauert haben Namen aus der Väterzeit.
Ein weiteres Element, das jahrhundertelang unverändert überliefert worden sein muß, sind **Ortsnamen.**

Die Orte, an denen sich die Patriarchen auf ihren Wanderungen aufhielten, liegen alle in einer Zone, in der jährlich 250–500 mm Regen fallen. Ackerbau ist hier kaum möglich;

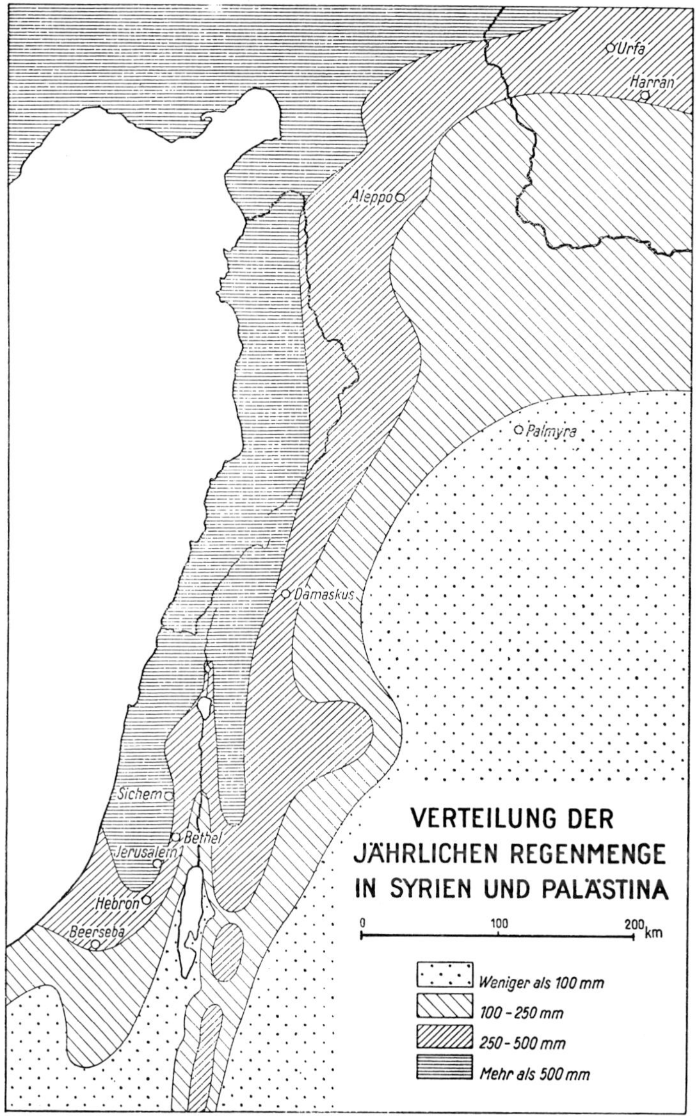

Abb. 17: Verteilung der jährlichen Regenmenge in Syrien und Palästina. Die »Väter« lebten in der Übergangszone zwischen Steppe und Kulturland.

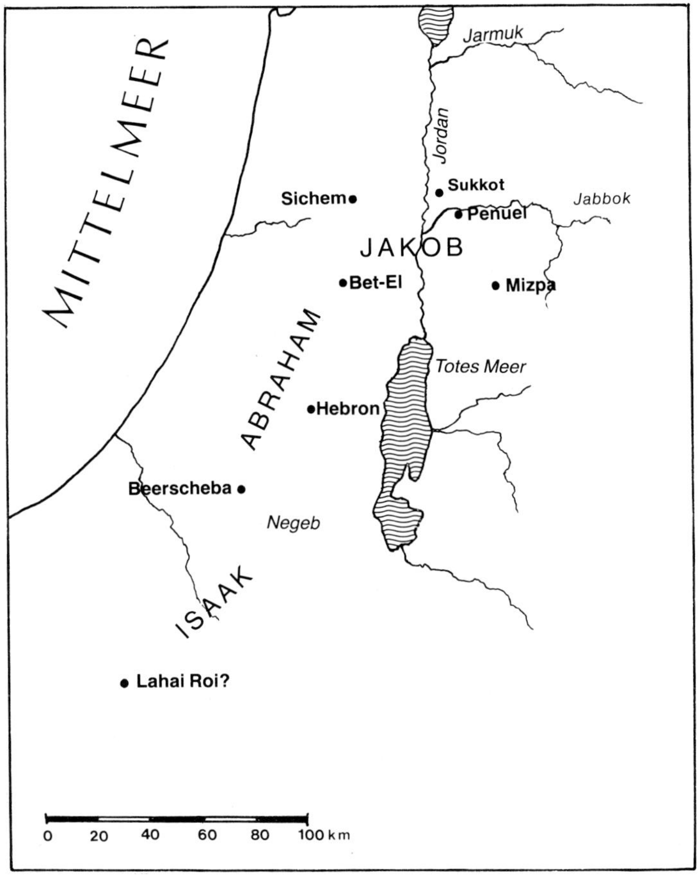

Abb. 18: Die Heimat der Vätersagen

Schafe können dagegen gut gehalten werden. Das entspricht dem Bild, das die Vätersagen vom Leben der Patriarchen entwerfen: Als Kleinviehzüchter zogen sie am Rande des Kulturlandes umher; bei Beerscheba, Hebron, Bet-El, Sichem und Haran lebten sie in freundlich-friedlicher Nachbarschaft in der Nähe von Städten. Sie haben gewiß auch die abgeernteten Felder der Städter für die Weide nutzen dürfen. Der Schafdünger ist einem Bauern voller Ersatz für den Schaden, den weidende Schafe anrichten können.

In den Vätersagen ist die Erinnerung an die Orte, die die Väter auf ihren Wanderungen berührten, zutreffend überliefert.

Ein Hinweis negativer Art bestätigt diese Vermutung: In der Zeit, als sich das Volk Israel bildete, d.h. in der Zeit der Richter, Sauls und Davids spielen folgende Orte eine wichtige Rolle:

Schilo, wo das Hauptheiligtum Israels, die Lade, stand: 1 Sam 1ff;

Gilgal, wo Saul König wurde: 1 Sam 11,14ff;

Mizpa im Westjordanland, wo nach einer anderen Überlieferung die Königserhebung Sauls stattfand und wo die Stämme sich sammelten: 1 Sam 10,17ff; Ri 20.

In den Väterüberlieferungen tauchen andere Orte auf: **Penuel, Sichem, Beerscheba, Hebron.**

Hätte man erst angefangen, von der Anwesenheit der Väter an den heiligen Orten des Landes und von ihren Altarbauten zu erzählen, als man spätere israelitische Besitzansprüche zu begründen hatte, dann wäre eine Auswahl der durch die Anwesenheit der Väter geheiligten Orte anders ausgefallen.

Eine weitere Beobachtung ist geeignet, in die Väterzeit zurückzuführen: Sowohl Ortsnamen wie **Themen der Überlieferung** sind auf besondere Weise je einem der Väter zugeordnet:

Abrahamsüberlieferungen sind im Negeb zu Hause, bei Hebron und Beerscheba. Im Zentrum der Überlieferungen steht das Thema der Gefahren für Mutter und Kind: Wird die Nachkommensverheißung wahr?

Jakobssagen sind weiter nördlich beheimatet, auf den Etappen des Weges vom Ost- ins Westjordanland. Sie handeln von Streit und Versöhnung in der Familie. Die Institution des väterlichen Segens, die hier eine wichtige Rolle spielt, ist in den Abrahamsüberlieferungen unbekannt.

Isaaküberlieferungen sind nur in geringer Zahl erhalten (Gen 26): Ihr Thema unterscheidet sich wiederum charakteristisch von den Themen der Sagen, die mit den beiden anderen Vätergestalten verbunden sind: Bei Isaak geht es um Brunnengrabung, Brunnenstreit. Die Technik des Brunnenbaus wurde mit Beginn der Eisenzeit verfeinert; dieses Thema spiegelt geschichtliche Erinnerungen wider.

Aus derartigen Beobachtungen ist zu schließen:

> Die Überlieferungen um die drei Väter – Abraham, Isaak, Jakob – waren einmal unabhängig voneinander, in je anderen Gruppen beheimatet: Von ihrem Vater Jakob, der auch Israel hieß, erzählten sich Gruppen, die um Sichem heimisch waren; um Hebron lebten Menschen, die Überlieferungen vom Stammvater Abraham besaßen; noch weiter südlich wanderten Sippen umher, die sich auf Isaak zurückführten.

Diese Gruppen kamen in Kontakt miteinander, erkannten sich als »Verwandte« und gingen Bündnisse miteinander ein: Damit wurden auch die Stammväter in ihren Erzählungen zu Verwandten.

Parallelen dazu sind Völkerkundlern bekannt: Bis in die Moderne hinein lebte auf der arabischen Halbinsel der Brauch weiter, daß Stämme, die ein »chilf« (»Bündnis«) schlossen, einander versicherten, schon ihre Vorfahren seien »verwandt« gewesen.

Die Zusammengehörigkeit verbündeter Gemeinschaften wird darin anschaulich, daß von den Vorfahren als von »Verwandten« erzählt wird.

Ein drittes Element der Vätersagen weist wie Personen- und Ortsnamen auf die Herkunft aus der Vorgeschichte Israels hin: Es wird von **Rechtsbräuchen** erzählt, die es später in Israel nicht mehr gab oder gar verpönt waren wie die Heirat mit zwei Schwestern (Lea und Rahel). Manche dieser im Rechtsleben Israels ungewöhnlichen Sitten begegnen dafür im Zweistromland: Aus dem Gesetzeskodex des Hammurabi (18. Jh. v. Chr.) ist z.B. die Bestimmung bekannt, daß eine unfruchtbare Ehefrau dem Gatten ihre Sklavin als Nebenfrau zuführen kann, um durch diese einen Sohn zu bekommen (vgl. Sara und Hagar).

Besonders zahlreich sind Übereinstimmungen mit Rechtsbräuchen aus Nuzi. Diese Stadt gehörte zu einem im 15. Jh. von einer indogermanischen Oberschicht, den Hurritern, beherrschten Reich am oberen Eufrat und Tigris. Viele Rechtsdokumente befassen sich hier mit dem Familienrecht, das so ausführlich weder im Kodex des Hammurabi noch im alttestamentlichen Gesetz vorkommt. In Nuzi konnte z.B. ein kinderloser Mann einen Sklaven als Sohn und Erben adoptieren (vgl. Gen 15,2). Es gab hier die Institution der Schwester-Frau: Der Sohn wurde von klein an zusammen mit seiner künftigen Frau aufgezogen. Eine Schwester-Frau hatte in Nuzi höheres Ansehen als eine andere Ehefrau. Sollte sich so erklären, warum Abraham gelegentlich Sara seine Schwester nennt?

Beim Vergleich der Rechtsbräuche befindet sich allerdings die Überlieferungskritik auf besonders unsicherem Boden: Genaue Übereinstimmungen sind nicht festzustellen; man darf nicht schließen, daß die Patriarchen direkten Kontakt mit Nuzi hatten oder den Kodex des Hammurabi kannten. Dennoch führen die vielfachen Vergleiche biblischer Väterüberlieferungen mit außerbiblischen Quellen zu einem wichtigen Ergebnis:

> Die Vätererzählungen sind nicht Erfindungen einer Spätzeit; denn sie fügen sich in mehrfacher Hinsicht ein in den geschichtlichen Hintergrund, den auch andere Quellen der vorisraelitischen Zeit zeichnen.

7.5 Zeitliche Einordnung der biblischen Patriarchen

Familienüberlieferungen, an der »großen« Geschichte nicht interessiert, sind chronologisch kaum festzumachen. Die Väterzeit wird darum von verschiedenen Gelehrten im Zeitraum zwischen dem 18. und 14. Jh. ganz unterschiedlich angesetzt.

Im 18. Jh. gab es eine Wanderungsbewegung im Zweistromland, aus der u.a. das Reich des Hammurabi von Babylon hervorging. Ist die Wanderung Abrahams nach Kanaan in diesem Zusammenhang zu sehen?

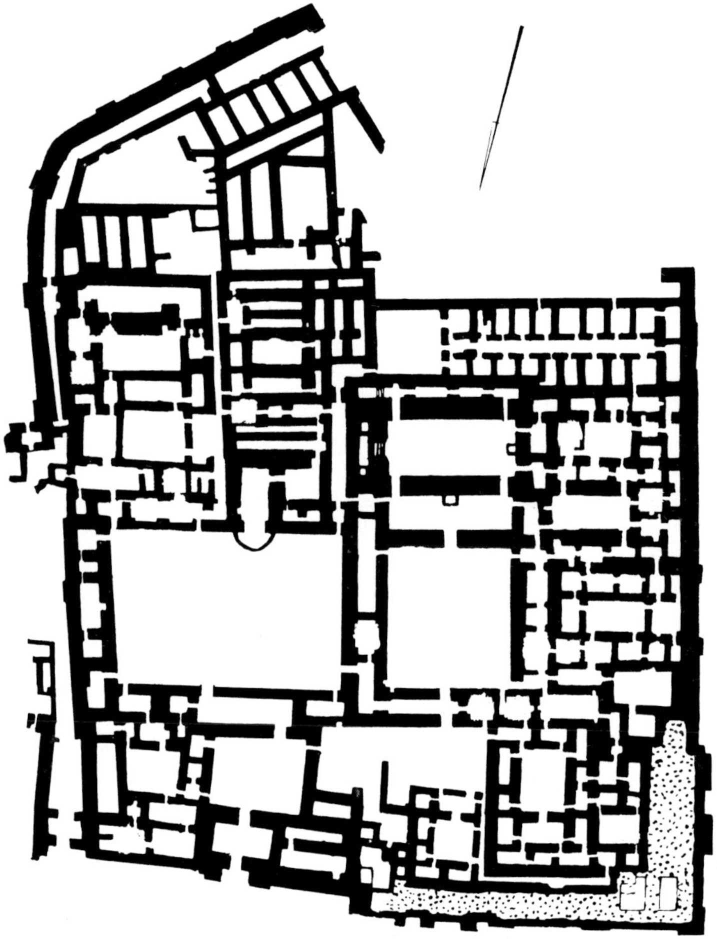

Abb. 19: Grundriß des Palastes des Königs Zimrilim von Mari
Im größten Hof des Palastes versammelten sich wahrscheinlich Bittsteller, die mit einem Anliegen zum Palast kamen. Rings um den benachbarten Hof lagen die »Büros« des Herrschers, in denen ein Archiv von etwa 20.000 Tontafeln gefunden wurde, von denen bisher etwa einige Tausend veröffentlicht sind. Die Dokumente befassen sich mit den weitreichenden Handelsbeziehungen der Stadt (aus Palästina sind Hazor und Megiddo als Handelspartner erwähnt), mit Politik und Rechtsfragen, wobei manches an Rechtsbräuche erinnert, die auch in den Patriarchenerzählungen begegnen.

Für eine frühe Ansetzung im 18. Jh. führen manche Gelehrte vor allem Nachrichten aus **Mari** an. Im 18. Jh. herrschte in diesem Stadtkönigtum am oberen Eufrat Zimrilim; in seinem weitläufigen Palast gab es eine riesige Sammlung von Keilschrifttafeln.

Die Dokumente des Archivs von Mari befassen sich u.a. auch mit den Beziehungen der Stadt zu Nomadensippen vor ihren Toren. Diese Nomaden tragen z.T. Eigennamen, wie sie auch aus der biblischen Patriarchentradition bekannt sind. Eine dieser Gruppen nennt sich »Söhne des Südens« – benjamin. Ihre Anführer heißen »abu« – Vater.

Doch solche Gruppen wandernder Kleinviehzüchter sind zwischen dem 18. und dem 14. Jh. ständig am Rande des Kulturlandes umhergezogen. Sie sind nicht Bestandteil einer größeren »Völkerwanderung«, aus der neue Staaten hervorgehen – so wie im 18. Jh. das Reich des Hammurabi von Babylon, das altassyrische Reich und das Stadtkönigtum von Mari. Diese Wanderhirten waren vielmehr an Staatsgründungen ganz uninteressiert. Wo die Ansässigen es zuließen, zogen sie, unbekümmert um politische Grenzen von einem Weidegebiet zum nächsten. Man begegnet ihnen in diesen Jahrhunderten nicht nur vor den Toren von Mari oder Sichem, sondern auch als Einlaßbegehrende vor der Ostgrenze Ägyptens (vgl. 13.2).

Die Vorfahren Israels gehörten zu diesen Gruppen. Wann Abraham, Isaak und Jakob gelebt haben, wird sich nie mit endgültiger Klarheit bestimmen lassen. Doch daß Erinnerungen an sie in der Bibel erhalten sind, ist am ehesten zu verstehen, wenn sie zeitlich den ersten israelitischen Stämmen in Kanaan nicht zu fern stehen. Wie sollte sonst die dunkle Zeit zwischen dem 18. Jh. und dem 13. Jh. – in dem »Israel« aus Ägypten auszog – überbrückt worden sein?

Bei allen offenen Fragen ist eines sicher: Israel hat seine »Väter« nicht erfunden. Das Credo Israels: »Mein Vater war ein heimatloser Aramäer«, ist geschichtlich. Mit der Berufung auf »Abraham, den Vater des Glaubens«, faßt die biblische Überlieferung Fuß in konkreter menschlicher Geschichte.

Literatur zu Lektion 7

Überlieferungskritische Forschungen setzen eine möglichst breite Kenntnis von »Realien« voraus. Diese Lektion stützt sich u.a. auf:

F. E. Wilms, Freude vor Gott. Kult und Fest in Israel, Regensburg 1981.

E. Otto, Jakob in Sichem, Stuttgart 1979.
Eine sorgfältige historische Studie, die biblische und außerbiblische Quellen literarischer und materieller Art in einem weiten Umfeld sucht und auswertet.

Herder Lexikon. Biblische Gestalten. Bearbeitet v. A. Ohler, Freiburg–Basel–Wien 1982.
Personennamen aus NT und AT werden etymologisch erklärt; die Träger der Namen sind knapp in literarische und historische Zusammenhänge eingeordnet.

R. de Vaux, Histoire ancienne d'Israël, Tome I, Paris 1971.
Ein Resumée der Lebensarbeit des Bibelwissenschaftlers und Archäologen. Gut 120 Seiten des Werkes sind der Väterzeit gewidmet.

R. de Vaux, Die hebräischen Patriarchen und die modernen Entdeckungen, Düsseldorf 1961.

R. de Vaux, Die Patriarchenerzählungen und die Geschichte, Stuttgart 1968.
In diesen kleineren Schriften sind Teile der Forschungsarbeit von de Vaux zur Väterzeit faßbar. Den Forschungen von de Vaux ist vor allem die Erkenntnis zu verdanken, daß in den Väterüberlieferungen echte Erinnerungen an jene frühe Zeit erhalten blieben.

C. Westermann, vgl. Literatur zu Lektion 5: Der Forschungsbericht macht es leicht, weitere Literatur zur Geschichte der Väterzeit aufzufinden.

Neuere Arbeiten sind berücksichtigt in:

W. Leineweber, Die Patriarchen im Lichte der archäologischen Entdeckungen, Frankfurt 1980.
Leineweber geht vor allem auf englischsprachige Literatur ein.

E. Blum, Die Komposition der Vätergeschichte, Neukirchen 1984.

Lektion 8: Israel und Kanaan. Religionsgeschichtliche und soziologische Fragen an die Väterüberlieferung

Für uns, die wir gewohnt sind, Deutschland und die Deutschen, Frankreich und die Franzosen zusammenzusehen, ist es erstaunlich, daß Israel sein Land nicht nach sich selbst benannte: Israel lebte in »Kanaan«. Noch in der Spätzeit des Alten Testaments ist nicht vergessen, daß Israel die Sprache Kanaans spricht (Jes 19,18). Israel hat kulturell und religiös vieles den älteren Bewohnern des Landes zu verdanken, z.B. auch in der vom bäuerlichen Leben bestimmten Festordnung (s. 7.2).

Trotzdem war Israel sich eines scharfen Gegensatzes zu den Kanaanäern bewußt. Im Alten Testament finden sich harte Worte der Ablehnung alles Kanaanäischen. Schockierend ist für unsere Ohren die Behauptung, bei der Einwanderung Israels seien die Vorbewohner des Landes vernichtet worden.

> *Ich führe dich in das Land der Amoriter, Hetiter, Perisiter, Kanaaniter, Hiwiter und Jebusiter und lasse sie vor dir verschwinden.*
> *(Ex 23,23)*

Wie ist die Ablehnung alles Kanaanäischen im Alten Testament zu erklären, wenn Israel doch andererseits vom Erbe Kanaans lebte?

Die traditionelle Antwort lehnt sich an biblische Überlieferungen an: Israel fühlte sich als Fremdling in Kanaan, weil seine Vorfahren dorthin eingewandert waren. Es blieb fremd, weil es sich nicht an das kanaanäische Vorbild anpassen konnte.

8.1 Gesellschaft und Religion Kanaans

Ein Vergleich der Lebensformen Israels und Kanaans wurde möglich, weil mannigfache Funde Einblick gewähren in das Alltagsleben vorisraelitischer Städte.

Eine große Menge Material, bis heute noch nicht ganz ausgewertet, brachten seit 1929 Ausgrabungen in der nordkanaanäischen Stadt **Ugarit** (moderner Name der Grabungsstätte: Ras Schamra). Tempelbibliotheken enthielten Göttererzählungen, Hymnen und Gebete. Königliche Archive gewähren Einblick in das politische, wirtschaftliche, soziale Leben der Stadt.

In den Städten Kanaans lebte eine differenzierte, arbeitsteilige Gesellschaft, die verschiedene Berufe, abgestufte Schichten kannte, einer Bürokratie unterworfen, die Anteile an Arbeitskraft, Einkünften und Besitz für den Staat einforderte.

Dokumente aus der Stadt **Alalah,** die weiter im Landesinneren lag, gleichen modernen Finanzamtsunterlagen: Für jedes Dorf, das zu dieser Stadt gehörte, sind Listen angelegt mit Name, Beruf und Schichtzugehörigkeit der Männer.

Die kleinste Schicht sind die »marjannu«: Krieger, die sich selbst mit dem teuren Streitwagen, mit Pferden, Panzerung und Knechten ausrüsten können. Eine zweite Schicht von Vornehmen spielte in den Städten eine große Rolle: Fernhandelskaufleute. Kanaan, das Gebiet zwischen den Kontinenten, zwischen Meer und Wüste,

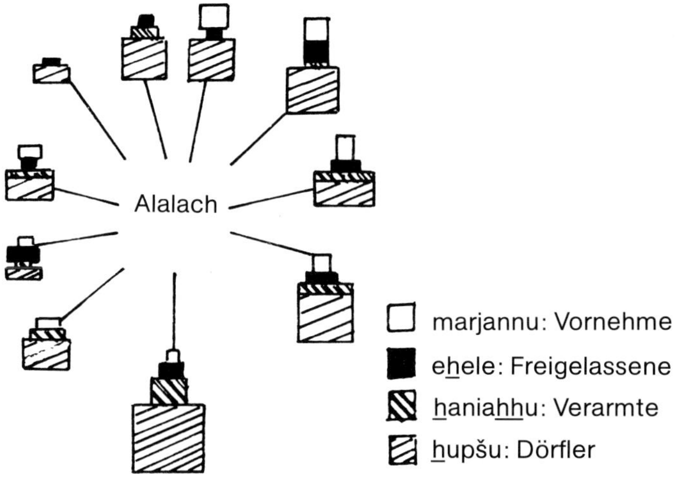

Abb. 20: Die soziale Schichtung in den Dörfern einer nordsyrischen Stadt

ist von Natur her das Land der Händler. Ernährt werden die Menschen in den kanaanäischen Städten aber durch die unterste und größte Schicht: Die »hupschu«, »Dörfler«, waren zur Fronarbeit auf staatlichen Feldern verpflichtet und im Kriegsfall zum Dienst im Fußvolk.

> Spiegelbild der arbeitsteiligen, konkurrierenden städtischen Gesellschaft Kanaans ist die Götterwelt.

In ugaritischen Epen wirken Götter mit- und gegeneinander, ein jeder an dem ihm zustehenden Platz, den er gegen andere Götter behauptet: Baal, Herr des Gewitters und der Fruchtbarkeit, steht immer neu im Kampf gegen Mot, den Gott der Ernte und des Todes, unterliegt ihm und behauptet sich dann doch wieder mit Hilfe seiner streitbaren Schwester Anat. Das Mit- und Gegeneinander der vielen Götter erklärt dem Kanaanäer, warum die Welt »funktioniert«, Regen und Dürre, Wachstum und Ernte, Tag und Nacht einander ablösen.

Kanaan, Durchgangsland zwischen Ägypten und Mesopotamien, Mittelmeer und Wüste war ein Vielvölkerland; Toleranz gegenüber vielfältigen Vorstellungen vom Göttlichen war in seinen Städten notwendig.

Abb. 21: Ein »Weltbild« aus dem alten Syrien
Das hier abgebildete Motiv von einem Siegel aus dem 17. Jh. v. Chr. stellt den dramatischen Kampf um den Weltenbaum dar, der in seiner Krone Sonne und Mond trägt. Die Schlange bäumt sich wider ihn auf; doch das Götterpaar schützt ihn. Erhöht auf ihrem Tempel – d.h. bestärkt durch den ihr geweihten Kult – hält die Liebesgöttin (erkennbar an ihrer nackten Gestalt, am Ischtar-[Venus-]stern und der Dirnenlocke) ihre Hand über den Baum. Über die Berge schreitend, stößt der Gott seine gespaltene Lanze – den Blitz – dem Schlangenungetüm in den Rachen. Die Prinzenlocke kennzeichnet ihn als den König der Welt; die Hörner erinnern an die Fruchtbarkeit des Stieres.
Dieses Bild ließe sich so übersetzen: Solange die Götter der Fruchtbarkeit im Gewitter und in der Liebe wirken können, solange menschlicher Fruchtbarkeitskult sie dabei stärkt, wird auch die lebendige und erhellte Welt Bestand haben.

8.2 Die Religion der Väter

Der Gegensatz zu dem Bild gesellschaftlichen und religiösen Lebens, das die Väterüberlieferung widerspiegelt, springt ins Auge: Hier ist die Familie die größte gesellschaftliche Einheit, in die von außen her keiner hineinregiert. Dem entspricht auch der Gottesglaube der Patriarchen.

Für die Autoren der Endfassung der Vätersagen in Gen 12ff ist es selbstverständlich, daß der Gott der Patriarchen Jahwe, der Gott Israels, ist. Aber sie haben es nicht ganz verdeckt, daß die Vätertraditionen ursprünglich von einem anderen Gottesverständnis zeugten: Der Gott der Väter trägt keinen Namen wie Jahwe; er wird nach Menschen benannt: Gott Abrahams, Gott Isaaks, Gott Jakobs, nach den Oberhäuptern der Familie, in der er verehrt wird. Eine solche »Vatergottreligion« paßt zu allem, was sonst vom Leben der Vorfahren Israels zu erfahren ist.

> Die wandernden Sippen der Väterzeit verehren den Gott, der sich mit ihrer Sippe so eng verbunden hat, daß er mit dem Namen des »Vaters« der Sippe genannt wird – »Gott Abrahams«. Er zieht mit den Menschen, die zu ihm gehören, wenn sie die Weideplätze wechseln; er behütet sie unterwegs.

Der Vatergott ist keine universale Gottheit, die sich um den Zustand der Welt, der Völker kümmert; solche Fragen berührten diese kleinen am Rande des Kulturlandes umherziehenden Gemeinschaften wenig.

An Gen 31,51ff sei illustriert, wie diese alte Vorform der Religion Israels noch in der letzten Fassung der Erzählung durchschlägt: Jakob und Laban trennen sich nach der Beilegung eines Streites und errichten einen Steinhaufen als Zeichen gegenseitigen Friedenswillens. Zum Zeugen des Vertrages ruft Laban nun zwei an:

Der Gott Abrahams und der Gott Nahors seien (Plural!) Richter zwischen uns.
(Gen 31,53)

Zwei Familienoberhäupter verpflichten sich zum Frieden durch den Schwur bei dem Gott ihres jeweiligen Vaters.

Die Namensüberlieferung bezeugt ebenfalls den engen Zusammenhang der familiären Struktur dieser Gesellschaft mit ihrem Gottesverständnis:

Abraham: Der Vater (Gott) ist erhaben;
Abinadab (2 Sam 6,3ff): Der Vater ist großzügig;
Amram (Ex 6,18): Der Sippenahn ist erhaben;
Ahinoam (1 Sam 14,50): Der Bruder ist lieblich;
Abital (2 Sam 3,3): Der Vater ist Tau.

Namen dieser Form begegnen bis in die frühe Königszeit: Für das frühe Israel war die größte für den Menschen wesentliche Gemeinschaft die Sippe.

Man könnte versucht sein, den Gegensatz zwischen der Religion der Väter und der Kanaanäer wie folgt zu rekonstruieren: Die wandernden Kleinviehzüchter verehren den Vatergott, der mit der Sippe zieht, die er schützt. Die Seßhaften dagegen verehren Ortsgottheiten, die an den heiligen Stätten im Lande aufzufinden sind.

Doch diese Unterscheidung trifft so nicht zu: Die Mythen Ugarits erzählen von universalen Gottheiten: **El,** Schöpfer der Welt, wohnt am Ursprung allen Wassers; **Baal** wirkt im Gewitter, ohne damit identisch zu sein. Man kennt zwar den Ort seines Palastes, den Berg Zafon bei Ugarit; aber der Gipfel des Zafon ist zugleich ein kosmischer Ort; der Himmel berührt hier die Erde. Die großen Götter Kanaans waren nicht an Orte gebunden.

Andererseits wird der Gott der Patriarchen auch an heiligen Stätten des Landes verehrt. In freier Landschaft, an markanten Stellen, bei Quellen (Gen 16,7), unter Bäumen (Gen 18,1), auf Anhöhen (Gen 22,2) kann Gott dem Menschen begegnen. Solche Orte werden auch den wandernden Hirten heilig. Diese sind ja nicht völlig regellos unterwegs; lange können sie vor den Toren »ihrer« Stadt verweilen. Jakob, erzählt Gen 33,20, kaufte sich bei Sichem ein Grundstück, um »El, dem Gott Israels« einen Altar zu errichten. Auch die Erzväter verehrten ihren Gott an heiligen Orten.

Bei der Herrichtung solcher heiliger Stätten wird kein besonderer Aufwand getrieben; ihr Aussehen entspricht der einfachen Lebensweise der Hirten: Als Jakob im Traum erkannt hat, daß er an einem heiligen Ort übernachtet hat, stellt er einen Stein auf und salbt ihn, Gen 28,18. Im Altarbaugesetz ist diese für eine städtische Zivilisation unpassende Einfachheit zur Vorschrift geworden:

Du sollst mir einen Altar aus Erde errichten und darauf deine Schafe, Ziegen, Rinder . . . schlachten. An jedem Ort, an dem ich meinem Namen ein Gedächtnis errichte, will ich zu dir kommen und dich segnen. Wenn du mir einen Altar aus Steinen baust, sollst du ihn nicht aus behauenen Quadern bauen. Du entweihst ihn, wenn du mit dem Meißel daran arbeitest.
(Ex 20,24f)

Gott »kommt« an die heilige Stätte; er ist nicht an sie gebunden. Nicht der Mensch bestimmt, welche Orte heilig sind; denn Gott »stiftet« ihnen das »Gedächtnis seines Namens« ein; das geschieht z. B., wenn er in Penuel oder Bet-El dem Jakob begegnet. Gott spendet am heiligen Ort Segen: Auch diese Aussage des Altarbaugesetzes wird in Vätererzählungen veranschaulicht; mußten durch Bäume oder Quellen ausgezeichnete Orte im dürren Süden Palästinas nicht als Orte des Segens erscheinen?

Abb. 22: Baal mit der Keule und dem Blitzspeer
Der Gott, der mit einem solchen – 1,42 m hohen – Kultbild geehrt wird, ist keine »Ortsgottheit«: Er schreitet über den Wellen des »oberen Meeres«; eindeutig sind die Trennungsstriche zur Welt der Menschen gezogen.
Wie ein Krieger, kurz geschürzt und bewaffnet mit der zuckenden Lanze des Blitzes und der Donnerkeule, tritt Baal auf: Er kämpft für die Fruchtbarkeit der Welt.
Ein anbetender Mensch ist als winzig kleine Gestalt ihm beigesellt – doch auf einem eigenen Standort: Mensch und Gott haben verschiedene Orte in der Welt.

Abb. 23: Stein, Baum und Quelle: Kennzeichen des kanaanäischen Heiligtums
Die Münze aus dem 4.–3. Jh v. Chr. zeigt ein städtisches Heiligtum. »Heiligtum von Byblos« steht auf der einen Seite. Ein Tempelgebäude ist dargestellt; doch in dem daran anschließenden Hof ist als wichtiger Bestandteil des Heiligtums der große Stein hervorgehoben. Die andere Seite der Münze zeigt erst recht, daß auch in dieser späten Zeit und auch in einem städtischen Heiligtum noch die Dinge wichtig sind, die schon in den Vätersagen die einfachen ländlichen Heiligtümer auszeichneten: der Baum, die »gesalbten« Steine (so ist die Inschrift zu verstehen) und die Quelle (unterhalb der Inschrift). Mond und Stern und ein Räucheraltar vervollständigen das Bild des Heiligtums.

Bei Ausgrabungen in **Arad** entdeckte man einen in der Salomozeit errichteten Altar in einem Jahweheiligtum: Er war aus unbehauenen Steinen aufgeschichtet. Das Altarbaugesetz ist in Israel also wirklich befolgt worden.

8.3 Wandernde Kleinviehzüchter werden seßhaft

Die Patriarchenerzählungen sprechen nicht vom Leben regellos vagabundierender Menschen. Diese Sagen sind vielmehr ortsgebunden, vertraut mit den Eigentümlichkeiten des Landes. Die Kleinviehzüchter des Alten Orients lebten in enger Symbiose mit den Seßhaften; sie waren auf den Austausch mit ihnen sogar angewiesen.

Ein Symbol dafür enthält die Paschafeier: Zu dem Lamm aus der Herde und den bitteren Kräutern aus der Steppe gehören beim Paschamahl auch ungesäuerte Brote. Diese rasch zuzubereitenden Fladen sind typische Hirtennahrung; aber das Mehl dazu muß von Ackerbauern bezogen werden. Darum war das Paschafest auch so leicht mit dem andersartigen Fest der Ungesäuerten Brote zu verbinden.

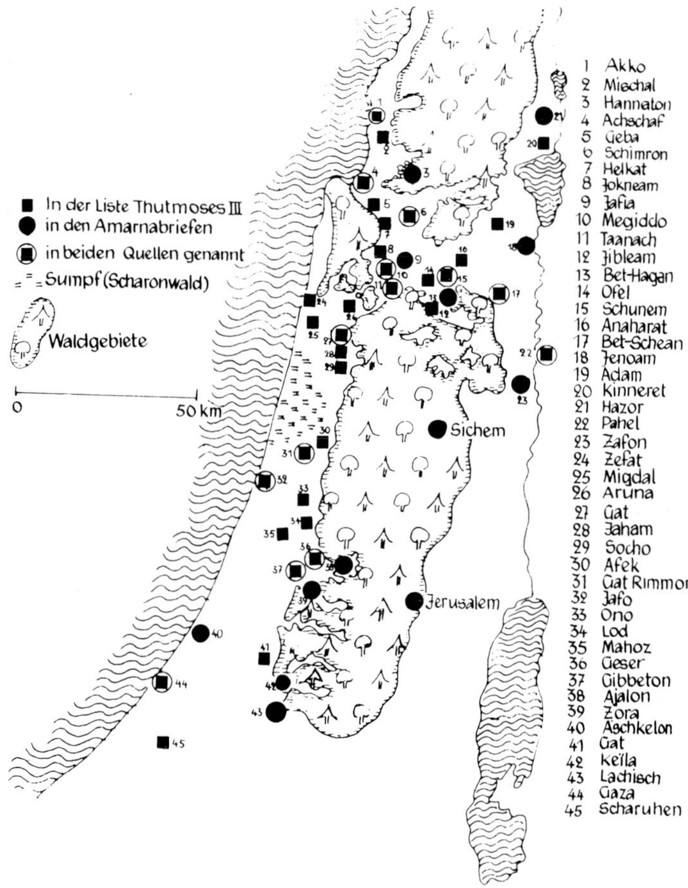

Abb. 24: Kanaan vor der Einwanderung der Israeliten, nach zwei ägyptischen Quellen

Der Übergang zur Seßhaftigkeit konnte bei diesen Menschen leicht, fast unmerklich geschehen. Teile der Sippe bewirtschaften bereits Felder, während andere mit dem Vieh auf die Winter- oder Sommerweide zogen (vgl. Gen 37,12). Bestätigt wird diese friedliche Form der »Landnahme« durch die Archäologie.

Seßhaft zu werden begannen Israels Vorfahren seit dem Beginn der Eisenzeit (13. Jh.). Ausgrabungen zeigen, daß damals zahlreiche Dörfer neu gegründet wurden, nicht in den dicht mit kanaanäischen Städten besetzten Ebenen, sondern im bisher nur dünn besiedelten Gebirge.

Dem neuentdeckten Eisen sollte man für die Erschließung des Waldgebirges nicht zu große Bedeutung beimessen. Eisen blieb in Israel noch lange kostbar und selten (1 Sam 13,19ff; 2 Kön 6,5f). Wichtiger war die Erfindung der wasserfesten Zisterne, die es erlaubte, auf wasserloser, aber sicherer Höhe zu wohnen. Ebenso wichtig war die Kunst des Terrassenbaus, die kostbaren Ackerboden an feuchteren, aber durch Erosion gefährdeten Einschnitten der Berghänge festhielt.

Als Beispiel einer solchen Neusiedlung sei hier ein im Negeb (bei Hirbet el Msas) ausgegrabenes Dorf, eine Neugründung vom Anfang des 12. Jh., vorgestellt: Es ist groß und wohlhabend; einzelne Häuser sehen genauso aus wie in den älteren kanaanäischen Dörfern: Um einen Innenhof sind kleine Räume angeordnet, die sich nur zu diesem Hof hin öffnen; nur einer der Räume hat eine Tür zur Gasse. In den Siedlungen kanaanäischer »Dörfler« sind solche Häuser unregelmäßig und dicht gedrängt.

In diesem neuen Dorf jedoch sind die Häuser kreisförmig angeordnet, so daß alle Außentüren sich ins freie Land öffnen. Man betritt durch sie zuerst den Innenhof, der nur an seiner Breitseite, gegenüber der Tür, einen geschlossenen Raum hat. An den Längsseiten tragen nur Pfeiler ein Dach. Offenbar haben hier Neuankömmlinge in Kanaan ihre Vorstellungen vom Haus- und Dorfbau verwirklicht.

Doch sind Techniken der älteren Bewohner ihnen nicht fremd: Sie brennen ihre Keramik, schmelzen das Metall genauso wie diese. Gleich nach dem Bau des Dor-

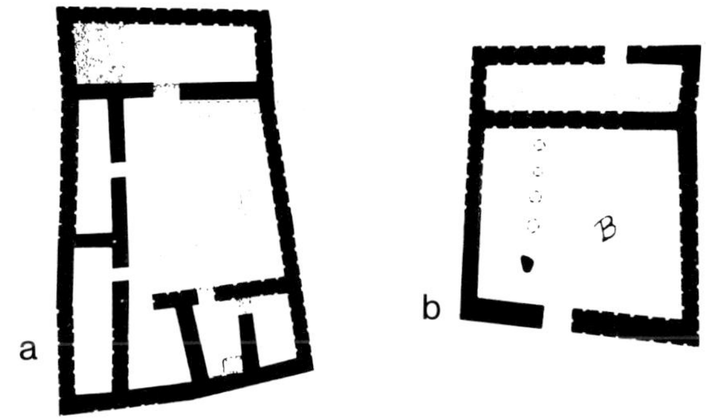

Abb. 25: Spätbronzezeitlicher (a) und früheisenzeitlicher (b) Haustypus von Hirbet el Msas

fes besteht ihr Vieh schon zu 30% aus Rindern – mit denen die wandernden Kleinviehzüchter wenig anfangen konnten. In einem solchen Ausgrabungsbefund spiegelt sich sowohl die rasche Aufnahme von Kulturlandtechniken wie auch deren selbständige Umformung: Das Leben im Kulturland kann diesen Neusiedlern nicht ganz fremd gewesen sein.

> Die rasche Erschließung bisher unbesiedelten Landes zu Beginn der Eisenzeit wurde möglich, weil die neuen Siedler das Leben der Bauern bereits kannten.

8.4 Die Sippenheiligtümer des frühen Israel

Das religiöse Pendant dazu findet sich in den Erzvätersagen von der Offenbarung Gottes an heiligen Stätten im Lande: Neue Formen der Gottesverehrung brauchten bei der Seßhaftwerdung nicht gefunden zu werden. Eine Sippe, die sich auf die Dauer niederließ, wußte bereits, wie sie ihren Gott nun auch an einem bestimmten Ort des Landes verehren konnte.

Die Ortsheiligtümer israelitischer Bauern, von denen man in Ri, 1 und 2 Sam erfährt, unterscheiden sich kaum von den heiligen Stätten der Erzvätersagen. Es sind ländliche Heiligtümer, außerhalb der Orte in freier Landschaft (vgl. 1 Sam 9,25); sie gehören zu der Sippe, die den jeweiligen Ort bewohnt (vgl. Ri 6,25).

Erst Jahrhunderte später sollten Propheten und Gesetzeslehrer Anstoß nehmen an den zahllosen kleinen Heiligtümern im Lande, die genauso aussahen wie die Plätze, an denen auch kanaanäische Bauern ihre Riten vollzogen: gekennzeichnet durch Stein und Pfahl, Baum, Quelle und Anhöhe.

Israels Vorfahren konnten in Kanaan um so leichter eine Heimat finden, als ihnen der Gegensatz zwischen ihrer Religion und der kanaanäischen nicht unüberbrückbar erscheinen mußte.
Das bedeutet natürlich nicht, daß es einen solchen Gegensatz nicht gegeben hätte: Dort lebte eine arbeitsteilige, geschichtete Gesellschaft, die ein kompliziert strukturiertes Pantheon vieler Götter kannte – hier gehört zu den Familien der eine mit der jeweiligen Familie verbundene Gott.

In den Städten fordert der Gott, der seine Herrschaft geltend machen will, den Bau eines aufwendigen Tempels (der ugaritische Mythos erzählt das von Baal) – hier hat ein Gott sich zur Fürsorge für eine Sippe verpflichtet und fordert Treue als Antwort auf seine Treue. Dagegen sieht der weltoffene und tolerante, mit fernen Ländern in regem Handelsverkehr stehende Städter keinen Grund, warum er nur einem Gott die Treue halten sollte: Wird nicht die unübersehbare Vielfalt der Welt von vielen Göttern in Gang gehalten?

Ein Konflikt mit der kanaanäischen Denkweise war für Israel unausweichlich, sobald in der Königszeit auch hier die Städte aufblühten mit ihrer arbeitsteiligen, in Wettbewerb stehenden, geschichteten Gesellschaft. In dieser Zeit konnten auch Israeliten zu der Überzeugung kommen, sie brauchten für das »Funktionieren« der Welt viele Götter; neben dem Volksgott Jahwe sei auch der Gott der Fruchtbarkeit noch notwendig. Propheten und Gesetzeslehrer nahmen nun den Kampf gegen die Ansteckung durch kanaanäische Religiosität auf. Und nun erst gerieten auch die vielen kleinen Heiligtümer in Mißkredit (vgl. Bd. 2). In den Jahrhunderten vorher hatte man keinen Verstoß gegen den Jahweglauben darin gesehen, daß es überall im Land heilige Orte gab.

Trotz der unübersehbaren Gegensätze zwischen der Religion der Väter und der kanaanäischen Frömmigkeit blieben Konflikte zunächst aus, weil israelitische Sippen in neugegründeten Dörfern ihre althergebrachte Lebensform und die traditionelle Art der Gottesverehrung an heiligen Orten beibehalten konnten: Aus wandernden Sippen wurden Dorfgemeinschaften; aber die religiösen Feste konnten weiterhin an Heiligtümern »draußen« vor dem Ort gefeiert werden; die Sippe konnte weiterhin zugleich religiöse Gemeinschaft bleiben.

8.5 Geographie und Geschichte

Geographische Besonderheiten des Berglandes legten diese Art der Siedlung zudem nahe: Es gibt hier kaum größere zusammenhängende Flächen Ackerlandes, die für die Bebauung durch Scharen von Frondienstpflichtigen geeignet gewesen wären. Instandhaltung von Terrassenmauern und Zisternen, Bergpfaden und Gärten, Pflege der im Gebirge heimischen Obst-, Oliven-, Weinpflanzungen erfordern Solidarität über die Generationen hinweg: Wer einen Baum pflanzt, einen Weinberg anlegt, sorgt für seine Kinder vor: »Vatererbe« ist das wichtigste alttestamentliche Wort für Landbesitz.

Die geographische Besonderheit der Gebirgslandschaft hat diese Art gesellschaftlicher Gliederung freilich nicht erzwungen. Das läßt sich leicht daran nachweisen, daß älter als die vielen neuen Dörfer des 13. Jh. die beiden Städte Jerusalem und Sichem waren, die ähnliche Lebensweise kannten wie etwa Ugarit und Alalah. Wenn die neuen Siedler das Leben in familiären Dorfgemeinschaften vorzogen, so nicht nur, weil die Gebirgslandschaft das nahelegte, sondern vor allem weil sie damit ihre bisherige Lebensweise einigermaßen fortsetzen konnten.

8.6 Nicht Einwanderung, sondern Aufstand?

Um den auffällig konfliktlosen Übergang zur Seßhaftigkeit zu erklären, der sich sowohl in den Erzvätersagen wie im archäologischen Befund spiegelt, wird in den letzten Jahren eine ganz andere als die hier vorgetragene Erklärung vorgebracht:

Nicht Kleinviehzüchtern aus den überall am Rande des Kulturlandes zwischen dem Zweistromland und Ägypten umherwandernden Nomaden sei hier der Übergang zur Seßhaftigkeit gelungen. Der Siedlungsaufschwung am Anfang der Eisenzeit sei vielmehr darauf zurückzuführen, daß die unterdrückte bäuerliche Unterschicht kanaanäischer Städte den Frondienst verweigert habe und in die Freiheit des Gebirges ausgewichen sei. Im Widerstand gegen die Herrschaft der Oberschicht sei es ihnen gelungen, eine neue Form des Miteinanderlebens zu finden: die egalitäre Gesellschaft. Aus der geschichteten Gesellschaft der Städte seien sie ausgezogen in die neuen Dörfer, in denen jeder gleich viel galt.

Haben bei dieser Theorie moderne utopische Vorstellungen vom Aufstand der Unterdrückten, der zur idealen Gesellschaftsform führt, Pate gestanden? Eine Gesellschaft, in der die Familie die größte denkbare Gliederung ist, ist nicht »egalitär«. Auch in den Sippen gibt es Untergeordnete: Frauen, Kinder, jüngere Söhne, Knechte.

Am meisten spricht gegen diese Theorie, daß im Alten Testament keine Erinnerung an diesen Aufstand erhalten ist. Ihre Verfechter halten es für möglich, daß in der Königszeit, als in Israel kanaanäische Lebensform staatlich gefördert wurde, eine solche Erinnerung unterdrückt worden sei. Doch das Alte Testament gibt manche deutliche Kritik am Königtum wieder; warum sollte dann gerade ein so überzeugendes geschichtliches Argument zum Schweigen gebracht worden sein?

Da biblische Quellen für diesen Aufstand fehlen, sind außerbiblische Quellen um so ausführlicher zu Rate gezogen worden – mit einigem Erfolg.

8.7 Das Zeugnis der Amarnabriefe

Eine wichtige Gruppe außerbiblischer Quellen zeigt ein eindrucksvolles Bild vom Niedergang kanaanäischer Stadtkultur am Ende der Spätbronzezeit.

Im 14. Jh. war Echnaton, der religiöse Revolutionär auf dem Pharaonenthron, in seine neugegründete Residenz in Amarna umgezogen, wo er unabhängiger vom alten Reichsgott Amun zu sein hoffte, den er ebenso wie den ganzen ägyptischen Pantheon zugunsten des einen Gottes Aton entthront hatte. Nach Echnatons Tod konnte sich jedoch dessen Sohn Tut-anch-amun nur noch kurz halten. Schon sein Name zeigt, daß die religiöse Revolution gescheitert war. Eine neue Dynastie ließ Amarna verfallen – ein Glück für die moderne Archäologie, die dort viele unberührte Zeugnisse der »Amarnazeit« fand.

Das Archiv von **Amarna** enthält 349 Briefe kanaanäischer Stadtkönige an den Pharao, ihren Oberherrn, voll von Klagen über desolate Zustände in Kanaan, über die Fehden der Kleinkönige untereinander. Hier und da hat sogar ein Aufstand das Leben eines Fürsten bedroht. Und immer wird beklagt, daß sich der jeweilige Gegner

Abb. 26: Die Völker vor dem Pharao
(koloriertes Relief der Amarnazeit)
Repräsentanten der Völkergruppen in der Einflußsphäre Ägyptens sind hier in tiefster Ehrfurcht vor dem Pharao für »ewige Zeit« festgehalten: der Nubier; die Vertreter Nordsyriens und der Semiten aus Palästina; ein Libyer im Federschmuck.
»Zu den Füßen des Königs, meines Herrn, falle ich siebenmal und abermals siebenmal nieder.« Mit diesen Worten beginnen die Briefe der kanaanäischen Kleinfürsten an den Pharao in Amarna.

mit den hapiru verbinde, sie als Söldner annehme und zulasse, daß sie das offene Land unsicher machen.

Wer sind die »hapiru«?

Sind sie die biblischen »Hebräer«? Sind sie ein neues Volk, das damals im Lande auftauchte?

Diese Fragen sind noch nicht eindeutig zu beantworten. Vieles aber spricht dafür, daß hapiru eher ein sozialer Begriff ist; er bezeichnet gesellschaftliche Randexistenzen, Entwurzelte, die bindungslos im Lande umherzogen und froh waren, wenn ihre Dienste in Anspruch genommen wurden.

Im 15. Jh. v. Chr. herrschte in Alalah König Idrimi. Auf seine Statue ließ er einen Bericht über sein Leben setzen: Seine Brüder – heißt es dort – hatten ihn vertrieben, er aber habe unter den hapiru Anhänger gewonnen und mit ihrer Hilfe den Thron zurückgewonnen. Ähnliches erzählt das Alte Testament von Jiftach, David, Abimelech.

Jiftach ist gezwungen, vor seinen Brüdern zu fliehen. – »Zahlreiche Männer, die nichts zu verlieren hatten, schlossen sich ihm an« (Ri 11,3). – Als Anführer dieser Bande gewinnt Jiftach solches Ansehen, daß er schließlich zurückgerufen wird, um seinen Stamm aus Feindesnot zu retten.

Nicht viel anders verläuft der Aufstieg Davids: Als er vor Saul fliehen mußte, »schlossen sich viele, die in Not geraten, verschuldet oder verbittert waren, ihm an, und er wurde ihr Anführer« (1 Sam 22,2).

Im 12. Jh. hatte Abimelech versucht, ein Königreich im Gebirge Efraim zu gründen. Die Stadt Sichem hatte ihm Geld gegeben, und er »warb damit skrupellose Männer an, die zu allem fähig waren« (Ri 9,4).

Bei Abimelech wiederholte sich, was 200 Jahre früher schon kanaanäische Stadtfürsten in Briefen an den Pharao in Amarna beklagt hatten: Labaja, Fürst von Sichem, heißt es dort, habe hapiru angeworben, um sich die Herrschaft im ganzen Gebirge zu sichern.

In ganz unterschiedlichen Quellentexten zwischen dem 16. Jh. und der Zeit Sauls und Davids begegnen immer wieder solche Gruppen bindungsloser Menschen. Immer wieder sind sie es, die einem Verstoßenen helfen, seine Machtansprüche durchzusetzen.

Diese weite zeitliche Streuung der Zeugnisse erlaubt es nicht, sie als Stütze der Hypothese vom Aufstand der Unterschicht heranzuziehen.

Es gab diese gesellschaftlich Geächteten noch in der Zeit des jungen David, nachdem doch die Gründung neuer Dörfer den Rebellen gegen die Oberschicht längst ein Refugium hätte bieten müssen. – Ferner bezeugen die Quellen, daß diese Heimatlosen eher dazu beitrugen, Herrschaftssysteme zu begründen, die den Vorstellungen von einer egalitären Gesellschaft widersprechen: Idrimi, Abimelech, David verdanken ihnen ihren Aufstieg zum Königtum.

Vielleicht haben die Schreiber der Amarnabriefe sich des Ausdrucks hapiru aber recht ungenau bedient: Sie sprachen weiterhin von sozial Deklassierten, die armselig oder als Räuber im Gebirge hausten, und bemerkten nicht, daß die Menschengruppen, die da im freien Land auftauchten, Vorläufer neuer Völker waren. Andere ägyptische Quellen des 14. und 13. Jahrhunderts geben den unruhigen Gruppen, die ins Kulturland drängen, Völkernamen, unterscheiden z.B. »Sutu« und »Schasu«.

Gegen Ende des 13. Jh. erwähnt der Pharao Merenptah auf einer Stele, die unterworfene Feinde in Kanaan aufzählt, auch »Israel« – zum ersten Mal begegnet dieser Name in der Geschichte:

Israel liegt brach; es hat keinen Samen mehr.

Aus der Siedlungswelle des 13. Jh., am Beginn der Eisenzeit, entstanden mehrere Nationalstaaten: Israel, Moab, Edom, Ammon, Aram: Die Geschichte Kanaans wird von nun an nicht mehr geprägt durch das Nebeneinander vieler kleiner Stadtkönigtümer, sondern von einer Handvoll größerer Territorialstaaten, die sich nach einem Volk benennen.

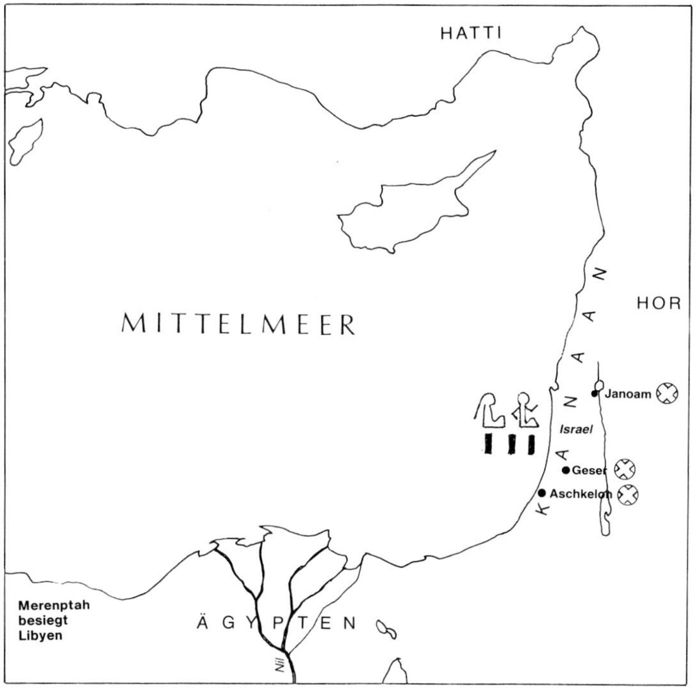

Abb. 27: »Israel« auf der Stelle des Merenptah.
Die Siegessäule des Pharao Merenptah feiert einen Sieg Ägyptens über Libyen. Die letzten Zeilen erinnern an die Herrschaft Ägyptens über die Länder östlich des Mittelmeeres: »Hatti« und »Kanaan«. Aus Kanaan werden vier Namen genannt; drei davon sind mit dem Determinativ »Stadt« (Straßenkreuz) versehen; der vierte und letzte (d.h. also wohl nördlich zu suchende) ist »Israel«, versehen mit dem Determinativ für »Menschengemeinschaft« (Frau und Mann und drei Striche als Pluralzeichen). »Israel« war also den Ägyptern damals in diesem Raum als eine nichtseßhafte Gruppe aufgefallen. Schließlich faßt der Bericht zusammen: Ganz »Hor« oder »Kanaan« ist unterworfen.
Ein Bericht über einen ägyptischen Sieg über Israel ist das nicht; Hofschreiber feiern den Sieg des Pharao über Libyen, indem sie an andere Unterworfene erinnern. Die Stele entstand wenige Jahrzehnte nach dem Auszug israelitischer Vorfahren aus Ägypten (Lektion 13).

Noch ein letzter Einwand gegen die »Aufstandshypothese« sei genannt: gleichzeitig mit Israel tauchten auch im Ostjordanland neue Völker auf; spätbronzezeitliche Städte aber, aus deren revoltierender Unterschicht diese hervorgegangen sein könnten, gab es dort wenige.

Allerdings erklärt die hier in engerer Anlehnung an die biblischen Erzvätersagen entwickelte Vorstellung von der Vorgeschichte Israels einen solchen Vorgang ebensowenig. Wie kamen Menschen, die sich sippenweise in den neugegründeten Dörfern im Gebirge niederließen, dazu, sich als ein Volk, als Mitglieder »Israels« zu fühlen?

Das Alte Testament aber weiß vom Ursprung Israels noch etwas anderes zu erzählen: Jahwe hat Israel aus Ägypten herausgeführt (vgl. dazu Lektion 13).

Literatur zu Lektion 8

A. Alt, Der Gott der Väter (1929), in: Kleine Schriften zur Geschichte des Volkes Israel, München 1959, Bd. I, S. 1-78.

Von dem von A. Alt gefundenen Ansatz nehmen alle modernen Forschungen zur Religion der Väter ihren Ausgang.

Bibel und Kirche, 1983, Heft 3.

Vertreter der Hypothese vom Aufstand der kanaanäischen Unterschicht, aus dem Israel hervorging, kommen zu Wort.

V. Fritz, Die kulturhistorische Bedeutung der früheisenzeitlichen Siedlung auf dem Hirbet el Msas. Zeitschrift des deutschen Palästinavereins (ZdPV) 1980, S. 121–135.

W. Dietrich, Israel und Kanaan. Vom Ringen zweier Gesellschaftssysteme, Stuttgart 1979.

Dietrich unterscheidet zwischen »Landnahme« und Untergang Judas mehrere Epochen, in denen sich das Verhältnis Israels zu Kanaan jeweils wandelte.

A. Ohler, Israel, Volk und Land. Zur Geschichte der wechselseitigen Beziehungen zwischen Israel und seinem Land in alttestamentlicher Zeit, Stuttgart 1979.

Ein kultur- und religionsgeographisch orientierter Durchgang durch die Geschichte Israels in seinem Land, von der Frühzeit bis zur hellenistischen Zeit.

W. Thiel, Die soziale Entwicklung Israels in vorstaatlicher Zeit, Neukirchen 1980.

Aus dem Inhalt: Nomadische Gemeinschaftsformen. Halbnomaden bei Mari. Die spätbronzezeitl. Klassengesellschaft. Das seßhafte Israel in vorstaatl. Zeit. – Eine Dissertation.

W. Thiel, Vom revolutionären zum evolutionären Israel? Zu einem neuen Modell der Entstehung Israels, Theologische Literaturzeitung 6/113, S. 402-410.

Thiel stellt drei Modelle einander gegenüber, mit deren Hilfe moderne Forscher die Entstehung Israels verstehen:

1. Das Infiltrationsmodell
2. Das Eroberungsmodell
3. Das Revolutionsmodell

III. Die Quellenschriften des Pentateuch

Lektion 9: Einführung in die Redaktionskritik am Beispiel der Sintfluterzählung

9.1 Das babylonische Vorbild der Sintfluterzählung

Zu den ersten aufsehenerregenden Entdeckungen nach der Entzifferung der Keilschrift am Ende des letzten Jahrhunderts gehörte eine Sintfluterzählung aus dem Zweistromland, wesentlich älter als die biblische und offenbar deren Vorbild: Im Mündungsgebiet von Eufrat und Tigris, wo die Flüsse nicht selten weit übers Ufer traten und verheerende Meeresfluten ins Land drangen, konnte eine solche Erzählung eher entstanden sein als im Bergland Palästinas. Einzelheiten wie das Abdichten von Fahrzeugen mit Pech, die Orientierung mit Hilfe von Tauben mußten einem Volk von Seefahrern und Flußschiffern eher vertraut sein. Bis ins Vokabular der biblischen Erzählung hinein macht sich die Fremdheit des Stoffes bemerkbar: kopher, »Pech«, ist ein Lehnwort aus dem Akkadischen; es ist ebenso wie teba, »Arche«, und mabbul, »Flut«, Sonderwort der Sintfluterzählung, im übrigen Alten Testament kaum noch benutzt.

Die babylonische Erzählung weiht den Hörer ein in Streitigkeiten der Götter: Die einen führen die Flut herauf, andere verkriechen sich zitternd vor ihr im höchsten Zenit. Gegen die Absprache verrät einer der Götter seinem Liebling unter den Menschen den Vernichtungsplan – schließlich aber müssen die Götter über den Wortbruch noch froh sein; von dem Geretteten können sie endlich wieder Opfer bekommen; das erste Opfer »umschwirren sie wie die Fliegen«, angelockt vom Duft.

Das Thema dieser Erzählung begegnet in Mythen verschiedener Völker: Götter planen die Vernichtung der Menschheit – weil die Menschen zu laut sind – weil die Menschen Böses planen. Nicht erst unsere Zeit hat die Angst vor dem Untergang der Menschheit kennengelernt; dieselbe Sorge lastete auf Menschen alter Zeiten und suchte sich in solchen Mythen einen Ausdruck.

9.2 Zwei biblische Sintfluterzählungen

Dem Leser der Erzählung fallen bald Unstimmigkeiten auf: Kann ein und derselbe Autor in Gen 7,17 die Dauer der Flut mit 40, in Gen 7,24 dagegen mit 150 Tagen angeben? Wie kann es sein, daß Noach nach 7,2 je sieben Paare der reinen und je ein Paar der unreinen Tiere in die Arche mitnahm, nach 6,20 jedoch von jeder Tierart, rein oder unrein, nur ein Paar? Durch solche Widersprüche aufmerksam geworden, stellt der Leser fest, daß die Erzählung zudem vieles doppelt sagt: Was gerade von Jahwe (»Herr« in der Einheitsübersetzung) gesagt wurde, wird von Elohim, »Gott«, wiederholt.

Folgender Schluß legt sich nahe: Zwei ursprünglich voneinander unabhängige Fassungen der Erzählung sind so miteinander verknüpft, daß die Nähte noch sichtbar sind. Die »literarkritische Scheidung« führt hier also zu zwei parallelen Erzählungen. Diese Besonderheit der Sintfluterzählung macht sie zu einem für die Einführung in die Methode der redaktionskritischen Analyse besonders geeigneten Demonstrationsobjekt.

> Die Redaktionskritik befaßt sich mit der schriftlichen Fassung biblischer Texte und fragt: Wie hat ihr Autor gearbeitet, welche vorgegebenen Texte hat er »redigiert«? Was hat er weggelassen, geändert, von seinem eigenen Gedankengut hinzugetan?

Diese Fragen sind bei der Sintfluterzählung deswegen leichter zu beantworten, weil man vergleichen kann, wie zwei verschiedene Autoren mit demselben Erzählstoff umgegangen sind. Als Ausgangspunkt der redaktionskritischen Untersuchung dient also das Ergebnis der literarkritischen Scheidung: die beiden in Gen 6–9 ineinander verwobenen Erzählungen werden voneinander wieder getrennt.

9.3 Die beiden Fassungen der Sintfluterzählung – ein Vergleich

Die in der alttestamentlichen Wissenschaft geläufigen Namen der beiden Fassungen sind: **»Jahwist«** und **»Priesterschrift«**. Sie werden hier zunächst nur der besseren Verständigung wegen eingeführt. Ihre Bedeutung wird in den folgenden Lektionen erklärt.

Prolog

Jahwist

6,5 Jahwe sah, daß auf der
Erde die Schlechtigkeit des
Menschen zunahm und daß
alle Gedanken seines Herzens
den ganzen Tag nur böse
waren. 6 Da reute es Jahwe,
auf der Erde den Menschen
gemacht zu haben; und es tat
seinem Herzen weh. 7 Jahwe
sagte: Ich will den Menschen,
den ich erschaffen habe, vom
Erdboden vertilgen, nicht nur
den Menschen, auch das
Vieh, die Kriechtiere und die
Vögel des Himmels, denn es
reut mich, sie gemacht zu
haben. 8 Nur Noach fand
Gnade in den Augen Jahwes.

Priesterschrift

6,9 Das ist die Familienge-
schichte Noachs: Noach war
ein gerechter, untadeliger
Mann unter seinen Zeitgenos-
sen; er ging seinen Weg mit
Gott. 10 Noach zeugte drei
Söhne, Sem, Ham und Jafet.
11 Die Erde aber war in
Gottes Augen verdorben; sie
war voller Gewalttat. 12 Gott
sah sich die Erde an: Sie war
verdorben; denn alle Wesen
aus Fleisch lebten verkehrt
und verdorben. 13 Da sprach
Gott zu Noach: Ich sehe, das
Ende aller Wesen aus Fleisch
ist da, denn durch sie ist die
Erde voller Gewalttat. Nun
will ich sie zugleich mit der
Erde verderben.

J (der »Jahwist«)
ist der allwissende Erzähler: Er weiß nicht nur, was Gott gesehen und mit sich selbst gesprochen hat; er kennt auch die Gefühle Gottes der Menschheit und Noach gegenüber. Aus seinen Worten spricht Erschütterung über das Ausmaß der Bosheit, die den Menschen bis ins Innerste durchdringt. Sogar Gott gerät ihretwegen in Widerspruch mit sich selbst; in Gram und Reue zerstört er sein eigenes Werk.

P (der priesterschriftliche Autor)
dagegen spricht als vorsichtiger Theologe nicht einmal über das, was Gott sieht: Unverbunden stellt er zwei Aussagen nebeneinander: Gott sieht die Erde an – sie ist verdorben. Eine solche Erde kann nicht bestehen. Gott kann nur noch feststellen: Ihr Ende ist da. Die Sintflut wird vollstrecken, was die Menschheit angerichtet hat. (Biblisch gesehen heißt »Gott straft« nichts anderes als: Er läßt dem von Menschen angerichteten Unheil freien Lauf.) Nüchterne Distanz zum Erzählstoff prägt auch die Aussage über Noach: Er ist gerecht.

Gottes Auftrag an Noach

Jahwist

(In der jahwistischen Fassung der Erzählung gab es ursprünglich auch einen solchen Auftrag. Er wurde zugunsten des ausführlichen

Priesterschrift

14 Mach dir eine Arche aus
Zypressenholz! Statte sie mit
Kammern aus und dichte sie
innen und außen mit Pech
ab! So sollst du die Arche

Auftrags in P bei der Kombination der beiden Fassungen fortgelassen. J zeigt, daß Noach dem Auftrag gehorcht hat, ohne von der Sintflut zu wissen.)

[7,1]Darauf sprach Jahwe zu Noach: Geh in die Arche, du und dein ganzes Haus, denn ich habe gesehen, daß du unter deinen Zeitgenossen vor mir gerecht bist.
[2]Von allen reinen Tieren nimm dir je sieben Paare mit und von allen unreinen je ein Paar, [3]auch von den Vögeln des Himmels je sieben Männchen und Weibchen, um Nachwuchs auf der ganzen Erde am Leben zu erhalten!
[4]Denn noch sieben Tage dauert es, dann lasse ich es vierzig Tage und vierzig Nächte lang auf die Erde regnen und tilge vom Erdboden alle Wesen, die ich gemacht habe.
[5]Noach tat alles, was ihm Jahwe aufgetragen hatte.

bauen: 300 Ellen lang, 50 Ellen breit und 30 Ellen hoch.
[16]Mach der Arche ein Dach und hebe es genau um eine Elle nach oben an....
[17]Ich will nämlich die Flut über die Erde bringen, um alle Wesen aus Fleisch ... zu verderben... [18]Mit dir aber schließe ich meinen Bund. Geh in die Arche, du, deine Söhne, deine Frau und die Frauen deiner Söhne!

[19]Von allem, was lebt, von allen Wesen aus Fleisch führe je zwei in die Arche, damit sie mit dir am Leben bleiben, je ein Männchen und ein Weibchen! [20]Von allen Arten der Vögel, von allen Arten von Vieh, von allen Arten von Tieren ... sollen je zwei zu dir kommen, damit sie am Leben bleiben. [21]Nimm dir von allem Eßbaren mit und leg dir einen Vorrat an! Dir und ihnen soll es zur Nahrung dienen.
[22]Noach tat alles genau so, wie ihm Gott es aufgetragen hatte.

Der priesterschriftliche Autor
erklärt, daß Gott sich mit seinem Auftrag an die Einsicht des Menschen wendet. Anders als im jahwistischen Bericht erfährt hier Noach von Anfang an, wozu die Arche dienen soll. Umständlich legt Gott fest, wie die Arche aussehen soll und wie groß sie sein soll (so lang wie der Kölner Dom und ein Drittel so hoch und so breit!). Ebenso präzise bestimmt Gott, wer darin einziehen darf. P benutzt dabei Wendungen, die in Gen 1 bei der Erschaffung der Welt gebraucht wurden: Die Arche ist ein verkleinertes Abbild der Schöpfung; darum ist sie von so beachtlicher Größe und so genau von Gott geplant.

Der Jahwist
behauptet nicht Noachs Gerechtigkeit, er beweist sie in seiner Erzählung. Er denkt zudem praktisch: Noach wird in der Arche mehr reine Tiere brauchen, denn von diesen darf er essen. Gottes Auftrag spiegelt die Fürsorge Jahwes wider (vgl. auch 7,16: Jahwe selbst schließt die Arche zu).

> Anthropomorphismen sind Kennzeichen der jahwistischen Erzählweise: Um Gottes Nähe zu veranschaulichen, scheut J sich nicht, menschlich von Gott zu reden. P dagegen ersetzt solche volkstümliche, ans Herz rührende Redeweise durch eine theologisch möglichst präzise, sachliche Sprache.

Die große Flut

Beginn der Flut und Einzug in die Arche

Jahwist

[7,7]Noach ging mit seinen Söhnen, seiner Frau und den Frauen seiner Söhne in die Arche, bevor das Wasser der Flut kam.
[10]Als die sieben Tage vorbei waren, kam das Wasser der Flut über die Erde. [12]Der Regen ergoß sich vierzig Tage und vierzig Nächte lang auf die Erde.

Priesterschrift

[7,5...7,11]Im sechshundertsten Lebensjahr Noachs, am 17. Tag des 2. Monats. An diesem Tag brachen alle Quellen der gewaltigen Urflut auf und die Schleusen des Himmels öffneten sich.
[13]Genau an jenem Tag waren Noach, die Söhne Noachs, Sem, Ham und Jafet ... in die Arche gegangen,
[14]sie und alle Arten von Tieren ... [15...16a]Von allen Tieren waren Männchen und Weibchen gekommen, wie Gott ihm aufgetragen hatte.

(7,8 ist ein nachträglicher Ausgleichsversuch zwischen J und P)

Verlauf der Flut

[17]Die Flut auf der Erde dauerte vierzig Tage. Das Wasser stieg und hob die Arche immer höher über die Erde.
[22]Alles, was auf der Erde durch die Nase Lebenshauch atmete, kam um. [23]Jahwe vertilgte also alle Wesen auf dem Erdboden, Menschen, Vieh, Kriechtiere und die Vögel des Himmels; sie alle wurden vom Erdboden vertilgt. Übrig blieb nur Noach und was mit ihm in der Arche war.

[18]Das Wasser schwoll an und stieg immer mehr über die Erde; die Arche aber trieb auf dem Wasser dahin. [19]Das Wasser ... bedeckte alle hohen Berge unter dem ganzen Himmel. [20]Das Wasser war 15 Ellen über die Berge hinausgestiegen ... [21]Da verendeten alle Wesen aus Fleisch, Vögel, Vieh und sonstige Tiere, alles, wovon die Erde gewimmelt hatte, und auch alle Menschen. [24]Das Wasser aber schwoll 150 Tage lang auf der Erde an.

Ende der Flut

[2b] Der Regen vom Himmel ließ nach, [3a] und das Wasser verlief sich allmählich von der Erde.

[8,1]Da dachte Gott an Noach und an alle Tiere und an alles Vieh, das bei ihm in der Arche war. Er ließ einen Wind über der Erde wehen, und das Wasser sank. [2a]Die Quellen der Urflut und die Schleusen des Himmels schlossen sich. [3b]So nahm das Wasser nach 150 Tagen ab. [4]Am 17. Tag des 7. Monats lief die Arche an den Bergen von Ararat auf. [5]Das Wasser nahm immer mehr ab bis zum 10. Monat. Am 1. Tag des 10. Monats wurden die Berggipfel sichtbar.

Die literarkritische Scheidung wird in diesem Abschnitt schwieriger. Die Redaktoren mußten bei der Verschmelzung der beiden Fassungen mit offenkundigen Widersprüchen fertig werden. Nach P geht Noach bei Beginn der Flut in die Arche, nach J sieben Tage später; nach P dauerte die Flut 150, nach J 40 Tage.

Der priesterschriftliche Autor
benützt immer wieder Formulierungen, die mit Gen 1, dem Schöpfungsbericht, wörtlich übereinstimmen: Die Urflut, bei der Schöpfung gebändigt, bricht wieder hervor; das Himmelgewölbe, damals als Scheidewand zwischen die Wasser oben und unten gestellt, öffnet sich; die Wasser vereinen sich wieder. Menschliche Gewalttat hat die Schöpfungsordnung durchbrochen, durch die Gott Lebensraum geschaffen hat. – Doch die Sintflut soll die Schöpfung nicht rückgängig machen; auf Jahr und Tag genau ist dem Chaos die Zeit zugeteilt, in der es noch einmal Macht hat. Dann stellt Gott die Schöpfungsordnung wieder her und läßt, wie am Anfang, zuerst einen Wind über dem Wasser wehen; dann wird das Chaos in seine Schranken gewiesen.

Der Jahwist
dagegen vermeidet in seiner Erzählung Anklänge an den Mythos. Er bemüht sich, die Sintflut so darzustellen, daß man sie in Palästina aus ganz natürlichen Erfahrungen verstehen kann: Bei den Gewittern im Bergland stürzen oft Regenmassen vom Himmel. So geschah es nach J bei der Sintflut. Wenn der Regen aufhört, kann sich das Wasser verlaufen.

Aussendung der Vögel und Ende der Flut

Jahwist

[8,6]Nach vierzig Tagen öffnete Noach das Fenster der Arche, das er gemacht hatte. [8]Er ließ eine Taube hinaus, um zu sehen, ob das Wasser auf der Erde abgenommen habe. [9]Die Taube fand keinen Halt für ihre Füße und kehrte zu ihm in die Arche

Priesterschrift

[7]und ließ einen Raben hinaus. Der flog aus und ein,

zurück ... Er streckte seine Hand aus und nahm die Taube wieder zu sich ... Nach weiteren sieben Tagen ließ er wieder eine Taube aus der Arche. Gegen Abend kam die Taube zu ihm zurück, und siehe da, in ihrem Schnabel hatte sie einen frischen Ölzweig. Jetzt wußte Noach, daß nur noch wenig Wasser auf der Erde stand. 12Er wartete weitere sieben Tage und ließ die Taube noch einmal hinaus. Sie kehrte nicht mehr zu ihm zurück. 13bDa entfernte Noach das Verdeck der Arche und siehe da: Die Erdoberfläche war trocken.

bis das Wasser auf der Erde vertrocknet war.

13aIn seinem 600. Jahr, am 1. Tag des 1. Monats, war die Erde trocken.
8,15Da sprach Gott zu Noach: Komm heraus aus der Arche, du, deine Frau, deine Söhne und die Frauen deiner Söhne! ...

Der Jahwist
erzählt von Noachs Klugheit; da Mensch und Tier vertrauensvoll zusammenarbeiten, kann er vom Zustand der Erde auch dann etwas erfahren, wenn er nicht hinaussehen kann. Wieder hellt ein optimistisches Motiv die Sintfluterzählung auf: Noch ist der Friede zwischen Mensch und Tier nicht ganz dahin.

Der priesterschriftliche Autor
dagegen betont: Nicht menschlicher Klugheit verdankt Noach die Kenntnis vom Zustand der Erde; Gott befiehlt ihm den Auszug. Noach wird in eine nach wie vor verdorbene Welt hinausgeschickt. Bleiben in der »Arche« ist den Frommen nicht erlaubt. Der Rabe aber darf als erster die Arche verlassen. Der Aasfresser findet draußen genug Nahrung: Der abscheuerregende, unreine Totenvogel (vgl. Jes 34,11; Lev 11,15; Spr 30,17) ist Symbol

Abb. 28: Der Rabe – Aasfresser und Totenvogel
Leichen auf dem Schlachtfeld mit Geiern und Raben. – Der Löwe stellt den siegreichen König dar.

dafür, daß die »Verderbnis aller Wesen aus Fleisch« auch durch die Sintflut nicht von der Erde abgewaschen wurde.

Der Epilog des Jahwisten (Gen 8,20–22)

Das Ende einer Erzählung ist meist entscheidend für deren Deutung: Worauf läuft alles hinaus? Das gilt auch für den Schluß der Sintfluterzählung, bei dem die beiden Fassungen weit voneinander abweichen.

Ebenso wie der Held der babylonischen Sintfluterzählung dankt Noach Gott mit einem Opfer; wie dort die Götter, so »riecht« hier Jahwe den Opferduft. Bedeutsamer als die Übereinstimmungen sind die Unterschiede zwischen der babylonischen Sage und der Erzählung des Jahwisten. Wie der Beginn so spielt auch das Ende der jahwistischen Erzählung »im Himmel«. Wieder versetzt sich der Jahwist in die himmlische Welt. Er kennt

Abb. 29: Sonnenaufgang
(nach dem Abdruck eines mesopotamischen Siegels)
Der Sonnengott, erkennbar an den Strahlen aus seinen Schultern, springt mit gewaltiger Anstrengung über die Berge am Horizont. In der Hand hält er die Säge, die Licht und Dunkel trennt. Zwei helfende Götter öffnen für ihn die löwenstarken Himmelstore: Sonnenaufgang ist ein dramatisches Ereignis.

Abb. 30: Sonnenuntergang
(eine ägyptische Darstellung)
Auch nach Vorstellung der Ägypter stellen sich der Barke des Sonnengottes widrige Mächte in den Weg; schakal- und kobragestaltige Götter helfen, die Schlange zu überwinden, die sich vor dem Eingang in die Unterwelt aufbäumt.

die Gedanken Jahwes; beinahe wörtlich wiederholt er das Selbstgespräch, das Gott schon vor der Sintflut führte: Weil die Menschheit bis ins Innerste böse ist, wollte Gott wehen Herzens sein Werk vernichten. Obwohl sie böse ist – heißt es nun –, wird er keine Sintflut mehr schicken. Er ist es ja, der die sichere Abfolge der Jahreszeiten garantiert.

Einer noch unverstandenen Natur standen die Menschen des Alten Orients mit tiefer Unsicherheit gegenüber: Wer steht dafür ein, daß morgens die Sonne wieder aufgeht? Wer gibt Gewißheit, daß die Regenzeit wiederkehren kann?

Israel soll in der Abfolge von Tag und Nacht, im Wechsel der Jahreszeiten nicht Zeichen dafür sehen, daß Götter den ihnen zustehenden Platz in der Welt erkämpfen. Es braucht nicht zu fürchten, daß die Menschheit dabei zu Schaden kommt, weil die Götter keine Rücksicht auf sie nehmen: Jahwes Wort garantiert die sichere Abfolge der Zeiten und Tage.

Angst vor einer den Menschen gegenüber gleichgültigen Natur wurde dargestellt im mythischen Kampf der Götter, bei dem über den Kopf der Menschheit hinweg Lebensfragen der Menschen entschieden werden. Wer auf das Wort Jahwes vertraut, ist von dieser Angst befreit und erkennt zugleich, wo die eigentliche Bedrohung liegt: in der Bosheit des Menschenherzens. Doch auch dieser Gefahr wegen braucht der Mensch nicht vor Angst zu vergehen: Weil der Mensch böse ist, darum kann nicht er –, sondern nur Gott Garant für das Leben der Welt sein.

Den Mythos von der Bedrohung der Menschheit durch die Götter hat J umgestaltet zum Zeugnis des Glaubens an den nahen und mitfühlenden Gott, den die Bestrafung des Menschen selber schmerzt, und an den versöhnungsbereiten Gott, der sich leicht umstimmen läßt; ihm genügt der Duft eines Opfers, das Noach aus den reinen Tieren nimmt, von denen er dank der Fürsorge Gottes genügend hat.

Der Epilog der priesterlichen Sintfluterzählung

Zwei Methoden der Redaktionskritik sind bei der Auslegung der Sintfluterzählung benützt worden:

1. Die beiden unterschiedlichen Fassungen des Stoffes wurden miteinander verglichen.
2. Bei der Auslegung der priesterschriftlichen Fassung wurde darüber hinaus mehrfach die Sintfluterzählung mit dem Schöpfungsbericht von Gen 1 verglichen.

Übereinstimmungen in Stil, Wortwahl und Vorstellungswelt zeigen, daß auch Gen 1 der Priesterschrift zuzurechnen ist. Von Gen 1 her erklärt sich auch, was nüchterne Theologen veranlaßt haben mag, eine so farbige Überlieferung wie die Sintfluterzählung zu bearbeiten. Gen 1 ist Zeugnis des Schöpfungsglaubens: Gott hat alles »gut«, ja »sehr gut« gemacht. Doch dieser Glaube wird sich immer an der Erfahrung stoßen, daß wir in einer Welt voller Gewalttat leben.

Vorwegnehmend einige Worte zur Priesterschrift: Die Menschen, die hier sprechen, haben am eigenen Leib erfahren, was eine »Erde voller Gewalttat« ist. Sie kennen das grausame Ende der Staaten Israel und Juda, die gewaltsame Verschleppung der Überlebenden in ein fremdes Land, das Leben im Exil.

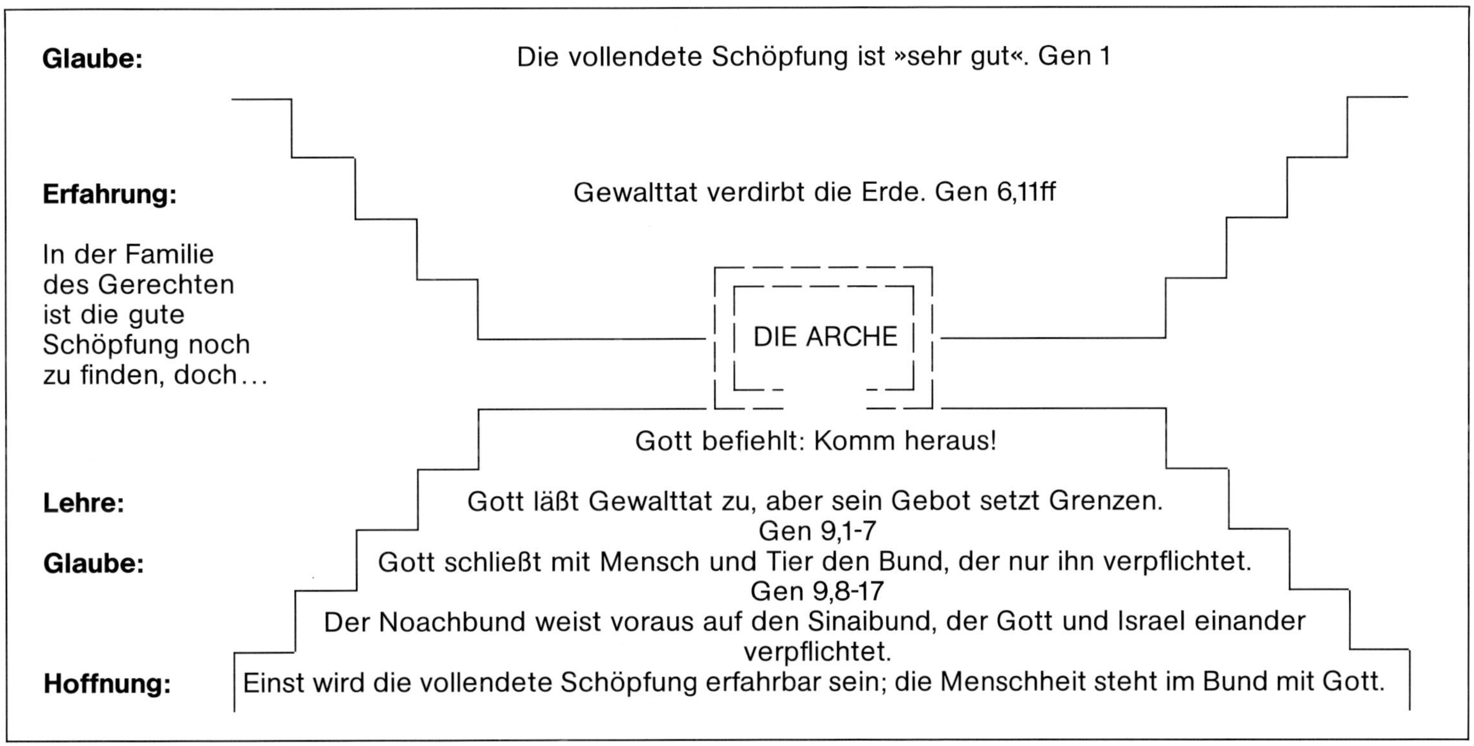

Abb. 31: Die Theologie der priesterschriftlichen Sintfluterzählung

Die Sintfluterzählung bot für den Widerspruch zwischen Schöpfungsglauben und schlimmer Welterfahrung eine scheinbar einleuchtende Lösung an: Ringsum toben die wilden Wasser der Zerstörung; aber in der Arche, versammelt um den gerechten Noach, ist die Schöpfung noch so, wie Gott sie wollte. Mag die Welt in Gewalttat versinken, in der kleinen Gemeinschaft des Gerechten ist noch alles »gut«. Den frommen Familien im Exil mag dieses Bild wohl gefallen haben.

P zeigt auf, daß Gott mit seiner Schöpfung anderes vorhat: »Komm heraus aus der Arche!« befiehlt er Noach; der Gerechte darf sich nicht auf die Dauer zurückziehen in den kleinen, geschützten Raum, wo er mit seiner Familie noch etwas von der guten Schöpfung erfährt. Wie aber kann es »draußen« weitergehen, wo der Rabe bereits sein Unwesen treibt? – P ist kein Erzähler, sondern Theologe; er bietet eine Antwort in zwei langen, umständlichen Reden (Gen 9,1–17), die hier im einzelnen auszulegen zu weit führen würde. Ein schematischer Überblick mag genügen:

Der merkwürdige, nur einseitig verpflichtende Bund, von dessen Bundeszeichen nur Gott sich mahnen lassen will, weist durch seine Unvollständigkeit voraus auf den wahren Bund, in dem Gott und Mensch einander verpflichtet sind: auf den Sinaibund. Auch dieser Bund wurde durch einen Auszug möglich: Gott hat Israel aus Ägypten heraus an den Sinai geholt.

Die Analyse der Sintfluterzählung zeigt, was Redaktionskritik leisten kann:

> Redaktionskritik befaßt sich mit der schriftlichen Ausformung (mündlich oder schon schriftlich) vorgegebener Überlieferungen. Im Einzeltext versucht sie zu unterscheiden, was der Autor aus seiner Vorlage übernommen hat und was durch seine Bearbeitung und Deutung hinzugekommen ist. Ihre zweite Aufgabe ist es, den Einzeltext in das Ganze einer Redaktionsschicht einzuordnen, um zu erkennen, welchen Stellenwert der Autor diesem Text in seinem Werk geben wollte.

Die Verfasser der Priesterschrift und des jahwistischen Werkes haben die Sintfluterzählung schon vorgefunden und jeweils in ihrem Sinn »redigiert«. Ein anderer Redaktor hat später diese beiden Fassungen der Erzählung miteinander verschmolzen, ohne deren Widersprüche zu tilgen – ein für unsere Begriffe merkwürdiges Vorgehen. Warum glich man die beiden Fassungen einander nicht sorgfältiger an? – Die Treue überliefertem Gut gegenüber begegnet immer wieder bei den Menschen, die das Alte Testament formten. Es lag ihnen fern, einheitliche Lehrsysteme zu schaffen, in denen alles zueinander paßte.

Ihrem großen Thema – dem Wirken Gottes unter den Menschen – war ihre Art zu sprechen gewiß angemessen. Sie ließen sich von der Ehrfurcht vor Versuchen leiten, die andere vor ihnen dabei gemacht hatten, weil sie überzeugt waren, sich ebenso wie ihre Vorgänger erst auf dem Weg zur wahren Erfassung der Botschaft zu befinden. Redaktoren haben ihre neuen Deutungen alter Überlieferungen immer wieder dadurch zum Ausdruck gebracht, daß sie alt und neu nebeneinanderstellten. So sind nicht nur verschieden alte Fassungen einzelner Erzählungen – wie der Sintflutsage – erhalten geblieben, sondern auch umfassende Werke mit übergreifenden Konzeptionen. Mit diesen »Quellenschriften«, die in den endgültigen Bibeltext eingearbeitet sind, wird sich die folgende Lektion befassen.

Literatur zu Lektion 9

A. Ohler, Die biblischen Erzählungen von Sintflut und Turmbau in der Katechese, Stuttgart 1975.

E. Zenger, Gottes Bogen in den Wolken. Untersuchungen zu Komposition und Theologie der priesterschriftlichen Urgeschichte (SBS 112), Stuttgart 1983.

Lektion 10: Die älteste Quellenschrift im Pentateuch: der Jahwist

10.1 Die Entdeckung der Quellenschriften

Jean Astruc, Sohn eines zum Katholizismus übergetretenen protestantischen Pfarrers und Leibarzt Ludwigs XV., hatte aus seinem Elternhaus die Vorliebe für ein eifriges Studium der hebräischen Bibel mitgebracht. Im 1. Buch der Bibel machte er eine merkwürdige Entdeckung: Eine Reihe von Texten gebraucht die Gottesbezeichnung: »Elohim«; sie werden jedoch immer wieder unterbrochen von anderen, die Gott »Jahwe« nennen. Welchen Sinn sollte dieser Wechsel in der Gottesbezeichnung haben? Astruc schrieb die beiden Textreihen hintereinander auf und sah: Jede von ihnen ergab ein sinnvolles Ganzes; oft sagte die eine dasselbe, was auch die andere schon erzählt hatte. Astruc schloß, daß jede der Reihen von einem anderen Autor stammen müsse. 1735 veröffentlichte er seine Beobachtungen.

Im 18. und 19. Jh. entwickelten Gelehrte in zahlreichen minutiösen Textuntersuchungen eine einleuchtende Hypothese von der Entstehung des Pentateuch, die weite Anerkennung fand. Diese **»klassische« Hypothese** setzt voraus:

> Mehrere große Geschichtswerke, die die Geschichte Israels bis zum Einzug in das Land jeweils ganz verschieden darstellen, sind von Redaktoren nachträglich zu einem einzigen Werk – dem Pentateuch – verschmolzen worden.

Ein umfassendes Geschichtswerk konnte in Israel frühestens in einer Zeit entstehen, als die Kunst des Schreibens auch hier bekannt und relativ verbreitet war. – Wann war das?

10.2 Die Kunst des Schreibens im Alten Orient und in Israel

In den großen Kulturen des Alten Orients war »Schreibenkönnen« eine Kunst, die nur Hochgebildete beherrschten: Die ägyptische Hieroglyphenschrift des Mittleren Reiches hat etwa 700, zum großen Teil vieldeutige Zeichen, die nicht nur nach strengen ästhetischen Vorschriften, sondern auch nach ebenso wichtigen logischen Regeln – dem Inhalt angemessen – geschrieben werden mußten.

Am Beispiel einer kurzen Inschrift sei die Kunst des Hieroglyphenschreibens veranschaulicht (Abb. 32).

Unter den Schutz der geflügelten – d.h. der alle Hindernisse überwindenden – Sonne ist die Zeile spiegelbildlich symmetrisch so geschrieben, daß die Zeichen alle zum Henkelkreuz in der Mitte, dem Zeichen für »Leben«, hinblicken. Dieses Zeichen steht auch an den beiden Enden der Zeile: Dem Pharao wird Leben gewünscht.

Die Hieroglyphenschrift verlangt eine ästhetisch »richtige« Schreibweise; nicht einmal die Schreibrichtung ist vorgeschrieben. Wer schreibt, muß es verstehen, die Dinge, über die er etwas sagen will, schön anzuordnen.

Abb. 32: Glückwunsch für Ramses II.
(von einem Türsturz aus dem Palast des Pharaos)

Das Henkelkreuz in der Mitte ist flankiert von Biene und Binse, die über zwei kleinen Hügeln, dem Zeichen für »Land«, stehen: Damit wird angezeigt, daß in der folgenden »Kartusche«, die den Pharaonamen umrahmt, nicht der Geburtsname (Ramses) steht, sondern der Thronname des Herrschers über »Biene und Binse«, d.h. über Ober- und Unterägypten.

Wer Hieroglyphen schreibt, muß es verstehen, die Dinge den richtigen Kategorien zuzuordnen; denn diese Schrift kennt Determinative, die nicht gelesen, sondern nur deshalb vor ein Wort gesetzt werden, um es richtig einzuordnen.

Hier sind Biene und Binse zusammen mit der Kartusche Determinativ für »Thronname«. Determinativ für »Steuerzahlen« und für »Schule«, »Lernen« ist übrigens der Mann mit erhobenem Stock. Der in der Kartusche geschriebene Name enthält zweimal das Element »Re« (Sonne), und zwar am Anfang und am Ende des Namens. Dennoch beginnt der Name nicht mit »Re«; der Thronname Ramses' II. lautet vielmehr: »Weser maat re setep en re«. »Weser« (Stärke) wird geschrieben mit dem Schakalkopf, »maat« (Weisheit) mit der sitzenden Frauengestalt, Darstellung der Göttin der Weisheit. Obwohl »Re« erst das dritte Element des Namens ist, wird es als erstes geschrieben.

Ein Ägypter mußte auch theologisch »richtig« schreiben, d.h. – ohne Rücksicht darauf, wie man ein Wort sprach, dem Element, das den höchsten Rang hat (hier »Re«) den Vorrang geben. Schreiben heißt: Rangordnungen beachten.

Diese Anforderung an den Schreiber wird auch daran deutlich, daß »Weser« (Stärke) der Göttin »Maat« in die Hand gegeben ist: Stärke muß von Weisheit getragen werden. Der Thronname lautet als ganzer: »Stärke ist die Weisheit des Re, Erwählter des Re«. Der 2. Teil ist nicht mehr mit Sinnzeichen – Ideogrammen – sondern mit Konsonantenzeichen geschrieben: die ins Holz schlagende Axt meint die Konsonanten stp und die gezackte Wasserlinie das n.

Ägyptische Schreiber hätten die Möglichkeit gehabt, alles nur mit Konsonantenzeichen zu schreiben; doch wichtiger als eine »leichte« war ihnen eine ästhetisch, theologisch, logisch richtige, eine »weise« Art zu schreiben.

Auch im Zweistromland setzte die Beherrschung der Schrift eine lange und sorgfältige Ausbildung voraus. Hervorgegangen ist die »Keilschrift« aus einer Bilderschrift. Doch im Laufe der Zeit entwickelten sich daraus recht abstrakte Zeichen, z.T. auf recht komplizierte Weise aus »Keilen« zusammengesetzt. Erschwert wird Lesen und Schreiben auch dadurch, daß altüberlieferte Schreibweisen und Bedeutungen mitbenutzt werden konnten.

Bei den Ausgrabungen von Ugarit wurde dagegen eine für praktische Bedürfnisse viel geeignetere Schrift bekannt, die mit 23 Buchstabenzeichen auskam. Die kanaanäischen Kaufleute kamen für ihre Buchführung damit sicher leichter zurecht, als mit den schwierigen und feierlichen Schriften aus den »Weisheitsschulen« Ägyptens und den Schreiberschulen des Zweistromlandes.

Zusammen mit der »Sprache Kanaans« wird Israel auch die alphabetische Schreibweise übernommen haben. Ri 8,14 gibt einen Hinweis darauf, daß in Kanaan die Schreibkunst wohl recht weit verbreitet war. Ein junger Mann, von Gideon in der Nähe der kanaanäischen Stadt Penuel festgenommen, kann ihm die Namen seiner Feinde aufschreiben. Funde aus Israel

Altsumerische Bildzeichen	Neuassyrische Keilschriftzeichen	Zu lesen als: Wortzeichen ← oder Silbenzeichen sumerisch	akkadisch	akkadisch
 Geschenk		ba	qaschu	ba oder pa
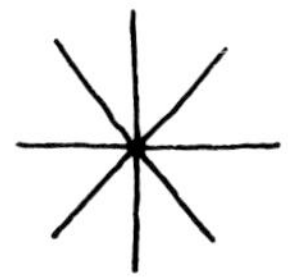 Gott oder Himmel		dingir oder an	il oder schamu	an oder il
 Mund oder sprechen		ka oder dug	pu oder qebu	ka oder qa
 geheim	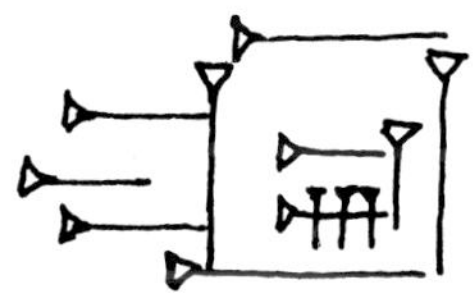	buzur	puzru	bu oder pu
 essen oder trinken	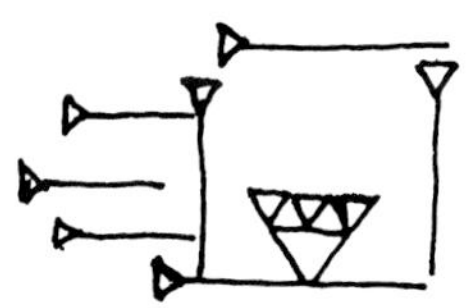	ku	akalu	
	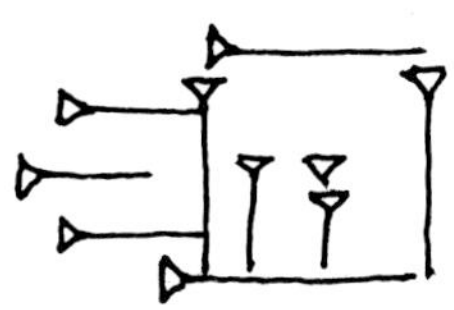	nag	schatu	nak oder nag

Abb. 33
Einige Schriftzeichen aus dem Zweistromland

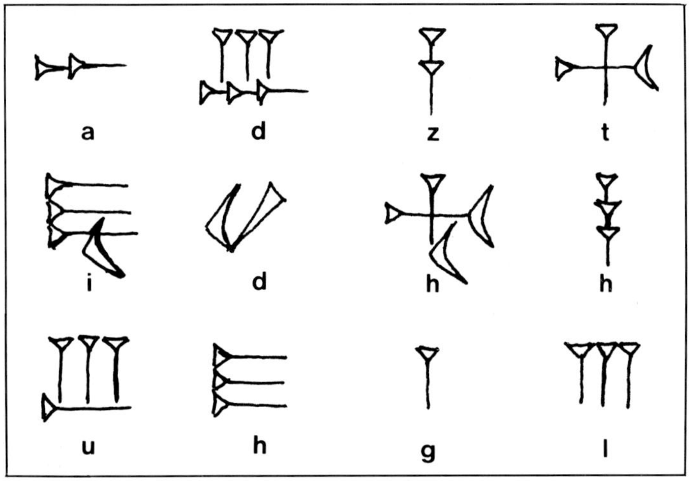

Abb. 34: Aus dem ugaritischen Alphabet
Die kanaanäischen Schreiber von Ugarit setzten ihre Schrift weiterhin aus kleinen »Keilen« zusammen, die sich besonders gut dazu eignen, mit dem Griffel in weiche Tontafeln eingedrückt zu werden. Doch an die Stelle der etwa 600 Silben- und Wortzeichen der babylonischen Keilschrift sind 49 Buchstabenzeichen getreten.

Abb. 35: Siegel des Schema, eines Beamten des Königs Jerobeam II. von Israel (8. Jh. v. Chr.)
»Dem Schema (gehörend), Diener Jerobeams« ist in althebräischer Schrift auf dieses Siegel eingraviert.

zeigen, daß hier nicht mehr mit einem Griffel in weichen Ton »Keile« eingedrückt wurden. Vielmehr war hier eine Buchstabenschrift in Gebrauch, die mit 23 Zeichen auskam und mit Tinte auf Tonscherben geschrieben werden konnte.

10.3 Der Aufschwung in der Salomozeit

Von der Fähigkeit zu schreiben bis zur Abfassung eines großen literarischen Werkes ist es ein weiter Weg. Woher sollte in einem Volk, das sippenweise in Bauerndörfern lebt, die Anregung dazu kommen?

Ein rascher Wandel trat in der Salomozeit ein. Von einem glänzenden, weithin berühmten Königshof aus wurden nicht nur ganz Israel und Juda verwaltet, sondern auch mehrere von David unterworfene Vasallenstaaten. Die Bildung dieses Großreiches war möglich geworden, weil die beiden traditionellen Machtzentren des Alten Orients – Ägypten und das Zweistromland – eine Periode des Niedergangs erlebten und keiner ihrer Herrscher Anspruch auf Kanaan erhob. In neugegründeten »Schreiber«-Schulen mußten nun in Jerusalem Beamte für den Dienst in Verwaltung, Steuer- und Militärwesen, im Fernhandel (einem königlichen Privileg) und der Diplomatie ausgebildet werden. Daß das alles in kurzer Zeit und glanzvoll gelang, liegt daran, daß Salomo ein Vorbild vor Augen hatte: die damals bereits uralte ägyptische Staatskunst, die zudem in seiner unmittelbaren Nachbarschaft von den kanaanäischen Stadtkönigen nachgeahmt wurde.

Bis zu seiner Eroberung durch David war auch Jerusalem ein solches kanaanäisches Stadtkönigtum gewesen. Mancher tüchtige Mann aus einer der alten kanaanäischen Beamtenfamilien wird dem neuen Herrschergeschlecht seine Dienste angeboten haben.

Einer davon war gewiß Adoniram (2 Sam 20,24; 1 Kön 4,6; 12,18). Sowohl sein Name weist darauf hin (der westsemitische Gottestitel »Adon«, »Herr«, ist darin verbunden mit »ram«, »erhaben«; vgl. Ab – ram) als auch sein Amt: Er ist Minister für den Frondienst, eine in Form von Arbeitsleistung zu entrichtende Steuer, die in kanaanäischen Städten gang und gäbe, in Israel aber verachtet war.

Aufgeschlossenheit für alles, was es in der neu ins Blickfeld gerückten Völkerwelt zu entdecken gab, Freude an sprachlicher und literarischer Schulung nach dem Vorbild der großen altorientalischen Kulturen prägten die Salomozeit. Die neue Weltoffenheit verband sich mit dem altüberlieferten Jahweglauben. Hauptzeugnis dafür ist – nach der »klassischen« Hypothese der Pentateuchkritik – das Werk des sogenannten »Jahwisten«, die älteste Quellenschrift des Pentateuch.

10.4 Das Werk des Jahwisten

Dem Jahwisten wird u.a. die Turmbauerzählung zugeschrieben; er habe sie in der mündlichen Überlieferung vorgefunden und »redigiert«, in sein Werk eingefügt. Aus der Salomozeit, in der Israel Zentrum eines Großreiches war, die Macht Babels aber darniederlag, läßt sich die spöttische Herablassung verstehen, mit der hier von der großen Zikkurat von Babel erzählt wird: Jahwe kann sie nur sehen, wenn er herabsteigt. – In dieser Zeit, in der Ägypten keinen Machtfaktor mehr darstellte, konnte man meinen, so gefährlich wie am Schilfmeer könne die ägyptische Streitmacht »niemals mehr« werden; vgl. Ex 14,13 (J).

Die Leistung dieses Autors ist erstaunlich: Einzelne Sagen, weitergegeben in Familien und an Kultorten, hatten bisher die Erinnerung an die Väter wachgehalten; in Gottesdiensten, bei der Glaubensunterweisung durch die Eltern und bei der Belehrung durch die Priester waren Überlieferungen vom Auszug aus Ägypten und vom Sinai lebendig geblieben. Der Jahwist sammelte das alles nicht nur – wie die Brüder Grimm die Volksmärchen oder Johann Gottfried Herder die Lieder – er schuf darüber hinaus ein Bild einer fortlaufenden Geschichte seines Volkes.

Verbunden werden die Überlieferungen vor allem durch wiederholte Verheißung des Landes und der großen Nachkommenschaft – ein Hinweis auf die Salomozeit, in der Israel als ein großes Volk sich ungestört seines Landbesitzes freuen kann. Es fällt auf, daß eine ganze Reihe von Erzählungen im Süden spielen (Hebron, Beerscheba, Kadesch); vielleicht war der Jahwist (so wie David) ein Mann aus Juda.

Seine erstaunlichste Leistung aber ist es, daß er die Geschichte Israels mit dem Geschick der Menschheit verband. Es wird damals in Israel eine Schöpfungserzählung bekannt gewesen sein, die von der Entstehung der Welt wie von der Umwandlung einer Wüste in Bauernland sprach; ferner eine Sage, die an den Gestalten Kains und Abels den Gegensatz von Hirten und Bauern darstellte; man kannte die Sintflut- und die Turmbausage. Aus diesem vorgefundenen Material formte der Jahwist eine fortlaufende »Urgeschichte«: Immer neu versagt die Menschheit; Gott muß strafen und schenkt doch zugleich Gnade; er bekleidet Adam und Eva; schützt Kain, so daß er fortlebt und seine Nachkommen wichtige Teile der menschlichen Kultur, Musik, Schmiedekunst, Städtebau erfinden; aus Noachs Familie ersteht die Menschheit neu; sogar Sprachverwirrung und Zerstreuung retten die Menschheit im Grunde vor Schlimmerem.

Angelpunkt des Werkes ist Gen 12,1–4, eine vom Autor selbst komponierte Gottesrede, die Berufung Abrahams:

Durch dich sollen alle Geschlechter der Erde Segen erlangen. (Gen 12,3)

Die Menschen, die in ihren Familien- und Dorfgemeinschaften Vätersagen erzählt hatten, hatten sicher nie darüber nachgedacht, in welchem Verhältnis ihr Vater Abraham zu »allen Geschlechtern der Erde« stehe. Aber als in dem von David geschaffenen Großreich unter Salomo viele Völker in Frieden miteinander lebten, konnte die Verantwortung für die anderen in einem solchen Satz ihren Ausdruck finden.

Die Urgeschichte hebt hervor, daß ein Fluch auf der Menschheit zu liegen scheint: Der Ackerboden trägt Dornen und Disteln; die Frau ist dem Mann unterworfen; Brüder bringen einander um; nur der ungeschuldeten Versöhnungsbereitschaft Gottes ist es zu verdanken, daß die bis ins Herz böse Menschheit fortbesteht –, dennoch ist ihr Segen zugedacht durch Abraham und seine Nachkommen.

Mehrfach stellt der Jahwist in den von ihm überarbeiteten Sagen heraus, wie dieser Segen über die Menschen anderer Völker kommt: Abraham überläßt Lot, dem Stammvater von Moab und Ammon, das bessere Land; er leistet Fürbitte für Sodom; Isaak stiftet Frieden mit einem fremden Fürsten; durch Jakob wird der Besitz des Aramäers Laban, durch Josef der Reichtum des Ägypters Potifar gemehrt; Mose leistet Fürbitte für die Ägypter.

Es entspricht salomonischer Weltoffenheit, daß der Jahwist in den alten Sagen die Beziehung der Vorfahren Israels zu Menschen aus anderen Völkern besonders unterstreicht; erstaunlich aber ist, daß er nicht ihre Überlegenheit betont.

Er fügt in den Stammbaum Adams die Notiz ein, zur Zeit des Enosch – d.h. »Mensch« – des Enkels Adams – d.h. ebenfalls »Mensch« – habe man angefangen, den Namen Jahwe anzurufen: In Israels Gebet zu Jahwe wird der Ruf aufgenommen, mit dem die Menschheit von Anfang an Jahwe suchte. Diese Notiz fällt deswegen besonders auf, weil ein anderer Autor in Ex 3 erzählt, erst durch Mose sei der Name Jahwe bekannt geworden.

An Stelle der Überlegenheit stehen Verantwortung – und Versagen: Soeben hat Abraham Jahwes Segen empfangen, da bringt er durch seine Lüge Unheil über das Haus des Pharao; kaum ist Israel durch Bileam gesegnet worden, da fällt es von Jahwe ab.

Nüchterne Denkweise und sachliche Beobachtung eines gebildeten Mannes aus einer weltaufgeschlossenen Zeit machen sich immer wieder bemerkbar.

Die Verführungsszene im Garten Eden schildert die Anziehungskraft der verbotenen Frucht in folgender Steigerung: »Köstlich zu essen – schön anzusehen – begehrenswert, um klug zu werden«. Der Jahwist bemüht sich, natürliche, innerweltlich verständliche Zusammenhänge herzustellen: Die Sintflut kommt durch einen Regen; das Schilfmeer trocknet durch einen Ostwind aus.

Die Weltsicht des Jahwisten mag »modern« anmuten, sollte aber vor dem Hintergrund altorientalischer Denkweise gesehen werden: Für die Menschen der Alten Welt war es selbstverständlich, daß in allen Vorgängen in Menschenwelt und Natur Götter am Werk sind. Der Mensch empfand sich als Spielball unbegreiflicher Kräfte, sowohl in seiner Abhängigkeit von Regen und Fruchtbarkeit wie in der Unterwerfung unter politische Mächte. Der Jahwist aber stellt dar, daß Gott sowohl der Natur wie den Trieben des menschlichen Herzens freien Lauf läßt. Jahwe braucht nicht Teil dieser Kräfte zu sein, um seine Absichten durchzusetzen.

Und doch ist dieser Gott den Menschen nahe: Selten wird in der Bibel so kühn in menschlicher Weise von Gott geredet.

Gott reut es, den Menschen geschaffen zu haben; er schließt hinter Noach die Arche zu; er überlegt bei sich: »Soll ich Abraham sagen, was ich mit Sodom vorhabe?«

Göttern, die in übermenschlichem Maßstab dargestellt werden, Blitze schleudernd, als Stier, dessen mächtiger Samenerguß im Gewitter herabfällt, stellt der Jahwist den Gott entgegen, der Menschen menschlich begegnet, mit ihnen redet von Person zu Person.

Er spricht zu Abraham durch die drei vornehmen Männer, die dieser unter dem Schatten eines Baumes in Mamre bewirten darf; zu Hagar durch den Fremden, den »Boten Jahwes«, der ihr auf der Flucht bei einer Quelle begegnet.

Die klassische Hypothese von der Entstehung des Pentateuch geht davon aus, daß sich aus diesen biblischen Büchern eine in der Salomozeit entstandene Quellenschrift herauslösen läßt, vielfach geprägt durch die geistigen Strömungen dieser Blütezeit Israels. Ihr Programm: Die Geschichte Israels bis zum Einzug in das Land darzustellen als Geschichte des Segens, Antwort Gottes auf den Fluch, der über der Menschheit liegt; Gott wird mit Namen genannt, »Jahwe«; er ist den Menschen nahe, begegnet ihnen menschlich.

10.5 War der Jahwist eine Autorenpersönlichkeit der Salomozeit?

Daß es einen Jahwisten und sein Werk gab, ist von Gelehrten in jahrhundertelanger mühsamer Kleinarbeit erschlossen worden. Aber Zweifel an der Schlüssigkeit dieser Hypothese sind bis heute nicht vollständig ausgeräumt, scheinen sich sogar eher zu verstärken. Geisteswissenschaften kennen eigentlich nirgends den einen unschlagbaren Beweis für eine Erkenntnis, sondern nur das Bündel vieler einzelner, in die gleiche Richtung weisender Argumente. Immer wieder haben Forscher »Stäbchen« aus dem »Bündel« gezogen, das für die Existenz eines jahwistischen Werkes der Salomozeit spricht.

> Einsichtige Argumente sprechen dafür, daß nicht ein einziger »Jahwist« Sammler der bis dahin nur mündlich tradierten Sagen gewesen sein kann; es muß mehrere kleinere Werke, zu verschiedenen Zeiten schriftlich verfaßt, gegeben haben.

Im Zyklus der Erzählungen von Jakob – Laban – Esau und in der Josefserzählung liegen zwei auf unterschiedliche Weise geschaffene große Zusammenhänge vor: Hier sind Autoren oder Autorengruppen am Werk gewesen, die man wohl vom »Jahwisten« unterscheiden muß.

Ferner: Wie soll man den von anderen Vätersagen so verschiedenen Erzählstil von Gen 24 verstehen, wenn nur eine einzige starke Autorenpersönlichkeit der Vätergeschichte ihren Stempel aufgeprägt hat?

Ferner: In dem nach der »klassischen Hypothese« dem Jahwisten zugeschriebenen Teil des Pentateuch sind Brüche und Sprünge festzustellen: Nach der Sintflut verzweigen sich die Völker neu aus den drei Söhnen Noachs – am Anfang der Turmbausage dagegen ist die Menschheit wieder ungeteilt.

Solche Unebenheiten hat man durch immer neue literarkritische Scheidungen zu erklären versucht: Man unterschied J_1, J_2, J_3 oder G (Grundschrift) – N (Nomadenschrift) – L (Laienquelle) u.a. mehr.

Oder man nahm an, daß einem »jahwistischen« Autor verschieden alte disparate Materialien verschiedener Länge und unterschiedlichen Bearbeitungsgrades vorlagen.

Schließlich rechnete man auch mit späteren Einschüben in ein jahwistisches Werk.

Wenn aber das Werk des Jahwisten eine solche längere Vorgeschichte hatte –, wie konnte es dann in der Salomozeit abgeschlossen sein? Gegen eine Ansetzung in der Salomozeit spricht nach Auffassung mancher moderner Kommentare vor allem die auffällige Tatsache, daß Themen der »Urgeschichte« – Schöpfung und Menschheit – in der biblischen Überlieferung erst wieder bei Autoren der Exilszeit begegnen. Sie werden 300 Jahre nach Salomo aufgegriffen von Deuterojesaja, dem Propheten der Verbannten in Babel: Mit der Zerstreuung Israels unter die Völker ist die Frage nach der Stellung des Gottesvolkes in der Menschheit zu einer wichtigen Glaubensfrage geworden.

Andererseits wäre es auch zu verstehen, daß Probleme, die in der Salomozeit den gläubigen Israeliten bewegten, in den Jahrhunderten danach zunächst wieder ad acta gelegt wurden: Mit der Reichsteilung nach Salomos Tod trat ja eine völlig neue Situation ein; die Großmachtstellung Israels, die Vorherrschaft über andere Völker war endgültig verloren.

Endgültige Klarheit, ob es einen »Jahwisten« gegeben hat oder nicht, wird es sicher nie geben.

Es bleibt Aufgabe der Schriftauslegung, das Bündel der Argumente immer neu auseinanderzunehmen und zu überprüfen, zu verstärken oder abzuschwächen.

Literatur zu Lektion 10

Drei unterschiedliche Rekonstruktionsversuche der alten Quellenschriften seien genannt:

O. Eißfeldt, Hexateuch-Synopse, Darmstadt 1962. Unveränderter Nachdruck von 1922.

Eißfeldt spricht nicht vom »Pentateuch«, weil er annimmt, das große Sammelwerk habe auch das Buch Josua mitumfaßt, es sei kein »Fünfrollenwerk«, sondern ein »Sechsrollenwerk« gewesen. Entsprechend habe jede Grundschrift die Zeit der Einwanderung in das Land mit dargestellt. Eißfeldt spaltet das dem »Jahwisten« zugeschriebene Material auf: Eine theologisch noch weniger durchdachte »Laienquelle« (L) sei später in das Werk des J eingearbeitet worden.

H. Schulte, ...bis auf diesen Tag. Der Text des Jahwisten, des ältesten Geschichtsschreibers der Bibel, 1967.

Schulte nimmt an, daß der Jahwist sein Geschichtswerk bis in seine Gegenwart, die Salomozeit, hinein fortgesetzt habe. Entsprechend enthält dieser Rekonstruktionsversuch auch Teile aus den Büchern Jos bis 2 Kön.

R. Smend, Alttestamentliches Lesebuch. Literatur des alten Israel, Hamburg 1974 (Siebenstern Taschenbuch).

Die hier vorgelegten Rekonstruktionen des jahwistischen und des priesterschriftlichen Werkes können sich auf einen breiteren Konsens der Gelehrten berufen.

Eine Untersuchung zur Theologie des jahwistischen Werkes, dessen Existenz als deutlich unterscheidbare Quellenschrift des Pentateuch vorausgesetzt wird, findet sich bei:

H. W. Wolff, Das Kerygma des Jahwisten (1964), in: Gesammelte Studien, München [2]1973, S. 345–373.

Gen 12,1–4 versteht Wolff als »Programm« des Werkes; die Themen des Werkes werden in die Glaubensgeschichte Israels eingeordnet.

Zwei unterschiedliche Kritiken an der »klassischen Hypothese von der Entstehung des Pentateuch«:

H. H. Schmidt, Der sogenannte Jahwist. Beobachtungen und Fragen zur Pentateuchforschung, Zürich 1976.

An Einzeltexten, die nach breitem Konsens der Gelehrten als »jahwistisch« gelten – Berufung des Mose, Durchzug durchs Schilfmeer, Sinaiperikope u.a. – wird nachgewiesen, daß das Werk »J«, von dem die moderne Exegese spricht, ein mehrschichtiges Geschichtsbild hat, in dem viele Züge nicht zur Salomozeit passen.

R. Rendtorff, Das überlieferungsgeschichtliche Problem des Pentateuch. Beiheft zur Zeitschrift für Alttestamentliche Wissenschaft, (BZAW) 147, Berlin 1977.

Rendtorff sammelt gewichtige Argumente gegen die Entstehung des Pentateuch aus Quellenschriften, die bereits den ganzen Geschichtsablauf umfaßten. Neuer Vorschlag: Die größeren Einheiten (Väter; Auszug; Wüstenzug; Sinai) hätten sich zunächst unabhängig voneinander gebildet; die Gesamtzusammenfassung sei spät.

Lektion 11: Weitere Redaktionsschichten im Pentateuch

11.1 Der Elohist

Als Autorenpersönlichkeit, als Werk mit eigener Konzeption ist auch nach der klassischen Hypothese der »Elohist« kaum zu fassen; Elohist oder E ist die Bezeichnung einer Schicht, die wie die jahwistische vor allem altüberlieferte Sagenstoffe verarbeitet, sich aber in Sprachstil und Denkweise charakteristisch von dieser abhebt.

In Gen 12 nimmt der Jahwist die Sage von der Gefährdung der Ahnfrau auf, die beinahe im Harem eines fremden Fürsten verschwunden wäre. Dabei hebt er hervor, daß Abraham versagt: Seine Lüge bringt schwere Plagen in das Haus des Pharao.

Im Endeffekt aber kommt Abraham gut davon: Mit reichen Geschenken und mit seiner Frau kann er davonziehen. Man kann sich vorstellen, welches Vergnügen es Erzählern und Zuhörern gemacht haben muß, daß ihr Vorfahr einmal sogar den Pharao überlistete.

In Gen 20 wird dieselbe Geschichte unter etwas anderen Umständen noch einmal erzählt. Dieser Erzähler sieht das moralisch Bedenkliche an Abrahams Verhalten und verteidigt diesen: Eigentlich habe er gar nicht gelogen; Sara sei wirklich seine Schwester gewesen. Darüber hinaus legt er Wert auf die Feststellung, daß der fremde Fürst die geraubte Sara nicht angerührt habe, weil Gott ihn vor solcher Sünde bewahrte.

Ähnliche Korrekturen, die ein Fehlverhalten der Väter entschuldigen, erklären oder ganz ausschalten, sind mehrfach zu beobachten, z.B. bei den Erzählungen von Jakob und Laban: Nach J übertölpelt der hirtenschlaue Jakob seinen Schwiegervater so, wie er selbst betrogen wurde – nach E mehrt Gott Jakobs Reichtum, um ihm zu erstatten, was Laban ihm und seinen eigenen Töchtern vorenthalten hat.

Nach der Darstellung des Elohisten hat erst Mose am brennenden Dornbusch den Namen Jahwe erfahren. In Erzählungen aus vormosaischer Zeit spricht E konsequenterweise nicht von »Jahwe«, sondern von »Elohim«. Man darf in dieser anderen Gottesbezeichnung gewiß auch einen Ausdruck dafür sehen, daß E Gott gegenüber eine andere Haldung einnimmt; er vermeidet die kühnen Anthropomorphismen des Jahwisten; Gott spricht nicht direkt zu den Menschen, sondern vom Himmel her.

Von dort her ruft der »Gottesbote« Abraham an, als dieser sich anschickt, seinen Sohn zu opfern. Jakob sieht Gott im Traum oben an der Himmelsleiter stehen.

Manchen Anzeichen ist zu entnehmen, daß E aus dem Nordreich stammt:

Die großartige Erklärung des Jahwenamens in Ex 3,6 (E) ist anscheinend nur noch Hosea bekannt, dem einzigen Propheten aus dem Nordreich (Hos 2,25). An wichtiger Stelle der Jakobsüberlieferung stehen für E die Sagen von den großen Kultorten des Nordens: Bet-El, Penuel; E überliefert in Gen 48 den besonderen Segen Jakobs für die Stammväter der beiden großen Nordstämme, Efraim und Manasse.

Die »klassische« Hypothese von der Entstehung des Pentateuch weiß auch den fragmentarischen Zustand von E zu erklären: Beim Untergang des Nordreiches, 722 v. Chr., wurde ein elohistisches Werk in den Süden gerettet. Ein Redaktor hat es dort so mit J vereint, daß in JE nur die Teile aus E aufgenommen wurden, die nach seiner Auffassung J ergänzen konnten.

> Ein zweites Erzählwerk –, »Elohist« (E) genannt – hat nach der klassischen Pentateuch-Hypothese etwa 100 Jahre nach J noch einmal Sagen zu einer Gesamtschau der Geschichte Israels vor dem Einzug ins Land vereint. Grundkonzeption und genauer Umfang sind zwar nicht mehr zu erkennen. Aber der moralische Ernst, die größere Distanz zwischen Gott und Mensch (bis Ex 3 auch die Verwendung von »Elohim« statt »Jahwe«) unterscheiden die Schicht E von J.

11.2 Das Deuteronomium und die deuteronomistische Redaktionsschicht

Der Kern des Buches Deuteronomium entstand bei dem religiösen Aufbruch des Jahres 622 v. Chr., von dem der Bericht über die Reform des Königs Joschija in 2 Kön 22f etwas ahnen läßt. »Volksmissionare« faßten damals Israels heilige Überlieferung neu zusammen, erläuterten das Gesetz Gottes in Predigerart und empfahlen es warm.

Band 2 dieses Werkbuches wird über das Deuteronomium, seine Voraussetzungen und Auswirkungen ausführlicher informieren; hier muß kurz von seinem Einfluß auf JE gesprochen werden.

Im Sinne dieses Entwurfes wurde JE überarbeitet; vor allem geschah das durch einzelne, kurze, eingeschobene Bemerkungen der deuteronomistischen (= dtrn.) Redaktoren, die JE neu herausgaben und ihre Grundschrift, das Deuteronomium, daran anschlossen.

In Lektion 7 begegnete bereits eine von diesen Theologen geprägte Formel: »Das Land, das von Milch und Honig fließt.« Obwohl die Formel zunächst von der Denkart der Hirten zu zeugen scheint, war sie nicht als Zeugnis aus der Frühzeit Israels auszuwerten, da sie ausschließlich in dieser späten redaktionellen Schicht begegnet.

Nach der »klassischen« Hypothese ergibt sich bisher folgendes Bild von der Entstehung des Pentateuch:

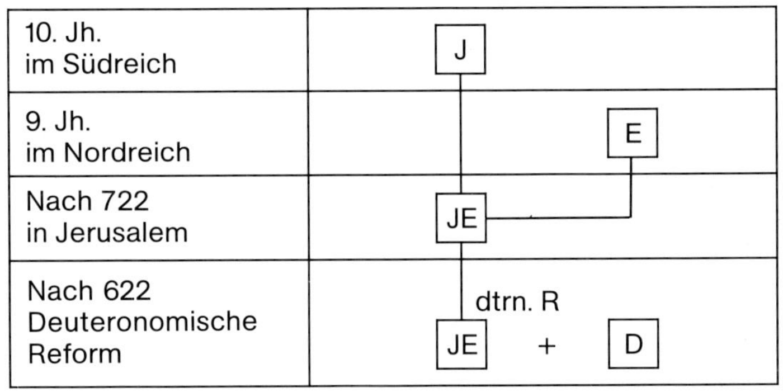

Abb. 36: Zur Entstehung der Quellenschriften des Pentateuch

11.3 Die Priesterschrift

Nach dem Fall Jerusalems und dem Ende allen staatlich eigenständigen Lebens, nach der Verpflanzung der führenden Schicht der Judäer nach Babel sammelten »Schriftgelehrte«, was an religiösem Traditionsgut aus der Katastrophe gerettet worden war, und faßten es neu zusammen. Schwere Fragen bedrängten sie: Konnte fern dem Land, das Gott Israel gegeben hatte, Gott noch verehrt werden? Warum hatte Gott den Tempel zerstören lassen, in dem er mitten in seinem Volk gegenwärtig gewesen war? Wollte er Israel preisgeben an die Götter der Heiden?

Die Autoren der Priesterschrift antworten: Es gibt von Gott selbst eingerichtete religiöse Institutionen, die die Verehrung Jahwes auch im Heidenland möglich machen. Eine davon ist der *Sabbat.* Er hat universalen Charakter, denn Gott hat ihn schon eingerichtet, als er die Welt schuf und am siebten Tag selbst Sabbat feierte. Israel brauchte ihn später nur noch zu entdecken (vgl. Gen 1 und Ex 16,21ff). Eine andere von Gott schon lange vorbereitete Möglichkeit, wie Israel, heidnischen Weltmächten unterworfen, Jahwe dienen kann, ist ihm mit dem *Gesetz* Gottes geschenkt worden. Große Mengen gesetzlicher Überlieferung werden darum in die Priesterschrift aufgenommen: Nach dem Willen Gottes leben kann man auch im Land der Heiden.

So schreiben Theologen die Geschichte Israels neu, aus z.T. uralten priesterlichen Traditionen, die bisher nur in ihren Kreisen gehütet und als Belehrung – »Torah« – auf Anfrage weitergegeben worden waren. Sie schreiben in der Art eines Katechismus, präzise, theologisch wohlabgewogen. Viel eindeutiger als J und erst recht als E ist der Einfluß von P im Pentateuch erkennbar. Viel leichter läßt sich die Gesamtkonzeption dieses Werkes ausmachen.

Das Werk beginnt mit dem Schöpfungsbericht von Gen 1: Gott setzt den Mächten des Chaos feste Grenzen und bestimmt dem Menschen in einer geordneten Welt seinen herausragenden Platz: So wie ein Herrscher überall in seinem Herrschaftsbereich seine Bilder aufstellt, so setzt Gott den Menschen als sein Ebenbild in die Welt. Alles darin muß dem Menschen dienen; sogar Sonne, Mond und Sterne sind nichts als »Leuchten«, die dem Menschen helfen, den Lauf der Zeit einzuteilen. In Babel dagegen, woher wichtige Motive dieser Schöpfungsdarstellung stammen, offenbaren sich in den Gestirnen mächtige Götter.

Den Gedanken von der Gottebenbildlichkeit des Menschen greift P in Gen 5,1ff wieder auf, in einem Text, der unmittelbar an seinen Schöpfungsbericht anschließt. Mit deutlichem Bezug auf Gen 1,26 heißt es hier:

> *Adam zeugte einen Sohn, der ihm ähnlich war wie sein Abbild, und nannte ihn Set.*

Damit wird eine Seite der Vorstellung von der Gottebenbildlichkeit des Menschen unterstrichen, die in Gen 1,26 so deutlich noch nicht hervortrat: Gott hat sich mit den Menschen sozusagen »Kinder« erschaffen; die Menschheit ist dazu bestimmt, »Familie Gottes« zu sein.

Abb. 37: Eine Göttin im Sternenkranz
(nach einem Rollsiegelbild aus dem 8.–7. Jh. v. Chr. aus Mesopotamien). Für die Babylonier stellte die »Himmelsschrift« der Sternbilder das Wirken göttlicher Mächte dar, die über den Lauf der Welt bestimmen.

Der Gott, der die Welt dem Chaos abgewonnen hat, wird auch die Geschichte nicht dem Chaos überlassen. Darum spannt P die Geschichte von Adam bis Aaron, dem Stammvater der Priester, in ein Zahlenraster von Generationslisten – Toledot – ein, die wahrscheinlich einmal ein selbständiges Überlieferungsstück priesterlicher Lehre bildeten.

Vgl. Gen 5,1; 6,9; 10,1; 11,10; 11,27; 25,12; 25,19; 36,9; 37,2; Num 3,1. Die Zahlen im einzelnen zu deuten, ist wohl kaum noch möglich, zumal oft nicht einmal mehr der ursprüngliche Text mit genügender Sicherheit aus den Handschriften zu bestimmen ist.

In der Zeit, in der P entstand, waren manche Völker und Reiche im Orient untergegangen; ein verschwindend kleiner Rest des Gottesvolkes lebte verstreut in einem feindlichen Großreich. Solchen Erfahrungen setzt P den Glauben entgegen, daß Gott Welt und Menschheit nicht im Chaos vernichten will, daß es sinnvoll ist, als gerechter und frommer Israelit zu leben. Den Ablauf der Geschichte gliedert P durch drei Bundesschlüsse Gottes: Diese Geschichtsschau gibt Hoffnung, daß Gott es der Menschheit ermöglichen will, trotz all ihrer Verderbnis das Ziel zu erreichen, das er bei der Schöpfung im voraus bereitet hat: als »Familie Gottes« im Bund mit Gott zu leben.

Der Noachbund
ist mit der Menschheit und mit allen Lebewesen geschlossen. Er verpflichtet nur Gott: Gott will auch die verdorbene Welt nicht im Chaos versinken lassen. Die »Partner« in diesem Bund brauchen von dieser Garantie Gottes nicht einmal zu wissen – das Bundeszeichen, der Regenbogen, ist Erinnerungszeichen für Gott (Gen 9).

Der Abrahambund
gilt nicht nur Israel, sondern auch den Israel verwandten Völkern, die ebenfalls aus Abraham hervorgegangen sind. Gott verpflichtet sich, ihr Gott zu sein; sie dagegen sind verpflichtet, zur Erinnerung an den Bund an ihrem Leib ein Bundeszeichen zu tragen: die Beschneidung (Gen 17).

Der Sinaibund
ist nur mit Israel geschlossen. Erst jetzt steht Gott ein wirklicher Partner gegenüber, vgl. die »Bundesformel« in Ex 6,7: »Mein Volk – euer Gott«. Israel kann auf das Bundesangebot Gottes antworten, indem es Gottesdienst feiert und dem Gesetz Gottes gehorcht.

Einsichtige Gliederung, ein leicht erkennbarer, trocken-theologischer Stil scheinen darauf hinzuweisen, daß P ein einheitliches Werk ist.

Doch auch innerhalb der P zugeschriebenen Redaktionsschicht zeugen Spuren von Überarbeitungen und Einschübe von einer längeren Entstehungsgeschichte.

In Ex 6 erzählt P die Berufung des Mose und die Offenbarung des Gottesnamens noch einmal neu. Unterbrochen wird der Gang dieser Erzählung aber von einer Levitengenealogie, die ebenfalls im priesterschriftlichen Stil verfaßt ist.

In Num 1,49 stellt P fest: Leviten dürfen nicht gezählt werden. In Num 3,14–51 werden sie trotzdem gezählt, und zwar in einer Liste in priesterschriftlichem Stil.

Besser als von einem Autor spricht man darum von einer priesterschriftlichen »Schule«, die in generationenlanger Arbeit alte Überlieferungen mehrfach überarbeitete. Es gibt eine ganze priesterschriftliche Redaktionsgeschichte.

Der wichtigste Schritt im Laufe dieser Geschichte war es, daß die älteren Quellenschriften in den von P aufgestellten Rahmen eingefügt wurden, so daß der Gesamtaufbau des uns vorliegenden Pentateuch von P bestimmt ist. Das Schema der klassischen Hypothese von der Entstehung des Pentateuch ist darum wie folgt zu erweitern und abzuschließen:

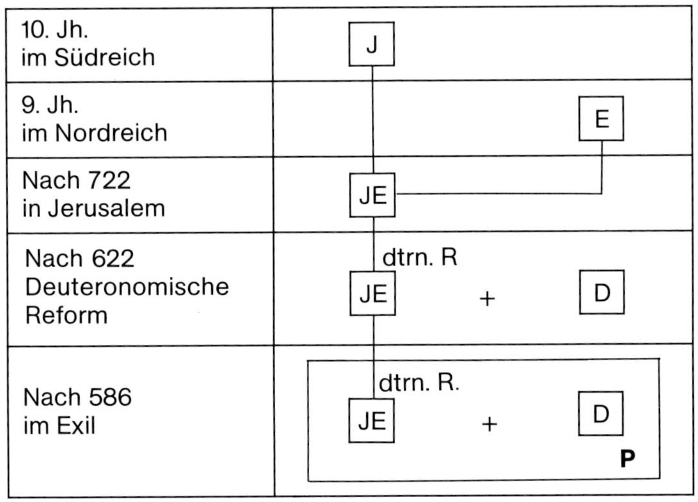

Abb. 38:
Zur Entstehung der Quellenschriften des Pentateuch

Erst bei genauerem Zusehen erkennt ein Leser, daß die ersten fünf Bücher der Bibel nicht eine in sich schlüssige Geschichte fortlaufend erzählen. Diesen Eindruck hat das priesterschriftliche Werk hervorgebracht.

> Nach dem Exil haben »priesterschriftliche« Autoren in mehreren Schritten ein auf zwei Gerüsten ruhendes Geschichtswerk geschaffen: Die Zahlenreihe der »Toledot« (Generationslisten) vermittelt das Bild eines geordneten Geschichtsablaufs; durch die Abfolge der drei Bundesschlüsse wird der Sinaibund eingefügt in den »Bund« Gottes mit der Menschheit, und umgekehrt wird im Gottesbund Israels sichtbar, wozu die Menschheit bestimmt ist. In das Gerüst dieses wohlgeordneten Geschichtswerkes wurde schließlich die ganze bis dahin vorliegende ältere Überlieferung von der Geschichte Israels bis zum Einzug in das Land eingebaut.

Spannungsfrei gelang das nicht immer: z.B. zeigt ein Vergleich von Gen 16,6 (P) mit Gen 21,4 (P), daß Ismael in Gen 21 bereits 17 Jahre alt ist; dennoch fügt P in 21,9–21 eine E-Erzählung ein, in der Ismael erst ein kleines Kind ist.

Die seit dem Ende des 19. Jh. im wesentlichen fertig erarbeitete »klassische« Hypothese von den vier Quellenschriften bleibt nach wie vor eine nützliche Hilfe zum Verständnis des großen biblischen Sammelwerkes, des Pentateuch. Sie erklärt, woher die Spuren jahrhundertelanger Entstehungsgeschichte in diesem Werk kommen.

Andererseits mahnen berechtigte Einwände gegen diese Hypothese dazu, sie nicht mit der Wirklichkeit zu verwechseln. Eine Hypothese ist immer nur so gut, wie die Argumente, die sie stützen, und wie die Hilfen, die sie bei der Erklärung von Gegebenheiten bietet.

Die Zuordnung eines einzelnen Textes zu einer bestimmten Redaktionsschicht muß darum bei jedem einzelnen Text immer wieder neu überprüft werden.

Literatur zu Lektion 11

Die Eigenart der Quellenschriften des Pentateuch und die damit zusammenhängenden Fragen der Entstehung des Pentateuch sind in allen Einleitungen in das Alte Testament erörtert, vgl. Literatur zu Lektion 2.
Einige Spezialuntersuchungen seien zusätzlich vorgestellt.

1. Zum Elohisten:
   H. W. Wolff, Zur Thematik der elohistischen Fragmente im Pentateuch (1969), in: Gesammelte Studien, München ²1973, S. 402-416.
   Eine Art elohistischer »Theologie« wird erarbeitet.
   K. Jarosch, Die Stellung des Elohisten zur kanaanäischen Religion (Orbis biblicus et orientalis 4), Göttingen 1974.
   Eine Dissertation. Das elohistische Werk ist geprägt durch seine Entstehung im Nordreich, in dem kanaanäische Lebensart größeren Einfluß hatte als in Juda.
2. Zur Priesterschrift:
   G. v. Rad, Die Priesterschrift im Hexateuch (Beiträge zur Wissenschaft vom Alten und Neuen Testament 65), Stuttgart 1934.
   Die Priesterschrift ist Grundgerüst der Bücher Gen bis Jos; ältere Quellenschriften wurden in sie eingearbeitet.
   S. E. Mac Evenue, The Narrative Style of the Priestly Writer (Analecta Biblica 50), Rom 1971.
   Eine priesterschriftliche »Grundschrift« enthielt vornehmlich eine Darstellung der Geschichte, kaum Gesetzesmaterial. Sie war ein sorgfältig durchkomponiertes einheitliches Werk.

Hinweis:
Auf S. 151ff gibt ein »Wegweiser« einen Überblick über den Aufbau des Buches Genesis, seine Schichten und den jeweiligen Anteil der Quellenschriften.

Lektion 12: Zur Geschichte der historisch-kritischen Erforschung des Pentateuch

»Wort des lebendigen Gottes!« Dieser Ausruf beschließt in der Meßliturgie Lesungen aus Altem und Neuem Testament: Gott hat zu seiner Gemeinde geredet. Bis in die Entstehungszeit der Heiligen Schrift zurück reicht die ununterbrochene Geschichte dieses Glaubens.

Viel kürzer ist die Geschichte des historisch-kritischen Schriftverständnisses, das in der Bibel nicht »Gottes Wort an uns« sucht, sondern Worte, die Menschen einer fernen Zeit an ihre Zeitgenossen richteten. Ihren Anfang nahm diese Betrachtungsweise im 18. Jh. mit der »Aufklärung«, die aufforderte, auch Aussagen heiliger Autoritäten mit der eigenen kritischen Vernunft zu prüfen. Lange schien der Graben zwischen dem historisch-kritischen Verständnis der Bibel und ihrer gläubigen Annahme als Wort Gottes unüberbrückbar zu sein. Notwendig ist diese Konfrontation aber nicht. Ein Beispiel dafür bietet die Geschichte der kritischen Erforschung des Pentateuch.

12.1 Wer schrieb die Bücher Mose?

Pentateuchkritik begann damit, daß die Verfasserschaft des Mose für die ersten fünf biblischen Bücher in Frage gestellt wurde. Gläubige aber meinten, daran festhalten zu müssen; nur so seien göttliche Legitimation und fortdauernde Gültigkeit dieser Bücher gesichert. Wenn jedoch das Alte Testament vom »Gesetz des Mose« spricht (Jos 8,31; 2 Kön 14,6; Esra 3,2 u.a.), ist das keine Verfasserangabe in modernem Sinn wie z.B. bei »Goethes Faust«.

Ähnlich wie der Eigenname »Caesar« zur Bezeichnung der Caesaren und Kaiser, der Nachfolger Caesars, wurde, war »Mose« *der* Vermittler göttlicher Gebote schlechthin. Entsprechend wurde »Salomo« zum Namen *des* Weisheitsdichters; »David« nannte man *den* Psalmisten.

Man rechnete nicht nach, was wem zuzuschreiben ist, sondern dachte »organisch«: Was aus *einem* Samen gewachsen ist, trägt *einen* Namen. Ein israelitischer Gesetzesprediger hätte es für Anmaßung gehalten, unter seinem eigenen Namen in die von Mose ausgehende Gesetzestradition einzutreten. Erst in nachbiblischer Zeit erstarrte dieses dynamische Verständnis zur Vorstellung von einem »Verfasser« Mose, der die ersten biblischen Bücher geschrieben haben soll. Der erste, der systematisch im Pentateuch »Postmosaica« zusammenstellte – Abschnitte, die Mose nicht geschrieben haben kann – war *Baruch (Benedictus) Spinoza,* ein exkommunizierter niederländischer Jude, der eine neue geistige Heimat in seiner rationalistischen Philosophie fand. Im »Tractatus theologico-politicus« (1670) diente Bibelkritik ihm als Beweis dafür, daß wahre Religion nicht in der Annahme einer von außen an den Menschen herangetragenen Offenbarung bestehen könne. Der Mensch müsse aus eigener freier Einsicht den Weg zu Gott finden, darum müsse er auch die Heilige Schrift mit seiner Vernunft befragen und durchforschen.

Wie Spinoza argumentierten nach ihm noch viele: Kann sich der Glaube an Gott auf ein so unsicheres Fundament wie die Bibel stützen, auf ein aus geschichtlichen Zufällen hervorgegangenes Buch?

12.2 Stellungnahmen der Kirche

Vor diesem Hintergrund ist es verständlich, daß das Lehramt der katholischen Kirche der historisch-kritischen Erforschung der Bibel lange mit großer Vorsicht, ja scharfer Ablehnung begegnete.

Trotzdem möchte man sich ausmalen, wie manche Irritation gläubigen Menschen erspart geblieben wäre, wenn das Lehramt Einsichten in die Geschichtlichkeit der biblischen Offenbarung von vorneherein in Zusammenhang mit der Menschwerdung Gottes hätte sehen können, mit dem Eingehen Gottes in die menschliche Geschichte.

Erst 1943 gab die Enzyklika »Divino afflante spiritu« katholischen Exegeten den Weg zur historischen Erforschung des Pentateuch frei; 1948 empfahl ein Brief der Päpstlichen Bibelkommission an Kardinal Suhard, die Hypothese von den Quellenschriften des Pentateuch sorgfältig zu prüfen und die Vielfalt sprachlicher Gattungen ernstzunehmen. Nicht zufällig werden die Gelehrten vor allem auf die Erforschung des Pentateuch verwiesen; Pentateuchkritik war seit Spinoza »Vorreiter« der Bibelkritik geblieben. 1965 forderte Dei Verbum, das Dekret des zweiten Vatikanums, die Forscher auf, die Bibel historisch-kritisch zu prüfen.

12.3 Dokumentenhypothese

Mehr als 50 Jahre nach Spinoza wurde der nächste Schritt getan: *Jean Astruc* veröffentlichte die Hypothese, der Pentateuch sei aus einer Jahwe- und einer Elohimschrift zusammengesetzt. Auf diesen Erkenntnissen aufbauend, identifizierten Gelehrte bis zum Ende des 18. Jh. nicht zwei, sondern vier derartige Schriften und spürten ihre Fäden im ganzen Pentateuch auf.

Manche verfolgten auch noch im Buch Josua die Spuren dieser Schriften weiter (andere noch darüber hinaus). Entsprechend sprachen sie nicht vom Pentateuch, sondern vom Hexateuch (d.h. »Sechs Buchrollen«).

Man nannte die dem Pentateuch zugrundeliegenden Schriften »Dokumente« oder »Urkunden«: Ihre Rekonstruktion erlaube festzustellen, auf welche Dokumente sich der Redaktor gestützt habe.

12.4 Fragmenten- und Ergänzungshypothese

Die Vorstellung, der Pentateuch sei aus älteren Dokumenten zusammengesetzt, widersprach der traditionellen Auffassung vom »Verfasser Mose« so sehr, daß man versuchte, Ungereimtheiten im Pentateuch anders zu erklären: Die »Fragmentenhypothese« geht davon aus, daß ein Verfasser (Mose) viele Bruchstücke unterschiedlicher Herkunft seinem Werk einverleibt habe.

Die Dokumentenhypothese lebt bis heute in der Vorstellung von der Entstehung des Pentateuch aus Quellenschriften fort. Auf die Fragmentenhypothese greifen die Exegeten gern zurück, wenn sie die Existenz solcher Quellenschriften bezweifeln. Z.B.: Vielleicht stammen die »elohistischen Stücke« nicht aus einem zusammenhängenden Werk, sondern sind lauter einzelne, in J eingefügte Ergänzungen verschiedener Herkunft?

Fragmenten- und Ergänzungshypothese stehen einander nahe. Gibt die Fragmentenhypothese der Zusammenfügung vieler Einzelstücke zum Pentateuch größeres Gewicht, so betont die »Ergänzungshypothese« mehr die Bedeutung einer Grundschrift, die nach und nach um einzelne Stücke unterschiedlicher Art erweitert wurde.

Die Ergänzungshypothese lebte auf, als man erkannte, daß ältere biblische Schriften nachträglich im Geiste des Deuteronomiums überarbeitet wurden: Deuteronomistische Redaktoren kommentierten und »ergänzten« mit meist kürzeren Bemerkungen Texte, die sie neu herausgaben.

12.5 Die Schlüsselstellung des Deuteronomiums

Die Dokumentenhypothese erklärt am besten, warum das letzte Buch des Pentateuch, das Deuteronomium, sich in Aufbau, Stil und Inhalt als eigenständige Einheit von den anderen Büchern absetzt: Eine ganze Quellenschrift wurde hier nachträglich in den Pentateuch eingeschoben.

Den Nachweis dafür erbrachte 1805 *Wilhelm Martin Leberecht De Wette* in seiner »Dissertatio critica«. Auch die geschichtliche Einordnung gelang ihm: Die Zentralisation des Kultes an einem einzigen Heiligtum, die Dtn 12 fordert, paßt zu der Kultreform des Königs Joschija, von der 2 Kön 22f erzählt. Damit war ein Angelpunkt gefunden, von dem aus die Quellenschriften des Pentateuch zeitlich eingeordnet werden konnten. Älter als das Deuteronomium mußten die Schriften sein, die diese Einheit des Kultortes noch nicht kannten: Jahwist und Elohist erzählen davon, daß die Väter Israels und Mose an vielen Altären opferten.

12.6 Die »klassische« Hypothese von der Entstehung des Pentateuch

Am Ende des 19. Jh. brachte *Julius Wellhausen* die Erkenntnisse seiner Vorgänger in ein geradliniges System, das weithin Anerkennung fand und mit dem jede andere Hypothese, die die Entstehung des Pentateuch erklären will, sich bis heute auseinandersetzen muß.

Mit der beeindruckenden Geschlossenheit seines Entwurfes hängen auch dessen Schwächen zusammen:

Chronologische Einordnung der Quellenschriften verband Wellhausen mit einer Wertung: Die jahwistischen Erzählungen sind für ihn Zeugnisse einer primitiveren Religiosität; es fehle ihnen der moralisch-ethische Ernst. Am anderen Ende der Entwicklung steht für ihn die Priesterschrift: dürre Gesetzlichkeit spreche aus ihr. Der Höhepunkt der Religionsgeschichte Israels sei die Zeit der Propheten, in die Elohist und Deuteronomium gehören.

Wellhausen wollte nicht nur den ganzen Pentateuch, sondern auch die ganze Religionsgeschichte Israels erklären. Quellenkritik wurde darum für Wellhausens Schüler zur exegetischen Hauptmethode; Textschwierigkeiten begegneten sie vorwiegend mit literarkritischer Scheidung. Man glaubte, immer neue Quellenschriften postulieren und in eine zeitliche Linie einordnen zu müssen. – Ein neuer Ansatz wurde fällig.

12.7 Die gattungskritische Methode

1910 veröffentlichte *Hermann Gunkel* ein Buch über »Schöpfung und Chaos in Urzeit und Endzeit«. Die Existenz der vier Quellenschriften J, E, D, P zweifelte er nicht an – doch war ihre zeitliche Einordnung nicht länger Hauptschlüssel des Textverständnisses.

Gunkel erklärt: Gen 1 gehört zu P, einem im Alten Testament späten Werk. Aber sein Verfasser war an uralte Traditionen des Redens und Denkens gebunden: Elemente seiner Weltsicht stammen aus den Anfängen Israels (z.B. der Sabbat, in den die Schöpfung mündet), andere aus noch weit älteren vorisraelitischen Zeiten (z.B. die dem Chaos abgewonnene geordnete Welt, von der auch das babylonische Schöpfungsepos spricht).

Gunkel erkannte: Menschen der alten Welt sind – weit mehr als wir es uns von unserer Vorstellung eines frei schaffenden Schriftstellers her denken können – daran gebunden zu sprechen, wie »man immer schon« sprach und dachte. Ihre Literatur gibt eher Zeugnis von Vorstellungen und Überzeugungen, die, in langer Zeit gewachsen, eine ganze Gemeinschaft durchdringen, als von Gedanken eines einzelnen Autors.

Die gattungskritische Methode hat wichtige Erkenntnisse über die Bedeutung volkstümlicher Redeformen ermöglicht; sie erlaubt, in eine vorliterarische Zeit zurückzugehen, in der z.B. von Vorgängen der Vergangenheit vor allem deswegen erzählt wurde, weil damit die Gegenwart verständlicher wurde. Den Bedürfnissen des Gemeinschaftslebens, dem »Sitz im Leben«, entsprach die Form der Weitergabe.

Wie man Recht sprach, wie man miteinander feierte und sang, wie Priester das Volk und Eltern die Kinder unterwiesen, wie man sich am Feierabend mit Sprichwörtern, Rätseln, Scherzen, Geschichten vergnügte: für all das gab es bestimmte, auf die jeweiligen Lebensbedürfnisse abgestimmte Sprachformen. Die biblischen Autoren, die derartiges schließlich aufschrieben, blieben den altgewohnten Formen verhaftet.

Doch es gibt Fragen, die die gattungskritische Forschung nicht beantworten kann:

Wie wurden aus den vielen kleinen Stücken die großen literarischen Einheiten der Bibel?

Wie entstand das Geschichtsbild mit seiner Abfolge von Väterzeit, Auszug, Wüstenwanderung, Einzug?

Woher haben die Menschen das, was sie erzählen? Sind die Inhalte »erfunden« von der Gemeinschaft, in der diese Sprachformen lebten?

12.8 Der Unterschied zwischen der historischen Wirklichkeit und dem Geschichtsbild des Alten Testaments: die Überlieferungskritik

Gerhard von Rad veröffentlichte 1938 eine kleine, für die Geschichte der Forschung am Alten Testament folgenreiche Schrift: »Das formgeschichtliche Problem des Hexateuch«. Rein äußerlich gibt sich die Arbeit wie ein Beispiel gattungskritischer Analyse: v. Rad fragt nach dem »Sitz im Leben«, an dem das umfassende Geschichtsbild des Alten Testaments benötigt wurde, und gibt die Antwort: »Beim Glaubensbekenntnis«. – Die Hauptbelegstelle dafür ist Dtn 26,5ff, das »Credo«, das der Bauer bei der Abgabe der Erntedankgaben sprechen soll (vgl. ferner Dtn 6,20–24; Jos 24,2–13): Israel bekennt sich dazu, daß es seinen Landbesitz Jahwe verdankt, weil dieser wandernde Vorfahren des Volkes nach Ägypten gebracht, von dort wieder herausgeführt, sie in der Wüste beschützt und ins Land geleitet hat.

Im »Credo« von Dtn 26,5ff sieht *G. v. Rad* das Gerüst, um das die großen Geschichtswerke des Alten Testaments entstanden: Aus dem Glaubensbekenntnis Israels habe der Jahwist gewußt, wie er die vielen einzelnen Sagen in einen zusammenhängenden Geschichtsablauf einordnen konnte. Hinter dieses Glaubensbekenntnis zurückzufragen, sei nicht mehr möglich. Die geschichtliche Tatsache, mit der die Auslegung zu tun habe, sei nur Israels Credo, seien nicht die Geschichtsabläufe, von denen dieses Glaubensbekenntnis spricht.

Der schwache Punkt der Hypothese liegt darin, daß es im Alten Testament nur spät formulierte Texte mit einem »Credo Israels« gibt, aus denen man auf den von Anfang an bestimmenden Glauben Israels rückschließen muß.

Überlieferungskritische Analysen führen oft zu Skepsis, ob alttestamentliche Überlieferungen für den historisch Interessierten überhaupt Wert haben. Entweder ist ihr historischer Kern nicht zu entdecken oder, wenn das doch gelingt, ist er im Vergleich zu dem, was der Glaube Israels daraus machte, völlig unerheblich.

12.9 Wie sieht es heute aus?

Zwei ganz unterschiedliche Reaktionen auf diese Situation bestimmen die Forschung heute:

Die linguistische Richtung begnügt sich mit subtiler, methodisch genauer Beschreibung einzelner Texte; sie analysiert Klänge und Wortstellungen, Satzbau und Redeformen und versucht, die Strukturen der Texte von ihren kleinsten Elementen her zu erkennen.

Eine andere Richtung wertet systematisch die Kenntnisse aus, die Archäologie, Geschichts-, Sprach-, Religionswissenschaft über die Völker in Israels Umgebung und über Israel selbst gewinnen konnten: Eine immense Fülle von Material bietet sich an, vor dessen Hintergrund alttestamentliche Texte zu verstehen sind.

Eine eindeutige Forschungsrichtung ist für den, der von nahem zusieht, wohl nie zu erkennen. Vor allem scheint in der Frage der Entstehung des Pentateuch alles in der Schwebe zu sein: Strittig ist nicht nur, ob es einen Jahwisten überhaupt gab, und wenn ja, wo er zwischen Salomo- und Nachexilszeit anzusetzen sei. Es wird sogar erwogen, die Hypothese von Quellenschriften ganz aufzugeben: Vielleicht sind um die einzelnen komplexen Themen des Pentateuch, Väterzeit, Auszug, Wüstenzeit, Sinai, Einzug ins Land je eigenständige literarische Komplexe gewachsen, die erst nachträglich zusammengefügt wurden?

Eins konnte auch dieser kurze Durchgang durch die Geschichte der historisch-kritischen Erforschung des Alten Testaments sichtbar machen:

> Die historisch-kritischen Methoden der Auslegung des Alten Testaments sind selber auch historisch-kritisch zu bewerten, d. h. zu verstehen aus den geschichtlichen Umständen, die sie hervorbrachten. Auch gut begründete Hypothesen der Forschung sind nicht mit geschichtlichen Tatsachen zu verwechseln; sie müssen sich vielmehr immer neu bei der Auslegung konkreter Texte bewähren und können von hier aus auch immer wieder in Frage gestellt werden.

Literatur zu Lektion 12

1. Einige für die Geschichte der historisch-kritischen Erforschung des Alten Testaments wichtige Werke:

   Baruch Spinoza, Tractatus theologico-politicus (1670).

   Wilhelm Martin Leberecht de Wette, Dissertatio critica, qua Deuteronomium a prioribus Pentateuchi libris diversam, alius cuiusdam recentioris opus esse demonstratur (1805).

   Julius Wellhausen, Prolegomena zur Geschichte Israels, Berlin 1905.

   Hermann Gunkel, Schöpfung und Chaos in Urzeit und Endzeit, Gießen 1910.

   G. v. Rad, Das formgeschichtliche Problem des Hexateuch (1938), in: Gesammelte Studien, München 1961, S. 9-86.

   W. F. Albright, Die Religion Israels im Lichte der archäologischen Ausgrabungen, München–Basel 1956 (engl.: 1941).

   M. Noth, Überlieferungsgeschichte des Pentateuch, Stuttgart 1948.

2. Die stufenweise Anerkennung der historisch-kritischen Exegese in der katholischen Kirche:

   1943: Enzyklika »Divino afflante spiritu«
   1948: Brief der Bibelkommission an Kardinal Suhard
   1965: Dei Verbum, Dogmatische Konstitution des 2. Vatikanischen Konzils über die göttliche Offenbarung

IV. Exodus und Sinai

Ein Überblick:
Themen der Frühgeschichte Israels in Ex, Lev, Num

1. Rettung aus Ägypten
2. Bewahrung beim Wüstenzug
3. Der Sinaibund
4. Einzug in das Land

In einer klar abgrenzbaren Einheit liegt nur das Thema der Rettung aus Ägypten vor. Das Thema »Bewahrung beim Wüstenzug« dagegen ist aufgespalten, in zwei Textblöcke, zwischen die der große Abschnitt »Sinaibund« eingeschoben ist. Darüber hinaus wurden – durch das Thema »Sinaibund« angezogen – mitten in die Texteinheiten, die von »Bewahrung« und »Einzug« handeln, weitere Gesetzesmaterialien eingebaut.

Rettung: ... Ex 1–15
Bewahrung: a) Ex 16–18
und **Sinaibund:**
Ex 19,1–Num 10,11
b) Num 10,11–20,13
Einschub: Num 15–19
(Gesetze)
Einzug: ... Num 20,14–32
Einschub: Num 25–31
(Gesetze)
Anhang: Num 33–36
(Gesetze)

Die innere Zusammengehörigkeit der beiden Textblöcke zum Thema »Bewahrung« wird daran sichtbar, daß beide die gleichen Motive aufnehmen.

Bewahrung in der Wüste

	a) in Ex 16ff	b) in Num 10ff:
Rettung vor dem Durst:	Ex 15,22–27	
	17,1–7	Num 20,1–13
Rettung vor dem Hunger:	Ex 16	Num 11,4–35
Rettung vor Feinden:	Ex 17,8–16	Num 21
Rettung vor Uneinigkeit:	Ex 18	Num 11

Zwei dieser Themen sollen im Folgenden besonders behandelt werden: die Rettung aus Ägypten und die Sinaioffenbarung.

Lektion 13: Der Auszug aus Ägypten

Jahwe hat Israel aus Ägypten geführt.

So lautet der am häufigsten wiederholte Glaubenssatz des Alten Testaments.

Er begegnet:
bei den Propheten des 9. Jh.: Am 9,7; Hos 11,1; Mi 6,4;
in Erzählungen: Jos 2,10; Ri 6,13;
in Gesetzen, als Begründung sozialer Forderungen: Dtn 15,15; 16,12;
als Grundlage kultischer Gebote: Lev 11,45; Num 15,41.
Pascha und Laubhüttenfest erinnern daran: Ex 12; Lev 23, 32.
Die Formel: »Jahwe, der Israel aus Ägypten geführt hat«, begegnet:
beim Zehnwort vom Sinai: Ex 20,1;
in den Sprüchen Bileams: Num 24,8;
in der Predigt des Jeremia: Jer 2,6; 16,4.

Herausführung aus Ägypten: das ist im Alten Testament die grundlegende Gottestat, Anfang allen Heils. Jawe ist Israels Gott von Ägypten her: Seitdem er es aus dem »Sklavenhaus« befreite, ist er bei seinem Volk geblieben.

13.1 Väterüberlieferungen und Exodustradition: zwei Vorstellungen vom Anfang Israels

Handeln nicht auch die Väterüberlieferungen, die Verheißungen an Abraham vom Anfang des Heiles? Der Pentateuch erzählt Vätergeschichten und Auszug aus Ägypten als Teilstücke einer einzigen Geschichte: Schon Abraham war es verheißen, er werde zu einem großen Volk; die zwölf Söhne seines Enkels Jakob sind Stammväter des Zwölfstämmevolkes Israel. – Aber das Volk entsteht auf einem Umweg: Erst in Ägypten wird es so zahlreich, daß die Ägypter sich fürchten und Israel unterdrücken. Gott befreit Israel, und so gewinnt es seine Eigenständigkeit als Volk.

Schaut man näher hin, wird diese scheinbar so natürliche Verbindung von Väter- und Auszugsüberlieferung fraglich:

Die hochgeehrten Verwandten Josefs, des obersten Ministers in Ägypten, werden gebeten, im guten Weideland des Deltas zu bleiben. – Eine Schar, die vor der Unterdrückung durch den Pharao flieht, wird verfolgt: Wie kommt es von einem zum anderen Ereignis? Die biblische Erklärung bleibt unzureichend: »Da kam in Ägypten ein anderer König, der von Josef nichts mehr wußte« (Ex 1,8). – Ein solcher Satz stellt eher einen Bruch als Kontinuität fest.

Eine Reihe auffälliger Unterschiede zwischen Väter- und Auszugstradition machen es fraglich, ob beide immer schon miteinander verknüpft waren: Den Familientraditionen der Vätersagen stehen hier Erzählungen von »Israel«, vom ganzen Volk, gegenüber, das miteinander die Rettung am Schilfmeer, die Sinaioffenbarung, den Wüstenzug erlebt. Es scheint vergessen zu sein, daß dieses Volk eine Gemeinschaft aus zwölf Stämmen ist, hervorgegangen aus der Familie Jakobs.

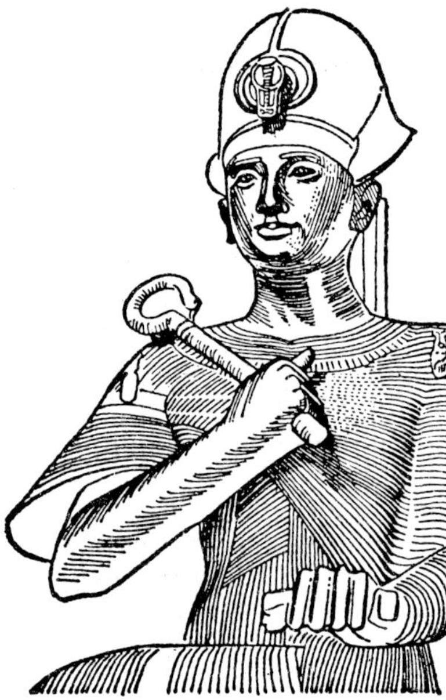

Abb. 39: Ramses II.
Die überlebensgroße Statue zeigt den Pharao mit dem Krummstab, dem Zeichen seiner Herrschaft, und der Königsschlange vor der Krone, die »Feinde des Königs mit Feuer straft«. Ramses II. war ein starker Pharao, der Ägyptens Größe erneuern wollte. Ein Willkürherrscher war er nicht.

Das fällt um so mehr auf, als bei der Aufteilung des Landes (im Buch Josua) und in der Richterzeit wieder von zwölf Stämmen die Rede ist.

Auffällig ist ferner, daß die Landverheißung sich – von den Vätererzählungen her gesehen ganz unerwartet – erst über den Umweg von Ägypten erfüllt. – Hatten nicht schon die Väter begonnen, durch ihre Altäre das Land zu heiligen, waren nicht Jakob bei Sichem, Abraham bei Hebron heimisch geworden?

Antwort auf solche Fragen gibt die Hypothese von den zwei unterschiedlichen »Anfängen Israels«, von denen man sich in unterschiedlichen Gruppen erzählte.

> Das spätere Volk Israel ging aus unterschiedlichen Gemeinschaften hervor. Das Leben der einen spiegelt sich in den Vätersagen. »Der Gott meines Vaters geleitete diesen auf seinen Wanderungen, die vom Zweistromland nach Kanaan führten«, so etwa stellte man sich in diesen Kreisen den Anfang vor. – Andererseits aber entstand Israel auch aus einer Gemeinschaft, die bekannte: »Jahwe hat Israel aus Ägypten geführt.«

Die auffälligen Unterschiede zwischen Exodus- und Väterüberlieferung lassen es ratsam erscheinen, die Tradition vom Auszug aus Ägypten zunächst einmal unabhängig von den Zusammenhängen zu untersuchen, die die Bibel herstellt.

13.2 Der historische Ort der Exodustradition

Auch wenn es unmöglich ist, die Väterüberlieferungen zu datieren, so passen sie doch in den Rahmen alles dessen, was aus der Welt der Kleinviehzüchter des Alten Orients vor dem Beginn der Eisenzeit zu erfahren ist. – Viel genauer gelingt die historische Einordnung der Exodustradition: Der Auszug aus Ägypten konnte am ehesten zur Zeit Ramses II. stattfinden, im 13. Jh. v. Chr.

Wer war Ramses II.?
Ein kurzer Überblick über die Geschichte Ägyptens soll einige Vorstellungen über die Zeit vermitteln, in die das für die Glaubensgeschichte Israels grundlegende Ereignis des Auszugs aus Ägypten fiel.

Echnaton, der religiöse Revolutionär auf dem Pharaonenthron, hatte wenig Sinn für Außenpolitik. Die in seiner Residenz Amarna aufgefundenen Briefe kanaanäischer Stadtkönige bezeugen, wie wenig der ägyptische Oberherr für Frieden unter seinen Vasallen sorgen konnte.

Abb. 40: Eine Nomadengruppe beim Grenzübertritt nach Ägypten (Wandmalerei aus dem Grab eines Gaufürsten)
Der ägyptische Maler hat nicht nur die unterschiedliche Kleidung der Nomaden und der Ägypter (bunt, bzw. weiß) beobachtet, sondern auch ihre unterschiedliche Lebensart. Während die ägyptischen Unterbeamten, von denen einer das Einreisedokument vorweist, viel kleiner dargestellt sind als ihr Chef, ist es in der Nomadengruppe der Scheich (nach der Inschrift vor ihm heißt er Ibscha, vgl. »Abischai« in 1 Sam 26,9), der sich verneigt, während die Mitglieder seiner Gruppe stolz und aufrecht schreiten. Die Männer und ein Knabe sind bewaffnet; Frauen und Kinder gehen geschützt in der Mitte des Zuges. Der Maler hat darauf hingewiesen, indem er den letzten Mann der oberen Reihe sich umwenden läßt nach denen, die ihm folgen. Die beiden übereinandergemalten Reihen sind als Teile eines Zuges gedacht. Nach der Inschrift oberhalb des Zuges wollen die Nomaden Augenschminke verkaufen. Doch die Geschenke, die sie mitbringen, Kleinvieh aus ihren Herden, zeigen an, daß sie nicht nur Händler sind. Der zweite Esel könnte einen Blasebalg tragen: Auch auf die Schmiedekunst verstehen sie sich. Ein Musikant gehört ebenfalls zur Gruppe; der Wasserschlauch auf seinem Rücken zeigt an, daß die Gruppe aus der Wüste kommt. Daß ein ägyptischer Gaufürst sein Grab mit dieser Szene ausschmücken ließ, verrät, für wie bedeutsam er die Begegnung mit dem Scheich Ibscha in seinem Beamtenleben hielt. Anders sieht ein anderer Ägypter die Wanderhirten (vgl. Abb. 53).

Nachfolger Echnatons versuchten, verlorenes Terrain zurückzugewinnen: **Sethos I.** (1317-1301), **Ramses II.** (1301-1234) und **Merenptah** (1234-1225). Ramses II. konnte noch bei Bet Schean im Jordantal Stelen errichten, mit denen er seinen Anspruch auf Kanaan geltend machte. Merenptah rühmt sich in der Stele, die er anläßlich eines Sieges über Libyen errichtete, er habe auch »Israel« in Kanaan bezwungen.

Doch die neuen Völker, die mit Beginn der Eisenzeit ins Land drängten, setzten sich gegen die Ägypter mehr und mehr durch. Vor allem den vom Mittelmeer her vordringenden Philistern konnte Ägypten nicht widerstehen; es mußte ihnen die südliche kanaanäische Küstenebene abtreten.

An der Sinaigrenze fühlte sich Ägypten von unruhigen Völkerschaften, den »Schasu«, belästigt. Einige Jahrhunderte früher war hier zum Schutz gegen ähnliche Eindringlinge bereits eine Mauer errichtet worden.

Diese alte Grenze, bewacht gegen regellos umherziehende Nomaden, wird zur Zeit Ramses II. erneuert; doch unter geregelten Bedingungen war ein Grenzübertritt solcher Gruppen weiterhin möglich. Ägyptische Quellen bezeugen, daß Nomaden, die Weidegründe suchten, großzügig Einlaß gewährt wurde.

Eine ägyptische Aktennotiz aus dem Jahre 1192 – d.h. aus einer Zeit, in der die israelitischen Flüchtlinge aus Ägypten schon in Kanaan waren – beschreibt einen derartigen Grenzverkehr: »Wir sind jetzt damit fertig, die Schasu von Edom durch die Festung des Merenptah passieren zu lassen bis zu den Teichen von Pitom, um sie und ihr Vieh durch den Willen des Pharao, die gute Sonne eines jeden Landes, am Leben zu erhalten«. Das Datum lautet: »Am Tage der Geburt des Set, im Jahre 8«, d. h. im 8. Regierungsjahr des Sethos II., des Nachfolgers Merenptahs.

Im Beamtenstaat Ägyptens wurde gewiß eine ähnliche Aktennotiz angelegt, als die Nomaden nach Ägypten kamen, die später am Schilfmeer Rettung durch Jahwe erlebten – leider ist sie nicht erhalten.

Auffällig in jener erhaltenen Akte aus späterer Zeit ist die Erwähnung der Teiche von Pitom; denn nach Ex 1,11 hatte sich Israel in eben derselben Gegend Ägyptens aufgehalten.

Für die Datierung der Exodusüberlieferung wichtig ist Ex 1,11: Israeliten müssen beim Bau der Städte »Pitom und Ramses« Frondienst leisten. Die beiden Namen sind aus ägyptischen Quellen bekannt. Pitom, »Pi Atum«, »Haus des Gottes Atum«, war ein Tempel im Ostdelta, nah bei Teichen und mitten in gutem Weidegebiet gelegen. Pi Ramses, »Haus des Ramses«, heißt die Residenz, die Ramses II. im Ostdelta neu errichten ließ, um so der gefährdeten Ostgrenze näher zu sein. Dieser Pharao, der die Zentralgewalt stärken wollte, hat sicher darauf bestanden, daß Nomaden, die Weidegebiete in der Nachbarschaft dieser neuen Bauten nutzten, dafür Steuer entrichteten in Form von Frondienstleistungen bei seinen Bauvorhaben.

Ebenso verständlich ist es andererseits, daß Menschen, für die bisher das Sippenoberhaupt die oberste Autorität war, die Arbeit für einen fernen Pharao unter strenger Aufsicht buchführender Beamter unerträglich erschien, so daß sie sich ihren Verpflichtungen durch die Flucht zu entziehen versuchten.

Schließlich ist es auch wahrscheinlich, daß die Steuerflüchtlinge die soeben erneuerte Grenze nicht ungehindert passieren konnten. Sie erzählten sich später, nur ein Wunder habe sie vor den Ägyptern gerettet.

> Anders als die Väterüberlieferungen lassen sich die Traditionen vom Auszug aus Ägypten mit einiger Wahrscheinlichkeit mit einer bestimmten geschichtlichen Epoche verknüpfen: mit der Zeit der neuen Festigung Ägyptens unter Ramses II.

Der Übergang wandernder Kleinviehhirten zur Seßhaftigkeit, der sich in seinen ersten Anfängen schon in der biblischen Väterüberlieferung spiegelt (vgl. 8.3), und der gescheiterte Versuch von Kleinviehhirten, in Ägypten Fuß zu fassen, waren Teil der gleichen Wanderbewegung, die am Ende der Spätbronzezeit begann und am Beginn der Eisenzeit zu der Gründung der vielen neuen Dörfer im Gebirge führte. Die Wanderhirten, denen die

Abb. 41: Die Herstellung von Lehmziegeln in Ägypten
(Wandmalerei aus dem Grab eines hohen Beamten, 15. Jh. v. Chr.)
Wasser wird geschöpft, Lehm geknetet und fortgetragen, Ziegelformen werden gefüllt, eine Mauer wird vermessen, Ziegel werden paketweise und einzeln transportiert. Drei Aufseher mit Stock und Peitsche beaufsichtigen die Arbeit der Frondienstpflichtigen. Durch unterschiedliche Haut- und Haarfarbe sind die Arbeiter als Mitglieder verschiedener Völker kenntlich.

Seßhaftwerdung in Ägypten mißlungen war, versuchten es in Kanaan noch einmal. Sie fanden dort »verwandte« Gruppen vor, Gemeinschaften ähnlicher Lebensweise, wie sie auf dem Weg zur Seßhaftigkeit. Diese Gruppen verehrten den Vatergott und besaßen Überlieferungen von ihren Vätern. Die Neuankömmlinge aus Ägypten dagegen verehrten Jahwe, der sie befreit und durch die Wüste geleitet hatte. Beide erkannten: Wir verehren denselben Gott; eure Väter sind unsere Väter: wir gehören zusammen.

Abb. 42:
In der Hieroglyphenschrift ist der schlagende Mann mit dem Stock das Deutezeichen für »Frondienst«, »Steuer« – aber auch für andere Begriffe, mit denen sich die Vorstellung »Gewalt« verbindet (z. B. »Schule«).

13.3 Wie kamen die Unterschiede zwischen den beiden Überlieferungskreisen zustande?

Viele Erinnerungen an die Väter lebten in Ortssagen fort: Dieser Ort ist geheiligt durch eine Gotteserfahrung unseres Vorfahren; hier hat unser Ahn den Altar gebaut. Solche Überlieferungen wurden an verschiedenen Orten in Kanaan weitergegeben.

Erinnerungen vom Auszug aus Ägypten dagegen haften an fernen Orten: Schilfmeer, Sinai, Wüstenoasen. Wie es dazu kam, braucht wohl nicht erklärt zu werden.

Nicht ohne weiteres verständlich ist jedoch ein anderer Unterschied: Vätererzählungen sind Familiensagen – Auszugstraditionen sprechen vom Volk Israel. Wie kam es zu diesem Unterschied?

Die Exodustradition wird immer wieder nach dem Vorbild kultischer Begehungen erzählt. Auffällig ist z.B. in Ex 2,23f die Anhäufung von Vokabeln aus der Gebetssprache Israels.

Ex 2,23f	**Psalmen**
Die Israeliten stöhnten (seufzten) unter der Sklavenarbeit. Sie klagten (hebr. »schrien laut«), und ihr Hilferuf stieg aus ihrem Sklavendasein empor zu Gott. Gott hörte ihr Stöhnen, und Gott gedachte des Bundes. Gott blickte auf sie, gab sich zu erkennen.	**5,3:** Herr, achte auf mein Seufzen! **22,6:** Zu dir schrien sie. **39,13:** Vernimm mein Schreien! **18,7:** In meiner Not rief ich zu Jahwe und schrie zu meinem Gott. Aus seinem Heiligtum hörte er mein Rufen/mein Hilferuf drang an sein Ohr. **98,3:** Er dachte an seine Treue. **31,8:** Du hast mein Elend angesehen. **9,17:** Kundgetan hat sich der Herr.

Man kann sogar den ganzen Abschnitt Ex 1–15 als Nachahmung einer Klageliturgie lesen:

	vgl.	
Ex 1,1–2,24 Israel ist in Not; sogar Mose muß fliehen.		**Ps 12,2–6a** Hilf doch, Herr, die Frommen schwinden dahin!
Ex 3–6 Mose wird berufen, die Hilfe Jahwes anzusagen: »Ich habe ihr Wehklagen gehört, deshalb bin ich herabgestiegen, um sie zu befreien.«		**Ps 12,6b** Darum spricht der Herr: »Jetzt stehe ich auf, den Verachteten Heil zu bringen«.
Ex 7–14 Die Rettung		**(Ps 18,8–20)** Er griff aus der Höhe herab und faßte mich.
Ex 15 Loblied der Geretteten		**Ps 12,7** Die Worte des Herrn sind lauter, Silber sind sie, im Ofen geschmolzen.

Das Vorbild der liturgischen Feier prägt auch die Sinaierzählung: Es klingen u.a. an: die rituelle Reinigung vor dem Gottesdienst (Ex 19,10f), die Prozession (19,17), der Posaunenklang (19,19).

Diese Nachahmung liturgischer Formen befähigt den Hörer, die Gegenwartsbedeutung der Überlieferungen wahrzunehmen: So wie beim Auszug aus Ägypten gibt Gott sich in jeder Feier zu erkennen, wenn das Volk zu ihm ruft. Wie am Sinai, so spricht er zu jeder Generation:

> *Ach, würdet ihr doch heute auf seine Stimme hören!*
> *(Ps 95,7)*

Zur Nachahmung liturgischer Formen paßt es auch, daß die Auszugsüberlieferungen von »Israel« sprechen: In der Gemeinde, die vor Gott steht, ist nicht nach Familien oder Stämmen zu unterscheiden; hier gibt es nicht die abgestuften Autoritäten – Familienoberhaupt, ältere und jüngere Söhne, Knechte, Frauen, Kinder –, sondern nur das eine Israel vor seinem Gott.

Die Exodustradition lebte vor allem fort in Gottesdienstfeiern –, darum spricht sie anders als die Väterüberlieferungen von Erfahrungen »Israels«, des ganzen vor Gott stehenden Volkes.

Die Väterüberlieferungen lassen erkennen, daß der Übergang zur Seßhaftigkeit friedlich vor sich ging. Auch religiös brachte er keine großen Erschütterungen: man hatte schon lange zuvor gelernt, den Gott des Vaters auch an den heiligen Orten des Landes zu verehren. Nicht erklären konnten die Väterüberlieferungen, wie friedliche Bauern zu wehrhaften Stämmen wurden, die sich unter dem Namen »Israel« und unter Berufung auf ihren mitkämpfenden Gott Jahwe zusammentaten und sich verteidigten gegenüber anderen Volksgemeinschaften, die zur gleichen Zeit oder kurz nach ihnen Platz im Lande suchten. – Antwort gibt die Verschmelzung der »Väter«-Gruppen mit den Neuankömmlingen von Ägypten, die von der mächtigen Hilfe Jahwes gegen das große Ägypten sangen und erzählten, daß Jahwe von Mose »mein Feldzeichen« genannt worden war (vgl. Ex 17,15).

Nicht zu übersehen ist schließlich noch ein letzter Unterschied zwischen der Väter- und der Exodustradition: Die spätere Bearbeitung der Vätererzählungen hat nicht ganz verdeckt, daß hier ursprünglich von einem »Vätergott« die Rede war, benannt nach dem »Vater« der Sippe und dieser kleinen Gemeinschaft treu verbunden. – Die Auszugsüberlieferungen dagegen sprachen von Jahwe, dem Gott Israels. Gott hat einen Namen; er wird nicht nur nach den Menschen benannt, zu denen er gehört.

Woher dieser Gottesname historisch stammt, wird sich wohl nie eindeutig klären lassen. Vielleicht ist es der historische Kern der biblischen Überlieferungen von der Flucht des Mose nach Midian und vom Einfluß des midianitischen Schwiegervaters, der sogar auf dem Wüstenzug noch zu Mose kommt und ihn belehrt (Ex 18), daß Israel den Jahwenamen bei diesem Wüstenvolk kennenlernte.

Die biblischen Überlieferungen sind nicht historisch, sondern theologisch am Gottesnamen interessiert. J hat bereits in Gen 4,26 den Namen Jahwe eingeführt: Israels Ruf zu Jahwe ist Teil des Rufens der Menschheit von Urzeit an. E und P erklären, Gott habe dem Mose seinen Namen geoffenbart.

13.4 Ein Exkurs: der Elohist deutet den Gottesnamen

In Ex 3,10–14 (E) ist mit einer Deutung des Jahwenamens eine großartige »Theologie« verbunden. Andere alttestamentliche Autoren beachten sie merkwürdigerweise wenig. (Nur Hosea greift in Hos 1,9 darauf zurück; auch er ist wie E ein Mann aus dem Nordreich.) Doch in der modernen Katechese steht diese Szene zu Recht an zentraler Stelle. Darum soll hier wenigstens in einem Exkurs darauf eingegangen werden.

Die Offenbarung des Gottesnamens ist in das Aussendungsgespräch Gottes mit Mose eingebettet. Doch an der Stelle des Gesprächs, an der der Gottesname erklärt wird, verläßt E die Form des Dialogs; dreimal setzt Gott neu an:

Mose hat sich hinter einer Frage des Volkes verschanzt; er wagt nicht, selbst nach dem Namen zu fragen. Diese Furcht ist verständlich: Wer den Namen eines Menschen kennt, hat Macht über diesen; er kann ihn anrufen, und der andere wird sich nach ihm umwenden. Darf ein Mensch sich solche Macht über Gott anmaßen? (In Ägypten glaubte man, der wahre Name der großen Götter sei verborgen.) – In der Not aber möchte das geknechtete Israel dennoch Gottes Namen wissen: Wie kann man Gott dazu bewegen, daß er sich umwendet und die Not sieht?

Auf eine derartige Frage geht die Namensdeutung in der ersten Antwort Gottes ein: »Jahwe«, das ist »ähjäh«, zu deutsch: Ich-bin-da. Der Gleichklang der hebräischen Worte wird benutzt zur theologischen Aussage. Israel soll nicht glauben, daß es Gott erst rufen muß, damit er die Not wahrnimmt; er ist der Ich-bin-da.

E ist in der Zeit der frühen Propheten entstanden; kommendes Unheil, Untergang von Völkern und Reichen zeichnete sich bereits ab. In Israel haben viele damals gemeint, vor der Katastrophe sicher zu sein: »Ist nicht Jahwe in unserer Mitte? Nimmer kann Unheil über uns kommen!« (vgl. Mi 3,11).

Gegen solchen Mißbrauch des Jahwenamens geht die zweite Antwort vor: »Ich bin da« wird durch einen Relativpartikel mit einem zweiten »Ich bin da« verbunden: Jahwe »relativiert« sein Da-sein; zwar ist er und bleibt er der »Ich bin da«, aber die Art und Weise, in der er »da ist«, hängt nur von seiner eigenen Freiheit ab: »Ich bin da, als der ich da bin« (vgl. die Deutung des Jahwenamens in Ex 33,13).

(Die deutsche Übersetzung kann nicht ganz genau sein; die hebräische Verbform ist kein Präsens; es geht hier nicht um das ewig unveränderliche Sein Gottes. »Ich bin« steht in der Form, die Unabgeschlossenes, noch in die Zukunft hinein Fortdauerndes anzeigt: »Ich werde dasein, als der ich dasein werde.« – E deutet den Gottesnamen mit einer Verheißung.)

Die dritte Antwort, die Gott auf die Frage des Mose nach seinem Namen gibt, ist schließlich notwendig, um Exodus- und Vätertradition miteinander zu vereinen: Jahwe ist der Gott der Väter.

13.5 Glaube und Geschichte

»Jahwe hat Israel aus Ägypten geführt.« Darauf stützt sich der Glaube des Alten Testaments. Doch gewiß hat der Auszug ganz anders ausgesehen, als die Bibel es erzählt; bestimmt ist nicht das ganze Volk Israel durch das Schilfmeer gezogen. – Was ist ein Glaube wert, der auf einem so unsicheren Fundament steht? Die von »aufgeklärter« moderner Bibelkritik seit Spinoza immer wieder vorgebrachte Frage wird hier drängend.

Der Werdegang der Überlieferung vom historischen Geschehen (soweit es sich wahrscheinlich machen läßt) bis zu der Gestalt, die sie in Ex 1–15 gefunden hat, soll hier skizziert werden, um zu zeigen: Nur zusammen mit gläubiger Deutung kann ein historischer Vorgang zur Grundlage des Glaubens werden.

Mit guten Argumenten läßt sich vertreten: Die biblische Überlieferung vom Auszug ist insofern historisch richtig, als im 13. Jh., unter Ramses II., eine Schar von Frondienstverweigerern auf der Flucht nur knapp einer ägyptischen Grenztruppe entkam (vgl. 13.2).

Nach allem, was wir über die zivilisatorische Entwicklung Israels wissen, ist wahrscheinlich zum ersten Mal in der Salomozeit – also 300 Jahre nach diesem Ereignis – eine Niederschrift über dieses Geschehen angefertigt worden; bis dahin war die Kenntnis davon von Mund zu Mund weitergegeben worden (vgl. 10.3).

Wer hatte Interesse daran, daß Israel nicht vergaß, was am Schilfmeer geschehen war? – Die schriftliche Fassung verrät es noch: Sie ist nach dem Vorbild von Gottesdiensten gestaltet. Während die Erinnerung an die Erzväter in vielen Sagen fortlebte, wußte man vom Auszug aus Ägypten auch Jahrhunderte später immer noch, weil Gebete und Lieder im Gottesdienst davon handelten (vgl. 13.3).

Die älteste in der Bibel erhaltene Form, in der die Exodusüberlieferung weitergegeben wurde, ist ein Lied: Ex 15,21.

Die Prophetin Mirjam, die Schwester Aarons, nahm die Pauke in die Hand, und alle Frauen zogen mit Paukenschlag und Tanz hinter ihr her. Mirjam sang ihnen vor:
»Singet Jahwe,
denn er ist hoch und erhaben.
Rosse und Wagen warf er ins Meer.«

In Ex 15,1–19 ist das »Mirjamlied« zum Kehrvers eines »Moseliedes« geworden, eines späten Lobpsalms, der das Schilfmeerereignis wie einen Kampf Gottes gegen die Elemente, die Götter, die Völker besingt.

Für das hohe Alter von Ex 15,21 sprechen eine Reihe von Gründen:

Poetisch geformt und kurz, konnte das Lied lange Zeit unverändert bleiben, auch bei mündlicher Weitergabe.

Es gilt als »Lied der Mirjam, der Schwester Aarons« – und nicht ‚Schwester des Mose': Aaron und Mirjam wurden dem Mose wahrscheinlich erst später als Geschwister untergeordnet; in Mi 6,4 (8. Jh.) stehen sie noch als »Gesandte Gottes« in gleichem Rang neben Mose.

Das Lied ist gekennzeichnet als gottesdienstliches Tanzlied der Frauen; aktive Teilnahme von Frauen am Gottesdienst aber ist nur aus der Frühzeit Israels bekannt (1 Sam 2,22; 18,6).

Auffällig ist vor allem die eigentümliche Darstellung

des Schilfmeerereignisses, die sich charakteristisch von den Darstellungen unterscheidet, welche den Quellenschriften zuzuordnen sind:

Ex 15,21	**Ex 14,24f(J)**	**Ex 14,27f(P)**
»Rosse und Wagen warf er ins Meer.«	Jahwe blickt die Ägypter an. Da bleiben die Wagen stecken. Die Feinde erschrecken und fliehen.	Das Wasser, das wie eine Mauer gestanden hatte, flutet zurück und bedeckt die Ägypter.

Die jahwistische Fassung ist beeinflußt vom theologischen Schema des »Heiligen Krieges«: Ganz mühelos siegt Jahwe; vor seinem Blick erschrecken die Feinde und fliehen. So werden die Kriege der Richterzeit dargestellt werden: Jahwe wirft »Verwirrung« auf die Feinde; er schlägt sie mit dem »Gottesschrecken« (Ri 4,15; 7,22; 1 Sam 7,10; 14,15.20).

Auch *die priesterschriftliche Darstellung* verbildlicht eine theologische Idee: Die Spaltung des Wassers erinnert an die Spaltung des Chaoswassers am Beginn der Schöpfung (Gen 1,6ff). Gott bändigt das Chaos, schafft zwischen dem Wasser Raum, wo sein Volk leben kann. Die gottfeindliche Weltmacht aber wird dem Chaoswasser überlassen.

Aber auch das **Mirjamlied** gibt nicht einfach wieder, was damals geschah. In diesem Lied fällt das Fehlen des Namens Israel auf, der doch sonst in der Exodustradition seinen festen Platz hat. Man mag darin ein weiteres Zeichen für das hohe Alter des Liedes sehen: Die Schar, die Rettung am Schilfmeer erfuhr, nannte sich wahrscheinlich nicht »Israel«. Diesen Namen hat eher eine andere Gruppe von Vorfahren des späteren Volkes Israel mitgebracht – die Gruppe, die die Tradition von Jakob/Israel (vgl. Gen 32) besaß. Das Fehlen des Namens der Geretteten erklärt sich aber mehr noch aus der Struktur des Liedes; es ist ein Hymnus. Der Hymnus sieht ganz und gar davon ab, wem die Tat Gottes gilt; nur die Macht und Größe Gottes kommt in den Blick. Menschen treten nur insofern auf, als sie aufgefordert werden, durch ihr Lied diese Größe anzuerkennen. Nicht das Ereignis vom Schilfmeer ist für die Sänger das Wesentliche, sondern die Erhabenheit ihres Gottes.

Wer sich eine Vorstellung vom historischen Ereignis machen will, ist wiederum auf Vermutungen angewiesen.

Einige Nachrichten aus der Antike können dabei helfen: Der griechische Schriftsteller **Diodor** berichtet, der östlich von Ägypten gelegene Sirbonische See bringe Ortsunkundige leicht in Lebensgefahr: »Wenn Südwinde wehen, wird viel Sand hineingewirbelt. Das macht das Wasser für das Auge unerkennbar . . . Ganze Heere sind hier schon untergegangen, wenn sie den Weg verfehlten. . . Wer in den Sumpf gerät, kann weder schwimmen noch heraussteigen.«

Ein anderer Grieche, **Strabon,** berichtet, daß der an der Mittelmeerküste entlang führende Weg von Ägypten nach Kanaan gelegentlich durch Seebeben gefährdet sei: »Gerade

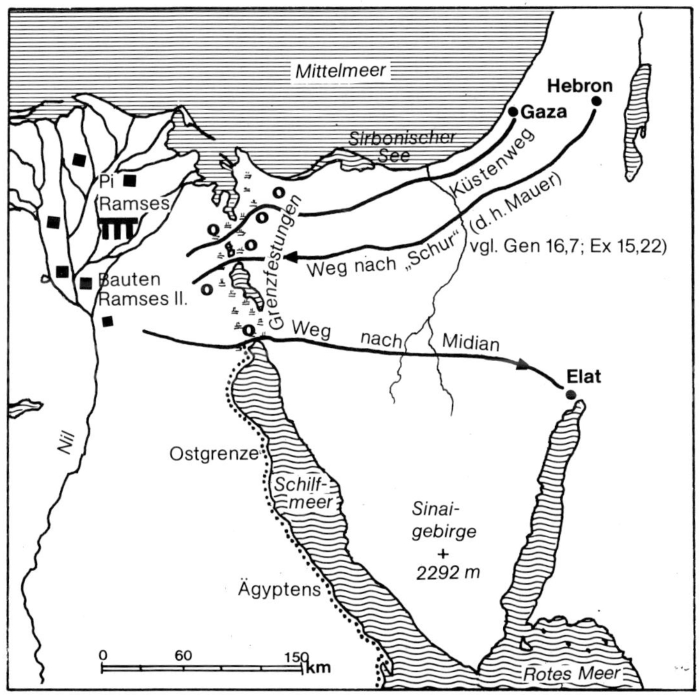

Abb. 43: Zum Exodus Israels

als die Bürger von Ptolemais einen glänzenden Sieg errungen hatten, überströmte einer Flut gleich eine Woge aus dem Meer die Fliehenden, riß sie ins Meer und tötete sie ... Die folgende Ebbe ließ das Land wieder hervortreten und zeigte die dort liegenden Leichen mit toten Fischen vermischt.«

Es läßt sich natürlich nicht beweisen, daß den fliehenden Hirten ein Seebeben oder ein tückischer Sumpf zu Hilfe kam; *wie* die Rettung geschah, läßt sich nur noch vermuten.

Abb. 44: Streitwagenkämpfer
(nach einem Relief aus Karkemisch aus dem 8. Jh. v. Chr.)
Der Streitwagen war ein kostbares Kriegsgerät; noch Salomo mußte Pferde wie Wagen von weither aus dem Ausland beschaffen (1 Kön 10,28f). Nur gut trainierte Berufskrieger konnten damit umgehen; sowohl das Lenken des an starrer Achse befestigten zweirädrigen Wagens, der nur schwer die Richtung ändern konnte, mußte geübt sein als auch das Zusammenspiel von Kämpfer und Lenker. Solche Kämpfer waren noch in der späten Königszeit in Israel rar (vgl. 2 Kön 18,23).

Vor allem aber kann keine derartige Vermutung erklären, wie die Fliehenden zu der Überzeugung kamen: Das hat Jahwe getan. Das Mirjamlied dagegen erklärt, wie dieser Glaube entstand: *Mirjam deutete* das rettende Ereignis als Gottestat, als Wunder; ihr Glaube steckte an. Die älteste Überlieferung vom Grundereignis des Glaubens Israels ist darum zu Recht mit dem Namen dieser Frau verknüpft. Sie hat als erste erkannt, daß die Fliehenden nicht einfach »Glück gehabt« hatten; sie hatte »geglaubt«.

Die Rettung Israels am Schilfmeer hätte eine gestrenge »Lourdeskommission« sicher nicht als »Wunder« anerkannt; denn für unsere moderne Apologetik geschieht ein »Wunder« nur dort, wo Naturgesetze durchbrochen werden.

Das Mirjamlied ist Zeugnis für das »Urwunder« der Bibel. Biblisch gesehen kommt es bei einem Wunder nicht darauf an, daß die Gesetze der Kausalität durchbrochen werden, sondern darauf, daß ein glaubender Mensch in einem Ereignis die Tat Gottes erkennt.

Indem Mirjam den Ihren die Augen für das »Wunder« öffnete, hat sie ihnen zugleich eine Zukunft eröffnet. Mit der Rettung am Schilfmeer war ja das Weiterleben der Flüchtlinge noch längst nicht gesichert. Vor ihnen lag die lebensfeindliche Wüste. Nicht einmal die glückliche Besiedlung fruchtbaren Landes in Kanaan garantierte das Überleben der Schar. Bis in die Davidszeit hinein – etwa 300 Jahre lang – blieb es ungewiß, ob Israel sich in seinem Land würde behaupten können. Mit älteren Bewohnern und mit gleichzeitig Eingewanderten kam es zu heftigen Kämpfen um den Lebensraum. Vor allem gegenüber den trainierten Berufsheeren mit den »eisernen Streitwagen« (Ri 1,18) waren Hirten und Bauern Israels hoffnungslos unterlegen.

In solcher Situation konnte das Mirjamlied den Lebensmut stärken: »Jahwe warf Rosse und Wagen ins Meer.« Wer beim Gottesdienst in dieses Lied einstimmte, konnte darauf vertrauen, daß Jahwe immer

»hoch und erhaben ist«, daß er immer wieder retten kann.

Können wir uns auf die biblische Überlieferung verlassen? Diese Frage wird heute laut, wenn man den Unterschied bedenkt zwischen dem, was wirklich so geschehen sein kann, und dem, was die Bibel erzählt. – Historische Forschung kann nie herausfinden, warum sich Israel (und mit Israel die Kirche) auf die biblische Überlieferung verließ. Der Historiker kann nie zeigen: Hier hat Gott gewirkt; das kann von Anfang an nur der Gläubige. Allein diese gläubige Deutung läßt die geschichtliche Erinnerung »gültig« bleiben für die Zukunft – bis in unsere Zeit.

Für das Fortleben Israels wäre es völlig bedeutungslos gewesen, wenn die Erinnerung an das Schilfmeerereignis in einem exakten Protokoll festgehalten worden wäre, entscheidend war vielmehr, daß man auf eine große Tat Gottes, die Israel in seiner Geschichte erlebt hatte, zurückschauen konnte; entscheidend war, daß Israel »glaubte«.

Die zentrale Bedeutung des Glaubens hebt der *Jahwist* hervor. Am Anfang steht ein Volk voller Angst vor den Ägyptern:

Es ist immer noch besser, Sklaven der Ägypter zu sein,
als in der Wüste zu sterben.
(Ex 14,12)

Am Ende der Erzählung steht das Volk, das Jahwe fürchtet und sich auf ihn verläßt:

Als Israel sah, daß Jahwe mit mächtiger Hand an den Ägyptern gehandelt hatte, fürchtete das Volk Jahwe. Sie glaubten an Jahwe (hebr.: Sie machten sich fest in ihm) und an Mose, seinen Knecht. (Ex 14,31)

Aus der Sicht der Salomozeit kann der Jahwist sagen: Vertrauen auf Jahwe hat Israel »fest« gemacht, so daß es nun als Gemeinschaft freier Menschen in seinem Land leben kann. Damals erschien es besser, Sklave zu sein als tot, aber damit wäre die Möglichkeit verspielt gewesen, das reich gesegnete Volk Jahwes zu werden.

> Insofern als die Glaubenserinnerung an das »Wunder« vom Schilfmeer Mut gab, in Existenzgefährdung nicht zu resignieren, kann das Alte Testament mit Recht in der Herausführung aus Ägypten den Ursprung Israels und den Anfang allen Heiles sehen.

13.6 Ausgestaltung der Exodusüberlieferung: Gott besiegt Ägypten schon in dessen eigenem Land

Ex 12f deutet darauf hin, in welcher Art von Gottesdienst die Erinnerung an den Auszug wach geblieben sein kann: in der *Paschafeier.*

Ursprünglich war sie ein Hirtenbrauch: In der hellen Nacht des Frühlingsvollmondes wird in aller Eile ein Lamm verzehrt; denn die kühle Morgenfrühe soll Hirten und Herden schon auf dem Weg zur Sommerweide finden. Es ist ein rituelles Mahl.

Die Knochen des Paschalammes sollen nicht verletzt, sein Blut soll zu einem Abwehrritus gebraucht werden. Ursprünglich waren das Riten zur Abwehr von Unheil von den auf der Wanderung besonders gefährdeten Jungtieren. Aber in Ex 12 hat der Blutritus einen anderen Sinn; er soll Israel schützen:

Jahwe wird dem Vernichter nicht erlauben,
in eure Häuser einzudringen.
(Ex 12,23 [J])

In der jahwistischen Darstellung von der »ersten« Paschanacht klingt noch etwas vom ursprünglichen Sinn des Festes an: Schutz vor einer nicht näher benannten dämonischen Macht zu schaffen. – Jahwe überläßt die Ägypter dem Unheil und schützt die Seinen.

Das Bestreben, die Rettung aus Ägypten als die große Gottestat darzustellen, führt aber schon in dieser älteren Schicht zu einer anderen, widersprüchlichen Aussage: Nicht »der Vernichter«, sondern

Jahwe geht umher, um die Ägypter mit Unheil zu schlagen
(Ex 12,23a).

Im Laufe einer langen Überlieferung sind vielerlei Veranschaulichungen für diese unheilbringende Gottestat an Ägypten gefunden worden: Die *Erzählungen von den ägyptischen Plagen* entstanden. Alle möglichen schlimmen Ereignisse, von denen man erfuhr, Katastrophen, die es hier und da wirklich in Ägypten gegeben haben wird, verwendete man, um darzustellen: Jahwe hat Unheil über Ägypten gebracht. Dem Kampf Jahwes am Schilfmeer wird in den Plagenerzählungen ein zweiter Gotteskampf gegen den Pharao zur Seite gestellt.

Dem Programm des Jahwisten – Israel soll Segen für die Völker sein (Gen 12,3) – entsprachen diese Erzählungen keineswegs. Der Jahwist bringt darum, wo es nur möglich ist, völlig andere Züge in die Geschichten vom Unheil, das Ägypten trifft:

Ex 9,20: Ägypter, die Jahwe fürchten, bringen Vieh und Knechte in Sicherheit; der Hagel schadet ihnen nicht.

Ex 10,7: Die ägyptischen Diener versuchen, den Pharao zu bewegen, Israel ziehen zu lassen, damit es seinen Gott verehren kann.

Ex 10,18: Auf Fürbitte des Mose hört das Unheil auf.

Ex 11,3: Israeliten sind bei den Ägyptern, Mose ist bei den Dienern des Pharao hoch angesehen.

Die letzte und schrecklichste aller Plagen, die *Tötung der erstgeborenen ägyptischen Kinder,* ist unmittelbar mit der Darstellung des ersten Pascha verbunden. Wie konnte man auf ein so furchtbares Bild für das Unheil, das Gott über Ägypten bringt, verfallen?

Zur Erklärung kann man Ex 4,22f heranziehen, eine Formulierung des Auftrags an Mose, die sich charakteristisch von entsprechenden Aussagen in den anderen Schichten abhebt:

Ex 4,22f benutzt mehrere Kennzeichen prophetischer Rede. Zu deren auffälligsten Merkmalen gehört die Botenformel: Der Prophet tritt auf als Königsbote, der den Rechtsanspruch seines Herrn einklagt (vgl. z.B. 2 Kön 1,4). So wie es hier

Ex 3,16 f (J)	**Ex 3,10 (E)**	**Ex 6,9f (P)**	**Ex 4,22f**
»Geh, ruf die Ältesten Israels zusammen und sage ihnen: ... Jahwe ... ist mir erschienen und sagte: ‚Ich will euch aus dem Elend in Ägypten herausführen.‘«	»So geh! Ich will dich zum Pharao senden. Führe mein Volk, die Israeliten aus Ägypten!«	»Geh, sag dem Pharao, er solle Israel ziehen lassen.« (Mose:) »Wenn schon die Israeliten nicht auf mich hören, wie soll mich dann der Pharao anhören, zumal ich ungeschickt im Reden bin?«	»Sag zum Pharao: So spricht Jahwe: ‚Israel ist mein erstgeborener Sohn. Ich sage dir: Laß meinen Sohn ziehen, damit er mich verehren kann. Wenn du dich weigerst, ihn ziehen zu lassen, bringe ich deinen erstgeborenen Sohn um.‘«
J betont einerseits das Zusammenwirken des Mose mit den Ältesten; andererseits aber hebt er hervor: die Herausführung aus Ägypten ist Jahwes Werk.	Mose ist der von Gott gesandte Retter Israels.	Helfen kann nur Gott: Israel hat nicht gehört; der Pharao wird es auch nicht tun; und Mose kann nicht gut reden.	Mose ist Diplomat im Dienst Jahwes. Die Botenformel: »So spricht NN«, ist Einleitung der Rede des Königsboten, der dann weiter mit dem »Ich« seines Herrn redet (vgl. z.B. Ri 11, 14; im Alten Orient oft belegt).

geschieht; haben Propheten oft ihre Drohungen für die Zukunft aus der Beschreibung der gegenwärtigen Situation entwickelt; Stichwörter aus der Beschreibung der Gegenwart werden bei der Drohung wiederholt (vgl. z. B. 2 Sam 12,9f: Wiederholung des Stichwortes »Schwert«). – Auch der Inhalt von Ex 4,22f ist bei den Propheten bekannt: Hosea (8. Jh.) deutet den Auszug aus Ägypten wie eine Adoption:

Als Israel jung war, gewann ich ihn lieb.
Ich rief meinen Sohn aus Ägypten.
(Hos 11,1)

Ex 4,22f versteht die Auszugsüberlieferung noch einmal anders als andere Schichten: Bei diesem Ereignis wurde offenbar, daß ein Vater-Sohn-Verhältnis zwischen Jahwe und Israel besteht. Weil Jahwe Israel aus Ägypten rettete, darf Israel vertrauen, daß Jahwe mit ihm verbunden bleibt wie ein Vater mit seinem Sohn.

Es ist denkbar, daß sich aus einer derartigen Deutung des Auszugsgeschehens die Geschichte von der Tötung der ägyptischen Erstgeburt entfaltete. Das Talionsrecht (»Auge um Auge«) kann dabei Pate gestanden haben: Wer Jahwe den erstgeborenen Sohn vorenthält, wird seinen eigenen erstgeborenen Sohn verlieren.

Das gleiche Denkmuster konnte dazu führen, daß die Erzählung von der *Tötung der hebräischen Knaben* entstand.

Gewiß liegt ihr kein historischer Vorgang zugrunde: Das ganze Leben der Ägypter war – erst recht nach der Erneuerung unter dem starken Pharao Ramses II. – streng rechtlich geregelt. Eine Grausamkeit wie die Tötung der männlichen Nachkommen eines ganzen Volksstammes paßt weder zu diesem Bild staatlich geschützter Ordnung noch zu dem herablassenden Wohlwollen, mit dem Ägypter Nomaden begegneten, die in ihrem Land leben wollten. Ein baulustiger Pharao wie Ramses II. hätte eher billige Arbeitskräfte für den künftigen Frondienst aufziehen lassen.

Israeliten aber, die sich am Talionsrecht orientierten, konnten sich die schauerliche Überlieferung vom Tod der ägyptischen Erstgeburt in der Paschanacht mit einer solchen Erzählung verständlicher machen.

An diese Geschichte von der Tötung hebräischer Knaben konnte leicht eine »Wanderlegende« angegliedert werden, die von manchem Großen der Geschichte erzählt wird: Beinahe hätte es diesen Mann gar nicht gegeben, weil er als Kind in höchster Lebensgefahr war; Israel erzählte dies vom Kind Mose.

Im Alten Orient wurde Gleiches von Sargon von Akkad erzählt (Ende des 3. Jahrtausends), der in einem Kästchen ausgesetzt war; vom Perser Kyrus (6. Jh.) berichtet Herodot Ähnliches.

An einigen ausgewählten Beispielen wurde hier gezeigt, wie sich an die Überlieferung vom Auszug aus Ägypten verschiedenartiges Erzählgut angliederte. Diese Ausweitung wurde möglich auf Grund der Eigenart dieser Überlieferung: Von Anfang an war es nie darauf angekommen, den äußeren Ablauf des Geschehens möglichst unverfälscht zu bewahren. Wichtig war vielmehr etwas ganz anderes:

Was beim Exodus geschehen war, blieb Fundament des Glaubens an Jahwe, Stütze der Hoffnung auf seine Hilfe: Er ist mächtiger als die eisernen Streitwagen, sagt das **Mirjamlied.**
Wer in ihm festen Stand nimmt, sagt der **Jahwist,** steht nicht vor der Wahl zwischen Tod oder Sklaverei, sondern bekommt Leben und Freiheit im Gottesvolk von ihm geschenkt.
Gottes Schöpfermacht kann zu jeder Zeit neu wirken, sagt die **Priesterschrift;** immer wieder kann Gott für die Seinen mitten im Chaos einen freien Raum schaffen, wo sie überleben.
Gott bleibt Israel seit Ägypten so eng verbunden wie ein Vater seinem Sohn, sagt die in **Ex 4,22** greifbare Überlieferung, die auch in Hos 11 begegnet.

Ägyptische Chronisten hielten die Flucht der Steuerflüchtlinge nicht für verzeichnenswert. Sie wäre längst vergessen, wenn der Exodus nicht von Anfang an als

Wunder, als Gottes Tat erfahren worden wäre. Der Glaubende kann an diesem Ereignis sehen, wer Gott ist. Darum konnten sich auch solche Menschen zu dieser Erfahrung bekennen, deren leibliche Vorfahren nicht am Schilfmeer waren, die aber doch in diesem Gott festen Stand für ihr Leben suchen wollten.

Dazu gehörten als erste die der Moseschar verwandten Gruppen, die schon einige Zeit vor dieser und auf anderen Wegen im Land heimisch geworden waren: die Sippen, die Sagen von Abraham, Isaak und Jakob kannten.

Literatur zu Lektion 13

Zugang zu weiterführender Literatur ist leicht zu finden über:

W. H. Schmidt, Exodus, Sinai und Mose. Erwägungen zu Ex 1–19 und 24. Erträge der Forschung, Bd. 191, Darmstadt 1983.

Der Forschungsbericht sammelt und sichtet die wissenschaftliche Literatur zu Exodus und Sinaiüberlieferung.

S. Herrmann, Israels Aufenthalt in Ägypten, Stuttgart 1970.

Die Zitate aus antiken Schriftstellern und aus ägyptischen Dokumenten wurden im vorliegenden Kapitel aus dieser Studie übernommen.

Zusammenfassung – Rückblick: die Vorgeschichte Israels im Rahmen der Geschichte des Alten Orients

Eine Zeittafel kann kaum die Erfahrungen einfangen, in denen die biblischen Überlieferungen vom Exodus und der Väterzeit wurzeln. Die Menschen, denen wir diese Überlieferungen verdanken, lebten außerhalb der großen politischen und kulturellen Strömungen ihrer Zeit, in einem vorgeschichtlichen Raum, der eher von Alltäglichkeiten als von einmaligen Ereignissen und Neuerungen bestimmt war. Die Zeit scheint für sie still zu stehen. Abraham hätte ebensogut im 18. wie im 13. Jh. leben können. Dank der Erwähnung von »Pitom und Ramses« in Ex 1,11 kann man zwar den Exodus datieren, aber die Moseschar wird sich kaum von anderen Gruppen unterschieden haben, die das freie Leben in der überschaubaren Gemeinschaft gewöhnt waren und dennoch von den »Fleischtöpfen Ägyptens« träumten. Die Vorfahren Israels waren nicht die einzige Gruppe, die in diesen Jahrhunderten Einlaß begehrend an der Ostgrenze Ägyptens erschien. Ebensowenig werden sie die einzigen gewesen sein, denen dann der durchorganisierte Staat doch wie ein »Sklavenhaus« erschien.

Politisches Leben entfaltete sich in diesen familiären Gruppen nicht; darum fehlen schriftliche Hinterlassenschaften und haben mündlich weitergegebene Erinnerungen keinen festen Zeitbezug. Wer von ihren Schicksalen erfahren will, muß sich deswegen mit Beispielen, mit gelegentlichen Schlaglichtern begnügen. Eine Chronologie der Vorgeschichte Israels ist nur möglich, wenn man sie in den Rahmen der »großen« Geschichte des Alten Orients stellt.

Ähnliches gilt für die Schauplätze der Väter- und Exodusüberlieferungen. Wandernde Hirten hinterlassen nur wenige Zeichen ihrer Anwesenheit. Erst recht bestimmen sie nicht das politische Geschick der Gegenden, in denen sie leben. »Grenzen« gab es für diese Sippen nur dort, wo fremde Mächte ihnen den Zutritt – oder wie am Schilfmeer die Auswanderung – verwehrten. Auch die Schauplätze der Vorgeschichte Israels muß man also vornehmlich mit Hilfe von Faktoren beschreiben, die nicht von den Menschen bestimmt sind, in deren Mitte sich die Überlieferungen von den Anfängen Israels bildeten.

Politisch gesehen, spielen von der Vorgeschichte Israels an bis in die Spätzeit des Alten Testaments hinein drei Bereiche eine Rolle: In Ägypten und Mesopotamien (»Zwischen den Strömen«) entstehen Großreiche, die je nach der Machtlage die Vorherrschaft über das zwischen beiden liegende Kanaan beanspruchen.

In Anlehnung an den Sprachgebrauch der »Großen« beschreibt auch die Bibel Kanaan als die Zwischenzone, die »vom Bach Ägyptens bis zum großen Strom, dem Eufrat« reicht (Gen 15,18 u.a.).

Weil die Vorfahren Israels nicht »große Geschichte« machten, ist es um so wichtiger, den geographischen Raum und die darin damals möglichen Lebensumstände kennenzulernen. Darum wird die Erläuterung dieser Zeittafel in ihren Einzelheiten zunächst noch zurückgestellt zugunsten einer Skizze des geographischen Raumes, in dem sich die hier verzeichneten Ereignisse abspielten.

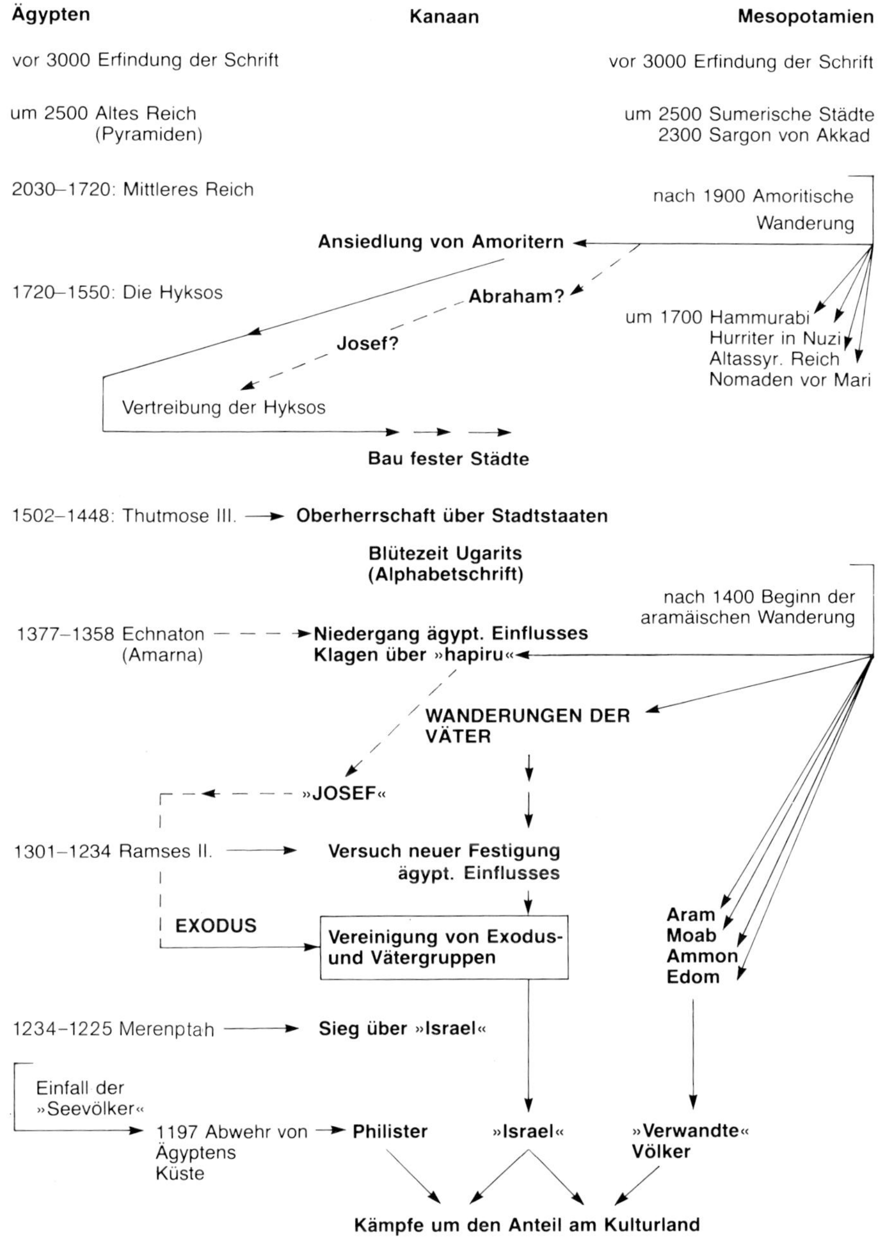

Abb. 45: Die Vorgeschichte Israels im Rahmen der Geschichte des Alten Orients

Geographisch und klimatisch betrachtet, sind ebenfalls drei Regionen zu unterscheiden, die verschiedene Lebensbedingungen bieten:

Am Westhang der Gebirge regnen sich die vom Mittelmeer kommenden Wolken ab; so entsteht ein »fruchtbarer Halbmond« mit Regenlandwirtschaft, der die Trockengebiete umfaßt.

Doch in der regenlosen Zone ermöglichen großangelegte Bewässerungssysteme an den Ufern der Ströme die Entstehung reicher Kornkammern.

Die Wüsten nehmen den weitesten Raum ein. An deren Rand und in den Oasen wird immer wieder der Platz zu eng; Menschen drängen in das Kulturland. Dank seiner Lage kann Ägypten diesen Zustrom einigermaßen regulieren. Die Geschichte Mesopotamiens dagegen ist von immer neuen Wanderungswellen und Reichsbildungen bestimmt.

Kulturgeschichtlich sind jedem dieser politischen und geographischen Bereiche eigene Beiträge zu verdanken: Wüstenoasen zwingen dazu, ein reiches, aber eng begrenztes Fruchtland (einen Garten Eden) wohlüberlegt zu nutzen. Welche Bedeutung dieser Zwang hatte, belegen eindrücklich Ausgrabungen bei der Oase von Jericho, die eine steinzeitliche, bereits um 6000 v. Chr. fest gebaute Stadt zutage brachten.

Gemeinschaftliche Nutzung der riesigen Schlammengen jährlicher Überschwemmungen und die Kontrolle und Organisation der Bewässerung führen am Nil und am Eufrat zu frühen Staatenbildungen.

In beiden Bereichen wird um 3000 die Schrift erfunden. So kann man sich heute vom ägyptischen Alten Reich nicht nur durch die Pyramiden eine Vorstellung machen, sondern auch durch schriftlich überliefertes Gut. Damit wird es möglich, die Wurzeln biblischer Aussagen bis in diese Frühzeit zurück zu verfolgen.

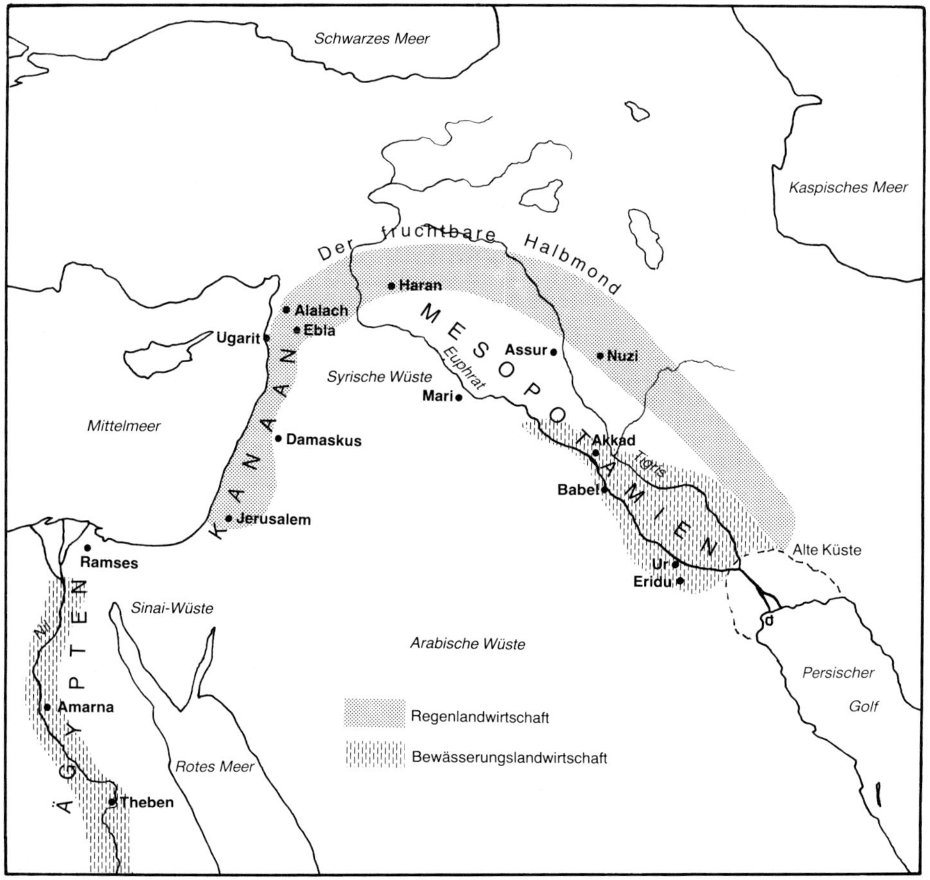

Abb. 46: Der fruchtbare Halbmond; Schauplätze der Väter- und der Auszugsüberlieferungen

Ein altägyptisches Werk ist z. B. die »Weisheit des Imhotep«. Wie Imhotep so haben auch biblische Weisheitslehrer Erfahrungsschätze gesammelt und geordnet, um sie als Lehre des »Vaters an den Sohn« in poetischer Form weiterzugeben.

Am unteren Eufrat waren etwa gleichzeitig sumerische Stadtstaaten (z.B. Ur, Eridu) entstanden; um 2300 trat dazu das erste semitische Reich des Sargon von Akkad.

Mythen von der Entstehung der Welt aus dem Wasserchaos und von der Bedrohung der Welt durch eine Sintflut werden hier aufgezeichnet; ebenso Gesetze in einer auch in der Bibel bekannten »kasuistischen« Form; Tempeltürme werden gebaut: Die Vorgeschichte biblischer Vorstellungen führt weit in das alte Mesopotamien zurück.

Wanderungen unruhiger »amurru« verändern seit etwa 1900 die politische »Landkarte« Mesopotamiens.

Die Bibel nennt vorisraelitische Bewohner des westjordanischen Berglandes »Amoriter«; sie sind wahrscheinlich zur gleichen Zeit dorthin gekommen, in der die »amurru« Mesopotamien beunruhigen: Am wichtigsten Paß des Westjordanlandes entsteht in dieser Zeit die Stadt Sichem.

Am mittleren Eufrat geht aus dieser Wanderungswelle das Reich des Hammurabi von Babel hervor.

Aus Babel stammen die »klassischen«, in der Alten Welt immer wieder abgeschriebenen Fassungen der Mythen und der Gesetzesüberlieferung des Zweistromlandes: der Kodex des Hammurabi und das Schöpfungsepos Enuma elisch sowie das Gilgameschepos mit der Sintfluterzählung. Etemenanki, der Tempelturm von Babel, wird der Anlaß zur Bildung der biblischen Turmbausage.

Auf dieselbe Wanderungswelle zurückzuführen sind noch andere semitische Staaten: Dazu gehört vor allem das altassyrische Reich am oberen Tigris, ferner der erst kürzlich entdeckte Stadtstaat von Ebla mit seiner reichen Bibliothek und einer eigenen semitischen Sprache, schließlich das Stadtkönigtum von Mari.

Aus den Archiven des königlichen Palastes von **Mari** ist einiges über die Lebensweise von Nomaden bekannt geworden, die in der Umgebung der Stadt ihre Weidegründe hatten und deren Lebensgewohnheiten in mancher Hinsicht denen ähneln, von denen die biblische Väterüberlieferung spricht.
Von manchen Gelehrten wird die Überlieferung von den Wanderungen Abrahams auf diese frühe Zeit zurückgeführt.

Einzelne indogermanische Wörter sind aus Dokumenten der Hurriter bekannt geworden, die zwei Jahrhunderte später in Nuzi lebten. Man vermutet, daß sie diese Ausdrücke sowie die dazugehörenden Dinge und Bräuche – vor allem den Streitwagen und die »ritterliche« Oberschicht der Streitwagenkämpfer – in Indien kennengelernt hatten.

Der Streitwagen hat sich von hier aus im ganzen Alten Orient bis nach Ägypten verbreitet; für Israel wird der Untergang ägyptischer Streitwagen im Schilfmeer zum »Urwunder« werden. – Darüber hinaus erhellen Funde von **Nuzi** insofern biblische Überlieferungen, als das Familienrecht hier auffallend große Bedeutung besaß und in den Patriarchenüberlieferungen ähnliche familienrechtliche Regelungen begegnen.

Die Unruhe der »Amoritischen Wanderung« greift einige Zeit später auch nach Ägypten über. Nach einer Zeit innerer Wirren hatte sich dort seit etwa 2000 das Mittlere Reich gefestigt. Es wird im 18. Jh. gestört durch den Einbruch der »Hyksos«, die jedoch im 16. Jh. vertrieben werden. Damit beginnt auch für Kanaan wieder eine unruhige Zeit.

Zur Zeit der Hyksosherrschaft begegnen in der ägyptischen Oberschicht auch semitische Namen (z.B. Jakub-el). Wäre es nicht denkbar – so argumentieren Gelehrte, die die Frühdatierung der Patriarchenüberlieferung bevorzugen –, daß damals auch Josef nach Ägypten kam?

Um Ägypten in diesen unruhigen Zeiten besser zu schützen, entsteht zur Sinaiwüste hin die Grenzmauer. Auch in Kanaan hinterläßt der doppelte Durchzug der

Fremden seine Spuren; die Städte verschanzen sich hinter hohen Befestigungen. – Im 15. Jh. kann Thutmosis III. die Erneuerung Ägyptens nach der Vertreibung der Hyksos damit vollenden, daß er das Vorfeld Ägyptens in Kanaan sichert und die südlichen Stadtstaaten Kanaans zu ägyptischen Vasallen macht.

Der Handel bringt nun immer mehr Reichtum in dieses Gebiet zwischen den großen Reichen; sowohl die Vasallen Ägyptens als auch andere kanaanäische Städte blühen auf. Im Ugarit des 14. Jh. wird eine Alphabetschrift benutzt, »Mutter« unseres Alphabets, allerdings noch in Keilschriftzeichen.

Tempelbibliotheken und Palastarchive **Ugarits** liefern reiches Material, aus dem man nicht nur Götterwelt und religiöses Leben, sondern auch Wirtschaft und Gesellschaft einer kanaanäischen Stadt kennenlernte sowie eine dem biblischen Hebräisch nah verwandte Sprache Kanaans.

Einen Umschwung bringt die Zeit des Echnaton im 14. Jh.; der Einfluß Ägyptens in Kanaan schwindet; der religiöse Revolutionär hat wenig Interesse an der Außenpolitik.

Im Archiv der von Echnaton gegründeten und gleich nach ihm verlassenen Residenz von **Amarna** geben Briefe kanaanäischer Vasallen an den Pharao ein lebendiges Bild vom Niedergang der kanaanäischen Städte in der Spätbronzezeit und vom Auftauchen der »hapiru« – von ersten Vorspielen der neuen Wanderungswelle des 13. Jh.

Ramses II. versucht im 13. Jh. noch einmal, verlorenes Terrain in Kanaan zurückzugewinnen; sein Nachfolger Merenptah kannte dort eine Gruppe von Leuten, die er »Israel« nennt. Doch die »Aramäische Wanderung« macht dauerhafte Erfolge für Ägypten unmöglich, die politische »Landkarte« Kanaans wird von neuen Kräften umgestaltet.

Vorläufer dieser Bewegung waren die Patriarchen. Sie konnten noch auf friedliche Weise zur Seßhaftigkeit finden. Nicht viel später wird man die Bemühungen anderer Gruppen ansetzen müssen, die versuchten, in den Ebenen von Akko und Jesreel heimisch zu werden, indem sie in den Dienst der dort liegenden kanaanäischen Städte traten:

Von der Entstehung dieser älteren Stämme – Issachar, Ascher und Sebulon – wird Band 2 berichten.

Zu den letzten Ankömmlingen gehörte die Schar, die zuvor vergeblich versucht hatte, in Ägypten heimisch zu werden. Diese Gruppe brachte von dort und von ihren Erfahrungen mit dem harten Existenzkampf in der Wüste her kriegerische Gesinnung und Unternehmungsgeist mit: Die »Josefs«-Stämme Efraim und Manasse erschließen in gewaltiger Anstrengung ein Waldgebirge für die menschliche Besiedlung. Sie werden die stärksten Stämme im entstehenden Israel sein.

Früher als das aus vielen verschiedenen Gruppen zusammenwachsende Israel kommen im Osten Edom, Moab, Ammon sowie verschiedene Aramäergruppen zu Staatenbildungen.

Noch gefährlicher für das sich bildende Volk Israel werden die Philister, die im Westen das Erbe der älteren kanaanäischen Stadtkönigtümer antreten. Zusammen mit anderen »Seevölkern« sind sie aus dem Mittelmeerraum gekommen, haben sogar Ägypten bedroht, wurden dort zwar zurückgeschlagen, konnten aber den bisher ägyptischen Machtbereich in Kanaan einnehmen. Von dieser Basis aus versuchen sie, auch das Gebirge und die vielen dort neu entstandenen Dorfgemeinschaften zu beherrschen.

Von Osten durch verwandte Völker, von Westen durch die Philister bedrängt, schließen sich die im Bergland heimisch gewordenen Gruppen immer enger zusammen: Israel entsteht.

Doch bevor dargestellt werden kann, wie sich dieser Vorgang in der Bibel spiegelt, muß noch ein weiteres wichtiges Element der Mosetradition dargestellt werden: Exodus und Sinai gehören in der Bibel zusammen.

Lektion 14: Das Zehnwort vom Sinai. Einführung in sprachliche Gattungen der Gesetzesüberlieferung

14.1 Der Dekalog im Rahmen der Sinaiperikope

Was ist das: das Zehnwort? Für den unbefangenen Bibelleser scheint diese Frage leicht beantwortbar zu sein: Der Dekalog ist das Wort Gottes, mit dem er sich vom Sinai herab an Israel wandte. Eine eindrucksvolle Erzählung umrahmt in Ex 19f die Verkündigung der zehn Gebote. Donner und Blitz, finstere Wolke, Posaunenschall und Erbeben des Berges kündigen die Gegenwart Gottes an, und Gott spricht: »Du sollst nicht...! Du sollst nicht...!«

Doch – ist das nicht ein befremdliches Bild unseres Gottes? Von oben herab, von einem furchtbaren Gebieter, dessen Majestät zittern macht, mögen wir Gebote nicht empfangen. Wir wollen selber prüfen, selber entscheiden, was zu tun ist. –

Bei näherem Zusehen zeigt sich, daß Gebotsverkündigung und Sinaierzählung nicht fest miteinander verbunden sind. Unstimmigkeiten machen darauf aufmerksam, daß die Erzählung nicht aus einem Guß ist.

Nach Ex 19,10–13.24 muß Israel gewarnt werden, dem Berg zu nahe zu kommen. – Nach 19,16f und 20,18 bleibt das Volk zitternd von ferne stehen.

Auffällig ist, wie oft Mose hinauf- und herabsteigt, um zwischen Gott auf dem Berge und dem Volk zu vermitteln. Nicht immer ist dabei ganz klar, wo er sich gerade befindet.

Eigentlich aber wäre solches »Bergsteigen« überflüssig, denn das Gespräch zwischen Gott und Mose kann auch ganz anders stattfinden; es hat übermenschliche Maße: »Mose redete, und Gott antwortete im Donnerschall.«

Weder zu der Vorstellung vom Donnergespräch Gottes mit Mose noch zu dem Bild des hinauf- und hinabsteigenden Vermittlers paßt der Dekalog selbst; denn hier redet Gott das Volk unmittelbar an.

Zum Teil kann man die Unstimmigkeiten literarkritisch erklären:

J erzählt von Mose als dem hinauf- und herabsteigenden Vermittler; das Volk muß davor gewarnt werden, dem heiligen Ort zu nahe zu kommen (vgl. Ex 3,4f [J]);

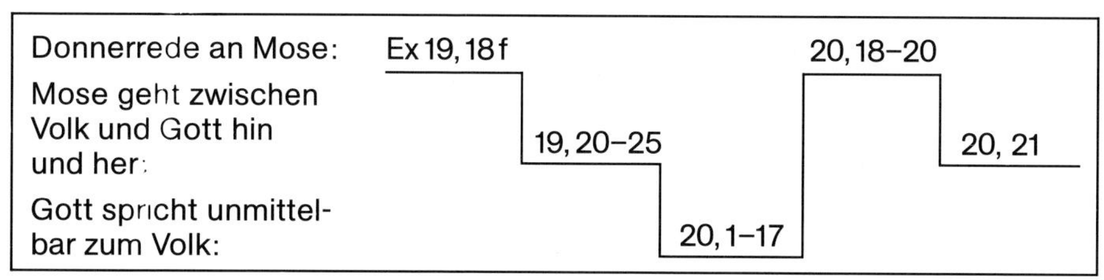

Abb. 47: Verschiedene Vorstellungen von der Übermittlung des Gotteswortes in der Perikope von den Zehn Geboten

E betont die Distanz zwischen Gott und Volk; zitternd steht Israel in der Ferne; mit Mose spricht Gott im Donnerschall;

D hat in 19,3b–9 eine kurze Darstellung vom Bundesschluß eingefügt;

P verbindet durch Datum und Ortsangabe das Sinaigeschehen mit dem Exodus und dem Wüstenzug.

Doch in keine der Textschichten fügt der Dekalog sich nahtlos ein. Die Bruchstelle zwischen Sinaierzählung und Zehnwort ist deutlich spürbar:

Da ging Mose zum Volk herab und sprach zu ihnen.
(Ex 19,25)

Da sprach Gott alle diese Worte.
(Ex 20,1)

Man erwartet nach 19,25 die wörtliche Rede des Mose; es folgt aber in 20,1 die Einleitung zur Gottesrede.

> Der Dekalog ist erst nachträglich in die Sinaiperikope eingefügt worden. Fragt man nach seinem »Sitz im Leben«, muß man ihn darum erst einmal als selbständigen Text befragen.

Wer kann so gesprochen haben? Wozu und unter welchen Umständen sprach man so, wie es im Zehnwort geschieht? Bevor diese Fragen nach der Gattung des Dekalogs angegangen werden können, ist noch eine weitere Vorfrage zu klären: Welches sind eigentlich die »Zehn Worte«?

14.2 Zur Überlieferungsgeschichte des Dekalogs

Die Zehn Gebote sind in Ex 20,1–17 so sehr in Erweiterungen und Erläuterungen eingebettet, daß man sie kaum erkennen kann. Wie sahen sie ursprünglich aus?

In 20,13–15 ist die »Urform« noch zu erkennen: Am Anfang werden zehn kurze Verbote aneinandergereiht gewesen sein, knapp, einprägsam, an den Fingern abzuzählen. Man kann an dieser Stelle auch einen Eindruck davon gewinnen, wie die ganze Reihe geklungen haben mag; die hebräischen Sätze wirken dabei mit Gleichklängen und in ihrer Kürze noch einhämmernder als die deutsche »Du sollst«-Reihe:

lo tirzach; lo tin'af; lo tignob.

Warum wurde aus einer Reihe kurzer Verbote der unübersichtliche Text, der jetzt in Ex 20 steht? – Die Antwort ergibt sich aus der Art der Umgestaltung.

Zweimal ist an die Stelle eines Verbotes ein Gebot getreten. »Du sollst den Sabbat nicht entweihen!« – »Du sollst Vater und Mutter nicht verfluchen!«, so könnten das dritte und das vierte Gebot ursprünglich geheißen haben (vgl. Ex 31,14; 21,17).

Wer hat Interesse daran, ein Verbot in ein Gebot umzuwandeln? – Ob einer ein Verbot verletzt, ob er die Eltern verflucht, den Sabbat entweiht hat, kann jeder leicht und eindeutig sagen. Aber wer wird es wagen, guten Gewissens zu behaupten, er habe alles getan, was man für die Ehre der Eltern, für die Heiligung des Sabbats nur tun kann? Ein Gebot verpflichtet umfassender, vollständiger; jeden Augenblick des Sabbats muß man seiner Heiligung widmen. – Die Umwandlung von Verboten in Gebote ist Erziehern zuzutrauen, Predigern, die das ganze Leben ihrer Schüler ausrichten wollen nach dem Gottesgebot.

Das Alte Testament kennt die Vorstellung von steinernen Tafeln, auf die das Zehnwort eingegraben ist. Man könnte meinen, damit werde die Unveränderlichkeit, Unantastbarkeit dieser Worte hervorgehoben. Ein berühmter Fund aus dem alten Mesopotamien böte eine Parallele dazu:

In harten Basalt ließ König Hammurabi von Babylon seine Gesetze einhauen. Noch heute sind diese Keilschriftzeichen aus dem 18. Jh. v. Chr. gestochen scharf zu lesen. Nach dem Willen Hammurabis sollte das Gesetz unveränderlich für jeden, zu jeder Zeit und überall in gleicher Weise gelten. Mit diesen an mehreren Orten seines Reiches aufgestellten Gesetzesstelen schuf

Hammurabi eine zuvor unerreichte Art der Rechtssicherheit.

Doch von den steinernen Tafeln der Zehn Gebote erzählt das Alte Testament etwas ganz anderes: Sie lagen, den Blicken entzogen, in der Bundeslade. Der »Sitz im Leben« für die Gebote sollten nicht Steintafeln sein, sondern das Herz der Menschen. Schon die »Urform« war dazu bestimmt, auswendig (an den Fingern) hergezählt zu werden; »auswendig« aber heißt im Französischen »par cœur«, »im Herzen«.

In Dtn 5 wird das Zehnwort von Ex 20 – mit geringen Ausnahmen – wörtlich wiederholt. Die auffälligste Ausnahme: Ist in Ex 20 das Sabbatgebot begründet mit einem Hinweis auf das Siebentagewerk der Schöpfung, so in Dtn 5 mit der Erinnerung an die Befreiung aus Ägypten. Diese Ausnahmen bestätigen: Den Menschen, die das Zehnwort weitergaben, war es nicht unantastbar – ein Wort in Stein gehauen. Die zehn Gebote sollten lebendig bleiben; darum erklärten und erweiterten sie diese Worte, begründeten und empfahlen sie.

Was ist das: der Dekalog? – Eine erste Antwort ergibt sich aus der Einbettung der zehn Worte in Zusätze und Umformungen, aus denen sie nicht mehr herauszulösen sind: Sie waren in Israel Stoff religiöser Unterweisung.

Damit ist eine erste Antwort auf die Frage gefunden, von der diese Lektion ausging. Aber sie reicht nicht aus. Denn sie sagt zunächst nur, wo und wie der Dekalog überliefert wurde. Wo und wozu aber entstand er?

14.3 Liegen im Zehnwort »apodiktische Rechtssätze« vor?

In Ex 21,18 befaßt sich ein Rechtssatz mit Problemen, die sich aus einer Schlägerei unter Männern ergeben können:

Wenn Männer in Streit geraten und einer den anderen mit einem Stein oder einer Hacke verletzt, so daß er zwar nicht stirbt, aber bettlägerig wird, später wieder aufstehen und mit Krücken draußen umhergehen kann, so ist der freizusprechen, der geschlagen hat; nur für die Arbeitsunfähigkeit der Geschädigten muß er Ersatz leisten, und er muß für die Heilung aufkommen.
(Ex 21,18)

Abb. 48: Ein Ausschnitt aus dem steinernen Gesetzeskodex Hammurabis

Klares juristisches Denken steht hinter einem solchen Satz. Rechtsfall und Rechtsfolge sind präzise umschrieben.

Der **Rechtsfall:** Eine Schlägerei hat stattgefunden, aber sie war nicht geplant. Das zeigen die Tatwaffen: die Hacke, die man bei der Heimkehr von der Feldarbeit trägt, der Stein, der auf der Straße liegt. Ferner: Einer ist schwer verletzt worden; aber er ist soweit wieder hergestellt, daß er – wenn auch als Krüppel – wieder am öffentlichen Leben teilnehmen kann.

Die **Rechtsfolge:** Eine Strafe auszusprechen ist nicht nötig. Doch der Schädiger muß, soweit möglich, wiedergutmachen, was er angerichtet hat.

Nur eine lange Tradition juristischer Schulung kann solche Sätze hervorbringen. In einer Gesellschaft, in der – wie bei den Wanderhirten der Väterzeit – die Sippe die größte Gliederung ist, kommt man ohne solche wohlabgewogenen Regelungen aus. Man braucht sie aber dringend, um in den Dörfern und Städten des Kulturlandes den Rechtsfrieden wahren zu können. Diese Art von Rechtssätzen gehört zu dem Kulturgut, das die einwandernden israelitischen Sippen bei älteren Bewohnern des Landes vorfanden.

Die Fremdheit solcher Rechtssätze im Alten Testament fällt schon in sprachlicher Hinsicht auf. Stellt der hebräische Satz sonst die Glieder blockartig nebeneinander, so wird in diesen Rechtssätzen die hebräische Sprache gezwungen, in über- und untergeordneten Haupt- und Nebensätzen einen Vorgang, seine Umstände, Bedingungen und Folgen genau abzuwägen.

Im Alten Orient hat diese Weise des Rechtsdenkens eine lange Tradition, die vielfach – in Mesopotamien und in Kanaan, aber auch in Kleinasien – bezeugt ist. Auch die Gesetzessammlung des Hammurabi ist davon geprägt:

§ 206: Wenn ein freier Mann einen anderen Freien bei einer Rauferei geschlagen und verletzt hat, soll jener Freie schwören: »Ich verletzte ihn unabsichtlich«, und er soll den Arzt bezahlen.

§ 207: Wenn jener infolge des Schlages starb, soll er ebenfalls schwören wie zuvor, und wenn der Getötete zu den Freien gehörte, soll er 1/2 Mine Silber bezahlen.

§ 208: Wenn er zu den Gemeinen gehörte, soll er 1/3 Mine Silber bezahlen.

Es fällt auf, daß das babylonische Recht – anders als das biblische – eine geschichtete Gesellschaft voraussetzt, in der verschiedene Schichten auch einen je anderen Rechtsstatus besitzen.

> Sätze, die Rechtsfall und Rechtsfolge präzise umschreiben, nennt man **kasuistische Rechtssätze.** Indem das Alte Testament solche kasuistischen Rechtssätze in seine Gesetzessammlungen aufnimmt, tritt es in eine alte Tradition juristischer Schulung ein, die schon Jahrhunderte vor dem Auftreten Israels voll ausgebildet ist.

In Dtn 21,18-21 ist zu erfahren, wie und wann man in Altisrael solche kasuistischen Rechtssätze brauchte: War in einem Ort der Rechtsfriede gestört, so konnte sich der Geschädigte in der Feierabendrunde, die sich beim Stadttor traf, an die »Ältesten«, die angesehenen Sippenoberhäupter des Ortes, wenden. Sätze aus der kasuistischen Rechtstradition halfen dem »Torgericht« bei der Rechtsfindung.

In den alttestamentlichen Gesetzessammlungen fallen nun aber auch Rechtssätze auf, die in einem solchen Fall kaum Anleitung zur Schlichtung eines Rechtsstreites gewesen sein können. Auch Ex 21,12 geht auf das Thema »Schlägerei unter Männern« ein, aber auf ganz andere Weise als der kasuistische Rechtssatz in Ex 21,18:

Wer einen Mann so schlägt, daß er stirbt,
wird mit dem Tode bestraft.
(Ex 21,12)

Die genauen Umstände des Geschehens werden hier nicht bedacht: War es vielleicht Notwehr? Wer hatte mit dem Streit begonnen? Hatte den Täter Jähzorn blind gemacht? Ohne weiter abzuwägen, wird sogleich die härteste Strafe ausgesprochen. Hier spricht nicht ein Jurist, der einen Rechtsfall prüfen und einordnen will. – Anders als der deutsche kommt der hebräische Satz ohne Nebensatz aus; nur fünf durch Gleichklang einprägsame Worte bilden ihn:

Makeh isch wa-met mot jamut.

Hart und einhämmernd klingt das. Der Eindruck wird dadurch verstärkt, daß der Satz in einer ganzen Reihe ähnlicher Sätze steht:

Wer einen Menschen so schlägt, daß er stirbt …
Wer Vater oder Mutter schlägt, …
Wer Menschen raubt, …
Wer Vater oder Mutter flucht, …

Jedesmal wird die gleiche harte Strafe angekündigt: »Sterben soll er, ja sterben«.

Die »Einheitsübersetzung« trifft hier das Hebräische nicht genau.

Rechtssätze, die weder Umstände noch Folgen eines Falles genau erwägen, noch die Strafe abstufen und genau zumessen, sondern unbedingte Einhaltung einer Forderung in poetisch-einhämmernder Form verlangen, nennt man **apodiktische Rechtssätze.**

»Apodiktisch« kommt vom Griechischen und meint: »notwendig gültig«, »Widerspruch nicht zulassend«.

In einer anderen Reihe solcher gleichmäßig und einprägsam formulierter Rechtssätze, in Dtn 27, sind unentdeckte Verbrechen unter den Fluch gestellt. Sprechen apodiktische Rechtssätze vom unbedingten Rechtswillen Gottes, der auch das Verborgene sieht?

Die Bezeichnung »apodiktisches Recht« ist in der alttestamentlichen Exegese üblich geworden durch *A. Alt,* der um 1930 die These vertrat, im apodiktischen Recht komme das eigentümliche Rechtsdenken zum Ausdruck, das Israel aus der Steppe mitbrachte. Anerkennung des unbedingten Rechtswillens Gottes werde hier gefordert. Das kasuistische Recht des Kulturlandes dagegen legt dar, welche Lösungen Menschen für Rechtsprobleme gefunden haben.

14.4 Ein Exkurs: das Talionsrecht

Von Talionsrecht spricht man dort, wo Rechtsregeln fordern, Gleiches mit Gleichem zu vergelten. Lateinisch ‚talis – qualis' heißt: ‚so – wie'.

Auge um Auge, Zahn um Zahn …

Dieser Satz, vielfach und fälschlich als Beispiel alttestamentlichen Rechtes schlechthin genannt, stammt aus der apodiktischen Rechtstradition; Zeichen dafür sind seine poetische Form und die Unbedingtheit seiner Forderung. Welche Rolle spielt er im Alten Testament?

Betrachtet man den Satz für sich, so fordert er Eindämmung ungeordneter Rache – Blutrache kann ganze Geschlechter auslöschen; hier wird verlangt, sich mit einem Ausgleich zufrieden zu geben. In der Liste der Nachkommen Kains wird Lamech genannt als Urbild des hemmungslosen Gewaltmenschen. Er singt seinen Frauen ein Lied vor:

Ja, einen Mann erschlage ich für eine Wunde,
einen Knaben für eine Strieme.
(Gen 4,23)

Solch maßloser Rache gebietet das »Talionsrecht« Einhalt.

»Auge um Auge …« war ein Rechtssprichwort, das vielen Menschen der alten Zeit Leitlinie rechtlichen Verhaltens war.

»Juristen«, die eine alttestamentliche Gesetzessammlung anlegten, fanden dieses Sprichwort vor und fügten es in ein Kapitel ein, das sich mit dem Thema »Raufereien« befaßt. In diesem Zusammenhang, in dem es nun im Alten Testament vorliegt, gewinnt es ganz neue Bedeutung.

Kurz vorher ist der soeben besprochene kasuistische Rechtssatz Ex 21,18 in diese Gesetzessammlung aufgenommen, ein Satz, in dem keineswegs »Talionsrecht« maßgebend ist: Wer einen anderen zum Krüppel geschlagen hat, soll nicht etwa nun auch zum Krüppel geschlagen werden; vielmehr soll er dem Geschädigten helfen, im Leben weiter zurechtzukommen.

In Ex 21,27 dagegen wird viel mehr verlangt als nur ein Ausgleich: Für einen ausgeschlagenen Zahn soll ein Sklave freigelassen werden.

Ex 21 ist ein von »Juristen« verfaßtes Kapitel über das Thema »Rauferei«, in dem man sich bemüht, gerechte Regelungen für alle möglichen Schadensfälle zu finden, die dabei eintreten können. Doch die Verfasser wissen, daß nicht alles voraussehbar ist. Darum fügen sie schließlich das altüberlieferte Rechtssprichwort als eine Art Generalklausel ein:

Ist aber weiterer Schaden entstanden, so sollst du geben:
Auge um Auge, Zahn um Zahn ...
(Ex 21,23)

Das Rechtssprichwort bekommt neuen Sinn. Es redet nicht mehr davon, wie man Rache *nehmen,* sondern wie man Ausgleich *geben* soll: Der Schädiger muß z. B. für den ausgeschlagenen Zahn die Freiheit, für eine Körperverletzung Hilfe zum Weiterleben *geben.* Man könnte »Auge um Auge« nun so umschreiben: »Recht muß Recht bleiben«. Erst vor diesem Hintergrund wird sichtbar, wie provozierend Jesu Wort gegen diesen Spruch ist. Jesus fordert nicht Verzicht auf Rache, sondern auf gutes Recht. Recht muß nicht immer Recht bleiben; um des Gottesreiches willen kann es notwendig sein, auf gutes Recht zu verzichten, um damit ein Zeichen zu geben, daß die Liebe größer ist (Mt 5,38ff).

Was ergibt sich aus den Erkenntnissen über die Unterschiede zwischen der kasuistischen und der apodiktischen Rechtstradition für die Auslegung des Zehnworts?

> Wer das Zehnwort vom Sinai zu den Reihen apodiktischer Rechtssätze rechnet, müßte es so verstehen: Herrisch fordert hier Gott sein Recht, unbedingt, ohne ›Wenn‹ und ›Aber‹.

Für uns aber wird dies eine befremdliche Vorstellung von unserem Gott bleiben: Denkt Gott denn nicht an die vielen Wenn und Aber menschlichen Lebens? Stellt er nicht in Rechnung, von wie vielen Bedingungen menschliches Handeln immer wieder bestimmt ist?

14.5 Das Zehnwort – Vertragsbestimmungen des Gottesbundes?

Eine Voraussetzung der Erklärung apodiktischer Rechtssätze durch *A. Alt* wurde durch eine in der alttestamentlichen Forschung viel beachtete Entdeckung in Frage gestellt: Reihen unbedingter Forderungen kennt nicht nur das Alte Testament; apodiktisches Recht

1	Der Großkönig stellt sich vor	»Ich bin Jahwe, dein Gott,...
2	Ein geschichtlicher Prolog stellt die bisherigen Beziehungen zwischen den Vertragsschließenden dar	der dich aus Ägypten geführt hat,...« (Ex 20,1)
3	Vertragsbestimmungen	Das Zehnwort und die daran anschließenden Gesetzessammlungen
4	Vorschriften über Aufbewahrung und regelmäßige Verlesung des Vertrags	Dtn 31,10–13
5	Liste der Götter, die Zeugen des Vertrags sind	Fehlt im AT; vgl. aber Dtn 32,1
6	Fluch über Vertragsbrüchige; Segen über den, der ihn hält	Ex 23,20ff; Dtn 28; Lev 26

Abb. 49: Vergleich eines hethitischen Vasallenvertrages mit entsprechenden alttestamentlichen Texten

ist nicht spezifisch israelitisch. Solche Forderungskataloge begegnen vielmehr auch in Staatsverträgen altorientalischer Großfürsten mit ihren Vasallen. Nach dem Vorbild dieser Vasallenverträge verstanden in ihrer Entdeckerfreude nicht wenige Forscher nun den Gottesbund Israels als ganzen. Mose – so spekulierten manche Gelehrte weiter – kannte diese Vertragsform und ahmte sie nach. Hauptbeleg dafür, daß schon in dieser frühen Zeit der Gottesbund Israels nach dem Vorbild von Staatsverträgen verstanden werden konnte, sind hethitische Verträge.

Die Hethiter beherrschten zwischen 1500 und 1300 von Kleinasien aus ein Großreich; diplomatischer Verkehr bestand zwischen Ägypten und dem Hethiterreich.
Doch schon bevor sich das Volk Israel in Kanaan zu bilden begann, hatte dieses mächtige Reich seine Bedeutung verloren.

Eine Reihe von Bedenken aber lassen diese Hypothese fraglich erscheinen. Konnte ein Vertragsdenken, wie es die hethitischen Staatsverträge kennzeichnet, in so früher Zeit in Israel Fuß fassen, daß man auch eine denkbare »Urform« des Dekalogs von hier aus verstehen könnte – als »Vertragsbestimmungen« des Gottesbundes?

Um das Aufbauschema hethitischer Vasallenverträge im Alten Testament auffinden und den Dekalog darin einbeziehen zu können, muß man Texte aus ganz unterschiedlichen Schichten und Zeiten zusammenstellen. Erst das Deuteronomium enthält *alle* Elemente solcher Verträge; doch dieses Gesetzeswerk stammt frühestens aus dem 7. Jh. v. Chr. (vgl. Band 2).
Reihen unbedingter Forderungen, die Vorbild für den Dekalog sein könnten, begegnen nicht in hethitischen, wohl aber in assyrischen Vasallenverträgen des 7. Jh. v. Chr.
Woher sollten die sippenweise miteinander lebenden Menschen der Frühzeit Israels Kenntnis von der Diplomatensprache der altorientalischen Großreiche haben?

Auch von der biblischen Theologie her erheben sich Bedenken dagegen, im Dekalog »Vertragsbestimmungen« des Gottesbundes zu sehen. Was Vertrags-

Abb. 50: Ein Grenzstein aus Babylon, bildliche Darstellung des vertragssichernden Fluches
Grenzsteine, die an Verträge über Landabtretungen erinnern, wurden in Babylon jahrhundertelang mit Flüchen beschrieben und mit Darstellungen furchterregender Gottheiten geschmückt. Der hier abgebildete »Kudurru« aus dem 8. Jh. zeigt Mond, Stern, Sonne, die drei Gestirnsgottheiten; der Widder ist Symbol Enlils (Erde), der ziegenköpfige Fisch steht für Ea (Wasser, Meer, Unterwelt), die Hörnerkronen auf den Altären versinnbildlichen Anu (Himmel).
Mit allen kosmischen Mächten wird dem Vertragsbrecher gedroht. Israel darf solche Art der Angstmacherei nicht üben: »Du sollst dir kein Bild machen von irgendetwas am Himmel, auf der Erde, im Wasser, unter der Erde!« (Ex 20,4).
Als einen derartigen Angst einflößenden »Kudurru« kann man auch die Gesetzesstele Hammurabis verstehen, an deren Spitze der Sonnengott dargestellt ist, vor dem der gesetzgebende König anbetend steht (»Die Sonne bringt es an den Tag!«).

bestimmungen sind, kann noch heute jeder erfahren, der einmal »das Kleingedruckte« in einem Vertrag nicht ernst genug genommen hat: Der Vertrag bringt ihm dann nichts ein als Ärger. In der Sprache der alten Verträge ausgedrückt heißt das: Er bringt Fluch und Vernichtung. In einem hethitischen Vertrag klingt das so:

Wenn Niqmepa diesem Vertrag und Eid untreu wird, dann sollen die Eidesgötter Niqmepa selbst, seine Frauen und seine Söhne, seine Städte, sein Land und alles, was sein ist, vernichten.

> Versteht man das Zehnwort als Aufzählung der »Vertragsbestimmungen des Gottesbundes« nach dem Vorbild altorientalischer Vasallenverträge, dann verkündet es: Wer den Bund mit Gott bricht, den kostet das Heil und Leben.

Wieder stehen wir vor einem für uns befremdlichen Bild unseres Gottes. Müssen wir in ihm den Oberherrn sehen, der unbedingten Gehorsam verlangt und den Ungehorsamen mit dem Tod bedroht? – Einige Einwände gegen die Deutung des Zehnworts von der Vorstellung eines »Vasallenvertrages« Gottes mit Israel her sind bereits vorgebracht worden. Ein weiterer sei hinzugefügt.

Die Vertragsbestimmungen altorientalischer Vasallenverträge regeln das Verhältnis zwischen der Großmacht und dem kleinen Staat. Wie es im Inneren des Vasallenstaates aussieht, kümmert den Oberherrn nicht, solange Tribut und Heeresfolge geleistet werden und nicht Anschluß an andere Mächte gesucht wird. Im Dekalog aber mischt Gott sich in die »inneren Angelegenheiten« Israels ein; es geht ihm um rechte zwischenmenschliche Verhältnisse in seinem Volk.

14.6 Drei Wörter aus der jüngeren alttestamentlichen Überlieferung für die göttlichen Gebote: Torah, Bund, Wort

Torah, das wichtigste Wort des Alten Testaments für das Gottesgesetz, kommt anders als unser Wort »Gesetz« nicht aus dem juristischen Bereich. Ein Lehrer, vor allem aber ein Priester, der Auskunft gibt auf eine Frage, gibt eine »Torah«. »Zurechtweisung«, »Wegweisung« wären deutsche Worte, die den Sinn von »Torah« treffen. Nach alttestamentlicher Überlieferung hat Israel die »Wegweisung Gottes« in der Wüste empfangen. Von diesem Erfahrungsbereich her ist die Torah Gottes auch zu verstehen: Wegweiser in der Wüste sind lebenswichtig; wer sich nicht daran hält, ist des Todes. Der tödliche Ernst der Gebotsverkündigung, der in Ex 19f aus Gewitter- und Erdbebenerscheinung Gottes spricht, ist auch im Wort »Torah« mitzuhören: Gott macht in seiner Torah den Menschen darauf aufmerksam, wo er das Leben verlieren würde. Hinter diesem Ernst steht nicht ein unbeugsam starrer Rechtswille, der »Wenn und Aber« nicht bedenkt, auch nicht die Macht des Oberherrn, der auf Anerkennung seiner Überlegenheit pocht, sondern die Fürsorge Gottes, der seinem Volk die Grenzen zeigt, jenseits derer nur noch der Tod ist.

Diese vom alttestamentlichen Wort »Torah« abgeleitete Deutung des Zehnworts bewährt sich, wenn man die Gebote im einzelnen betrachtet. Christliche Katechese hat die Zehn Gebote lange mißbraucht, um im Beichtunterricht Kinder auf ihre kleinen Fehler aufmerksam zu machen. Aber hier sind nicht Kinder angeredet, ja nicht einmal Frauen.

Du sollst nicht verlangen nach dem Haus deines Nächsten, nach seiner Frau, seinem Sklaven oder seiner Sklavin, seinem Rind oder seinem Esel oder nach irgendetwas, das deinem Nächsten gehört.
(Ex 20,17)

Eine solche Warnung kann nur dem wohlhabenden Mann gelten, dem Oberhaupt eines »Hauses«, dem »Chef« über Frau und Knechte. Mündige Männer, die über sich selbst bestimmen können, werden im Zehnwort vor den großen Verbrechen gewarnt, die friedliches Miteinanderleben unmöglich machen: Mißachtung alter Eltern, Mord, Ehebruch.

> Wer das Zehnwort als »Torah« hört, weiß: Hier sind die äußersten Grenzen des Bereiches abgesteckt, innerhalb dessen friedliches Zusammenleben freier Menschen möglich ist und jenseits derer Tod und Vernichtung drohen.

Bund ist u.a. in Ex 34,27f und Dtn 4,13 Umschreibung des Zehnworts:

Der Herr offenbarte euch seinen Bund; er verpflichtete euch, ihn zu halten: die zehn Worte.

Wie ist »Bund« im Rahmen der alttestamentlichen Überlieferung zu verstehen?

Jetzt aber komm, wir wollen einen Bund schließen, ich und du. (Gen 31,44)

Die Einheitsübersetzung gibt berit, »Bund«, hier mit »Vertrag« wieder.

So spricht Laban seinen geflohenen Schwiegersohn Jakob an; er will einen Streit beilegen. Steine werden zusammengetragen, sie sollen an den »Bund« erinnern.

Dann schlachtete Jakob ein Opfertier und lud seine Brüder zum Mahl ein.
(Gen 31,54)

Ein gemeinsames Mahl ist sichtbares Zeichen: Die Menschen, die Feinde waren, sind jetzt wieder »Brüder«.

»Bund« heißt in 1 Sam 18,1 auch die Beziehung zwischen David, dem Offizier Sauls, und dessen Sohn Jonatan:

Jonatan schloß mit David einen Bund, denn er liebte ihn wie sein eigenes Leben.

Davids Lied über den Tod Jonatans beginnt:

Groß ist meine Trauer um dich, mein Bruder Jonatan,
ich habe dich so geliebt.
(2 Sam 2,16)

»Bund« heißt nach diesen Texten: »Brüderschaft schließen«, den Bundesgenossen als ein Mitglied der eigenen Familie akzeptieren.

> Wer im Zehnwort »Bundesworte« Gottes sieht, erinnert sich daran, daß Gott Israel erwählt hat als seinen »Sohn«, als Mitglied seiner Familie.

Wort ist in jüngeren Teilen des Alten Testaments ein dritter häufig gebrauchter Begriff zur Bezeichnung der göttlichen Gebote; die Gesetzespsalmen (Ps 19; 119) preisen das Gesetz als Wort Gottes, das den Menschen Licht ist auf ihren Wegen. Entsprechend redet die Einleitung zum Dekalog in Ex 20,1:

Gott sprach alle diese Worte.

Überblickt man das Alte Testament als ganzes, so meint »Wort Gottes« bei der überwiegenden Anzahl der Belegstellen das prophetische Wort; Gott offenbart durch seinen Propheten, was Menschen nicht wissen können.

Zum Dekalog scheint dieses Verständnis von »Wort Gottes« zunächst nicht zu passen. Zu Recht ist oft festgestellt worden, daß die Ordnungen menschlichen Zusammenlebens, die das Zehnwort vom Sinai schützt, nichts unerhört Neues sind; rechtlich denkende Menschen konnten wohl selbst solche Mahnungen finden, um sie z.B. ihren Kindern ans Herz zu legen: Du sollst nicht töten, nicht stehlen, nicht die Ehe brechen. Und doch ist mit dem Zehnwort eine unerhört neue Offenbarung gegeben, die nur Gott selbst mitteilen und kein Mensch von sich aus finden kann: Gott ist bereit, mit seiner Autorität das friedliche Miteinanderleben der Menschen zu schützen.

Das Zehnwort beginnt damit, daß Gott von sich selbst spricht; er stellt sich vor:

Ich bin der Herr, dein Gott,
der dich aus Ägypten geführt hat, aus dem Sklavenhaus.
(Ex 20,2)

Wenn eine Übersetzung für Menschen von heute einiges von den Emotionen hörbar machen wollte, die für

Israeliten in diesem Satz mitschwangen, müßte sie das große Wort unserer Zeit »Freiheit« gebrauchen:

Ich bin Jahwe, dein Gott, der dich befreit hat.

> Wer im Zehnwort das »Wort« hört, mit dem Gott sich selbst offenbart, kann in den Geboten nicht Bedingungen sehen. Nicht erst ein Volk, das die Gebote hält, wird zu Gottes Volk. Im Gegenteil: Weil Gott zuerst für dieses Volk eingetreten ist, sein Gott geworden ist und es befreit hat, darum mahnen die Gebote, die geschenkte Freiheit zu bewahren.

Die Deutung des Dekalogs von den Wörtern »Torah«, »Bund«, »Wort« her mag vielleicht mehr einleuchten als seine Einordnung in apodiktisches Rechtsdenken oder in die altorientalische Vertragssprache, aber sie hilft kaum, die Gattung des Dekalogs zu bestimmen, d.h. den Ort zu finden, wo »man« so gesprochen hat, wie es im Dekalog geschieht. Denn die drei besprochenen Begriffe stammen aus jüngerer alttestamentlicher Gesetzes-»Theologie«; sie führen nicht zurück in alte Zeiten, in denen ein Text wie die »Urform« des Dekalogs entstanden sein kann.

14.7 Der Dekalog: väterliche Mahnung für den mündig gewordenen Sohn

Reihen kurzer, verneinter Mahnungen begegnen auch unter den Lebensweisheiten im Buch der Sprichwörter:

Beraube nicht den Schwachen!
Befreunde dich nicht mit einem Jähzornigen!
Verpflichte dich nicht zur Bürgschaft!
Verschieb nicht alte Grenzen!
(vgl. Spr 22,22-28; ähnlich in Spr 3,27-31; 24)

Die alttestamentliche Sprichwörterweisheit steht mit dieser Art zu sprechen in einer Tradition, die weit älter ist als das Volk Israel. Entsprechende Reihen finden sich auch in ägyptischen Weisheitslehren, u.a. in der »Lehre des Amenemope«, die aus dem 12. Jh. v. Chr. stammt und sich als Mahnung des Vaters an den Sohn, den zukünftigen König gibt:

Unterdrücke nicht die Witwe!
Verdränge nicht den Mann vom Besitz seines Vaters!
Verringere nicht den Besitz der Großen!
Strafe nicht ungerecht!
Vermeide die Todesstrafe,
denn sie bringt dir keinen Gewinn.
Strafe lieber mit Schlägen und Haft,
dann ist das Land fest begründet.

Unterschiede zwischen diesen Reihen verneinter Mahnungen und den zehn Geboten sind allerdings deutlich: Bei den obigen Zitaten ist nur der letzten Mahnung eine Erläuterung beigegeben; im Text selbst aber ist jede Mahnung von Begründungen und Erklärungen begleitet. Die verneinten Mahnungen der Weisheitstradition besitzen also nicht Kürze und Strenge der »Urform« des Dekalogs.

Ein für das Verständnis des Zehnworts nicht unwichtiger Unterschied zu den verneinten Mahnungen der Weisheitslehrer fällt nur im hebräischen Text auf: Die Weisheitssprüche verneinen mit der Partikel »al«, die bei Imperativen, Befehlen, gebraucht wird; im Dekalog ist dagegen mit »lo« verneint, so wie es bei Aussagesätzen üblich ist. Man muß also den Dekalog als Reihe verneinter Aussagesätze, nicht als Aufreihung von Befehlen verstehen. Was das bedeutet, soll eine Umschreibung verdeutlichen:

Ich bin Jahwe, der dich befreit hat.
(Darum ...) wirst du nicht (... töten, stehlen ...);
wirst du nichts tun, was deine Freiheit gefährdet.

Vielleicht sollte man im Zehnwort eher eine Liste von Verheißungen als von Mahnungen sehen? So gedeutet, rückt das Zehnwort näher an die Reihen verneinter Mahnungen der Weisheitslehrer heran. Weisheitssprüche geben sich oft als Rede des Vaters an den Sohn; der Ursprung der Sprichwörterweisheit in Mahnungen, die Eltern aus ihren Lebenserfahrungen den Kindern mitgeben, wird darin sichtbar.

Befreunde dich nicht mit dem Jähzornigen!
Verpflichte dich nicht zur Bürgschaft!

Derartige Mahnungen sind nicht »apodiktisch«, zeugen nicht von einem »herrischen Rechtswillen«. Es mag zwar vorkommen, daß ein Vater derartigen Mahnungen keine Erläuterungen und Begründungen zufügt; aber der Lebenszusammenhang, der den Mahnenden und den ermahnten Sohn verbindet, läßt sie schon recht verstehen. Auch »Vertragsbestimmungen« sind solche Mahnungen nicht. (»Du bleibst mein Sohn nur so lange, wie du dich daran hältst!«) Vielmehr spricht daraus väterliche Sorge um Freiheit, Leben, Glück des Kindes.

> In Reihen verneinter Mahnungen, die in der Sprichwörterweisheit begegnen, lebt eine Form der Unterweisung in der Familie fort. Auch das Zehnwort ist von diesem Hintergrund her zu verstehen: als väterliche Belehrung des Vaters für den mündig gewordenen Sohn über die Grenzen, die er achten muß, um nicht sein Leben und die Freiheit der Gemeinschaft zu gefährden.

Freilich haben die anderen Versuche, die Gattung des Zehnworts zu verstehen, ebenfalls Richtiges gesehen:

Der Ernst, mit dem der Dekalog spricht, wurde mit seiner Zuordnung zum »apodiktischen Recht« hervorgehoben: Es geht um Leben und Tod; eine menschliche Gesellschaft, in der nicht einmal die Grundhaltungen des Zehnworts gelten (Achtung vor Leben, Freiheit, Besitz, Ehre des anderen), muß zerfallen.

Auch die Zuordnung zu den Vasallenverträgen unterstreicht ein wichtiges Element: Im Zehnwort werden nicht Menschen untereinander sich einig, wie sie am besten leben können. In Vasallenverträgen diktiert der Oberherr seine Bedingungen; im Zehnwort belehrt Gott Israel, wie es als Gottesvolk leben kann. Der erste Teil regelt die Beziehungen Israels zu seinem Gott; der zweite Teil verbindet die Forderung nach Mitmenschlichkeit mit der Forderung der Treue zu Jahwe: Im rechten Verhalten zu den Mitmenschen gilt es, die Freiheit bewahren, die Jahwe seinem Volk geschenkt hat.

Das Zehnwort ist vor allem geprägt nach dem Vorbild elterlicher Ermahnungen; es zeugt von der väterlichen Sorge Gottes für sein Volk. Das Gottesverhältnis wird begriffen wie eine Familienbeziehung. Das paßt zu der Vorstellungswelt, die auch in anderen Überlieferungen aus der Frühzeit Israels durchscheint, in der die Familie wichtigste gesellschaftliche Gliederung war.

Literatur zu Lektion 14

A. Alt, Die Ursprünge des israelitischen Rechts (1934), in: Kleine Schriften, München 1959, S. 278-332.

Ursprünglich israelitisches Recht sind nach Alt die apodiktischen Forderungsreihen; kasuistisches Recht ist Erbe altorientalischer Kultur, von Israel übernommen.

H. J. Boecker, Recht und Gesetz im Alten Testament und im Alten Orient, Neukirchen ²1984.

Für das Alte Testament steht das Bundesbuch, für den Alten Orient die Darstellung des Codex Hammurabi im Mittelpunkt dieses Werkes.

D. J. McCarthy, Der Gottesbund im Alten Testament, Stuttgart 1967.

Eine allgemeinverständlich gehaltene Zusammenfassung der Argumente dafür, daß altorientalische – vor allem hethitische – Staatsverträge Vorbild für den Gottesbund sind.

E. Gerstenberger, Wesen und Herkunft des apodiktischen Rechts, Neukirchen 1965.

Ableitung apodiktischer Rechtsreihen des Alten Testaments aus der Sippenweisheit.

F.-L. Hossfeld, Der Dekalog. Seine späten Fassungen, die originale Komposition und seine Vorstufen, Göttingen 1982.

Weitere Literatur ist aufzufinden über den Bericht von *W. H. Schmidt,* (s.o. im Anschluß an Lektion 13).

Einige Begriffe zum Verständnis der alttestamentlichen Gesetzesüberlieferung

Kasuistisches Recht:
Moderne Bezeichnung der Hauptform altorientalischer Rechtsüberlieferung, die weit älter ist als das Volk Israel. In kasuistischen Rechtssätzen werden Ursachen und Folgen eines einzelnen Rechtsfalles möglichst genau umschrieben, damit Pflichten oder Strafen, die sich daraus ergeben, ebenso genau festgelegt werden können. Israel hat diese Rechtstradition von älteren Völkern des Orients übernommen.

Torgericht:
Versammlung der angesehenen Männer eines Ortes, der Sippenoberhäupter, die am Feierabend am Stadttor von jedem freien Mann um Hilfe in einem Rechtsstreit angegangen werden kann. Bei der Entscheidungsfindung stützen sich die »Ältesten« auf kasuistische Rechtssätze.

Apodiktisches Recht:
(Apodiktisch heißt nach dem Griechischen »als notwendig erwiesen«.) Moderne Bezeichnung einer Form der Rechtstradition, die in Gesetzessammlungen altorientalischer Völker außerhalb Israels nicht begegnet. Kurze, meist in Reihen geordnete, poetisch geformte, unbegründete Forderungen fallen unter den überwiegend kasuistischen Rechtssätzen alttestamentlicher Gesetzessammlungen als Fremdkörper auf (Ex 20 – der Dekalog; Ex 21,12.15–17; 22,18; 31,14 – todeswürdige Verbrechen; Dtn 27,15–26 – geheime Vergehen; Lev 18,7–18 – Unzucht in der Sippe).

Sippenweisheit:
Weitergabe von Lebenserfahrungen der Eltern an ihre Kinder ist Ursprung zahlreicher Sprichwörter. Solange die Vorfahren Israels in kleinen Sippengemeinschaften miteinander lebten und jede Sippe nur für sich allein um friedliches Miteinander besorgt sein mußte, reichten sprichwortartige Leitlinien aus, um Ausgleich in Streitfragen zu finden. Die Sippenweisheit ist wahrscheinlich Ursprungsort der »apodiktischen Rechtssätze«.

Talionsrecht:
(Nach dem Lateinischen: »Ausgleichsrecht«.) Eines der Rechtssprichwörter aus der Zeit der Sippen umschreibt nach irriger, aber weit verbreiteter Meinung *das* alttestamentliche Recht schlechthin: »Auge um Auge, Zahn um Zahn...« Solange dieser Satz noch den Sippen als Leitlinie rechtlichen Verhaltens diente, mahnte er, nicht übermäßig Rache zu nehmen, sondern mit einem Ausgleich zufrieden zu sein. Im Alten Testament findet sich dieser Satz in einer Sammlung von Gesetzen zum Thema »Rauferei«: Sollte ein Einzelfall in der Rechtskasuistik nicht vorgesehen sein, so diente er als Mahnung an das Torgericht, daß »Recht Recht bleiben muß« (Ex 21,23).

Dekalog:
(Nach dem Griechischen: »Zehnwort«). In Ex 20 und Dtn 5 überlieferte Reihe kurzer Mahnungen, die in jahrhundertelanger Verwendung in der religiösen Unterweisung umgestaltet, erweitert, erläutert wurden. Die – nicht mehr sicher rekonstruierbare – Grundform war wie das »apodiktische Recht« nach dem Vorbild von Mahnungen in der Familienerziehung gestaltet. Im Alten Testament aber ist der Dekalog »Wort Gottes«, Grundforderung Jahwes, die umschreibt, wie Israel als Volk Gottes leben kann.

Bund Gottes mit Israel:
In einem wesentlichen Punkt unterscheidet sich alttestamentliche Gesetzesüberlieferung durchgängig von altorientalischen Rechtstraditionen ebenso wie von der Sippenweisheit: Das Gesetz ist verstanden als Gabe Gottes an Israel; Jahwe, der Israel aus Ägypten befreite, belehrt in den Gesetzen sein Volk darüber, wie es als Volk Gottes leben kann. Ursprung der Vorstellung vom Gottesbund können Bilder der Gottesbeziehung sein, die in einer Gesellschaft, deren größte Gliederung die Familie ist, zu Hause waren: Ein »Bund« stiftet Verwandtschaft.

Vasallenvertrag:
Wahrscheinlich wurden erst in einer späten Zeit, als Israel staatliches Leben schon kannte, Verträge altorientalischer Großkönige mit ihren Vasallen zum Vorbild, nach dem man den Gottesbund Israels verstand.

Lektion 15: Die Sinaiperikope

15.1 Die Sinaiperikope – ein Magnet für Gesetzessammlungen

Der Abschnitt, der vom Aufenthalt Israels am Sinai erzählt, ist der größte Überlieferungskomplex der ganzen Bibel. Von der Ankunft des Volkes am Sinai spricht Ex 19,1, vom Aufbruch erst Num 10,12. Dazwischen liegen 21 Kapitel des Buches Exodus, das ganze Buch Levitikus und fast ein Drittel des Buches Numeri. Gesetze, die Alltagsleben und Kult Israels im Laufe von Jahrhunderten regelten, sind als Gesetz Gottes vom Sinai verstanden und hierher gesetzt worden.

Wie es dem Bibelleser mit diesem großen Komplex geht, spricht der Kirchenvater Origenes in seiner 27. Homilie aus: »Der Leser sieht keinen Nutzen darin, lehnt es sogleich ab wie schwere, unverdauliche Nahrung, die schlecht zubereitet ist.« – Mundgerechte Zubereitung eines unübersichtlichen Textes soll hier zuerst mit einem Überblick über »Gesetzessammlungen im Alten Testament« versucht werden.

Der *Dekalog* hat den hervorragenden ersten Platz unter den Gesetzessammlungen. Redaktoren haben ihn unmittelbar mit der Erzählung von der Erscheinung Gottes am Sinai verknüpft; damit wird er zu einer Art »Grundgesetz«, einer Zusammenfassung der folgenden Gesetzessammlungen. (Im Dekalog selbst wiederum ist das erste Gebot »Grundgesetz« für die übrigen Gebote.)

Das Bundesbuch

An der Einleitungsformel und an Schlußsegen und -warnung (Ex 21,1 und 23,20ff) ist es leicht als eigenständige, in sich abgeschlossene Gesetzessammlung zu erkennen. Der moderne Name »Bundesbuch« ist aus Ex 24,7 abgeleitet.

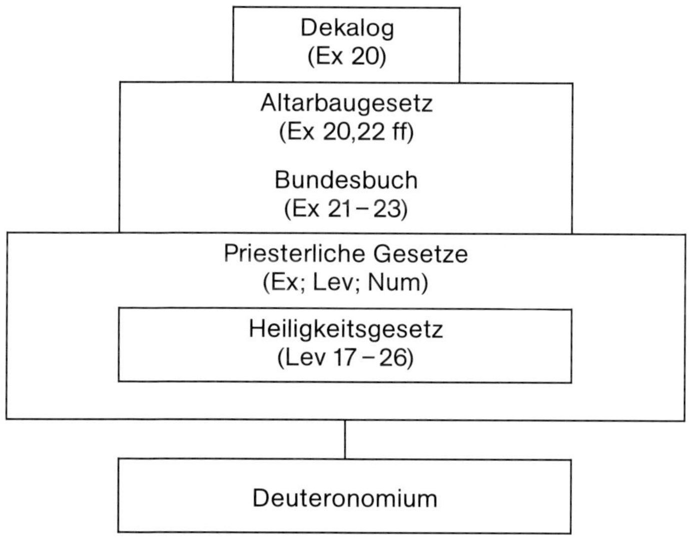

Abb. 51: Zum Zusammenhang der Gesetzesüberlieferung

Die Gesetze im Bundesbuch behandeln Streitfälle, die in einer bäuerlichen Gesellschaft entstehen können: Es geht z.B. um die Frage, wie der Schaden zu regulieren ist, den ein stößiges Rind angerichtet hat, oder was zu tun ist, wenn versehentlich die Felder des Nachbarn in Brand gesetzt wurden. Fragen, die eine über ein Dorf hinausreichende staatliche Gemeinschaft angehen, kommen nicht vor. Das Bundesbuch ist eine Gesetzessammlung aus der Frühzeit Israels, vor der Staatenbildung.

Die Sammlung ist geprägt vom Jahweglauben. Weit mehr als in außerisraelitischen Gesetzessammlungen ist der Arme geschützt. Gelegentlich wird eine soziale Forderung auch religiös begründet:

Wenn er (der auf Pfandleihe angewiesene Arme) zu mir schreit, dann höre ich es, denn ich habe Mitleid.
(Ex 22,26)

Einerseits haben »Juristen« mit dieser Gesetzessammlung eine Art Nachschlagewerk für die »Torgerichte« israelitischer Dörfer schaffen wollen. Sie griffen dafür auf die kasuistische Rechtsüberlieferung zurück, die im Alten Orient eine lange Tradition besaß. Aber sie flochten auch Rechtssprichwörter und »apodiktische« Reihen ein, die in den Sippen Israels schon vor der Seßhaftwerdung lebendig waren.

Andererseits aber zeigt ein Satz wie Ex 22,26, in dem Gott – nicht ein menschlicher »Jurist« – spricht und mahnt, das Gesetz zu halten, daß das Bundesbuch nicht nur »juristisch« zu beurteilen ist. Im Bundesbuch sprechen auch Priester, Leviten, die die Gesetze als Torah, als Wegweisung Gottes für sein Volk lehren.

Eingeleitet wird das Bundesbuch vom **Altarbaugesetz.**

Techniken von Menschen, die die Baukunst städtischer Zivilisation noch nicht beherrschen, werden hier zur heiligen Vorschrift; das Gesetz reicht gewiß in eine ebenso frühe Zeit zurück wie das Bundesbuch als Ganzes.

Vorangestellt wurde es dem Bundesbuch, weil es vom Verbot des Götzendienstes ausgeht und sich darum dazu eignet, alle folgenden Einzelbestimmungen unter das Grundgesetz der Bindung Israels an Jahwe zu stellen.

Immer wieder, in kleinen wie in großen, alten wie jungen Gesetzes- und Gebotssammlungen des Alten Testaments, fällt auf, daß die Gesetzeslehrer versuchen, die Vielzahl der Vorschriften in einem einzigen grundlegenden Gebot zusammenzufassen. Der Dekalog, als ganzer schon »Grundgesetz« für alle anderen Gesetzessammlungen der Sinaiperikope, beginnt selber auch mit einer Grundsatzforderung, die allen zehn Geboten zugrundeliegt: »Du sollst keine anderen Götter neben mir haben!«

Auch Deuteronomium und »Heiligkeitsgesetz« begreifen die Vielzahl der Gesetzesbestimmungen als Ausfaltung der grundsätzlichen Verpflichtung Israels Jahwe gegenüber (vgl. Dtn 6,4; Lev 19,2).

Diese ständige, durch die Jahrhunderte hindurch wiederholte Bemühung, alle Einzelbestimmungen in der Forderung der Treue zu Jahwe zu verankern, ist am ehesten zu verstehen, wenn dahinter eine grundlegende Glaubenserfahrung Israels steht: Jahwe hat mit Israel einen Bund geschlossen und fordert Bundestreue (vgl. 15.3).

Das **Deuteronomium** ist eine im 7. Jh. redigierte, vom Bundesbuch inspirierte Gesetzessammlung. Sie ist als einzige nicht in die Sinaiperikope eingeordnet (vgl. Band 2).

Priesterliche Gesetze

Priesterliche Gesetze bilden den mächtigsten der in die Sinaiperikope eingeschobenen Blöcke von Gesetzen. Der größte Teil davon spiegelt Verhältnisse wider, die erst nach der Rückkehr aus dem Exil möglich waren.

In der »Wohnstätte« (Ex 25–31) erkennt man den zweiten, am Ende des 6. Jh. wiederaufgebauten Tempel. Das Priestertum hatte erst in dieser Spätzeit die Bedeutung, die Ex 35–40 ihm zuschreibt.

Für moderne Menschen sind diese Gesetzessammlungen schwer lesbar. Priesterliches Berufswissen wird trocken mitgeteilt; theologische Deutung fehlt; es geht um den richtigen äußeren Vollzug von Riten, um die sichere Erkennung der Anzeichen der »Reinheit« (d.h. der Bedingungen, die zur Teilnahme am Gottesdienst befähigen).

Das **Heiligkeitsgesetz** (Lev 17–19) ist der älteste Teil der priesterlichen Gesetze, eine ursprünglich selbständige Gesetzessammlung. Nach dem Untergang der Staaten, dem Verlust des Landes, der Zerstörung des Tempels, dem Ende des Kultes konnte man meinen, Israel könne nun im »unreinen« Land der Heiden Gott nicht mehr dienen. Darum stellten Priester aus älteren Überlieferungen eine neue Gesetzessammlung zusammen: *Einen* Ort in der Welt gibt es immer noch, an dem Jahwe heilig gehalten wird, das Volk, das Gottes Gebot befolgt:

Seid heilig, weil ich heilig bin.
(Lev 19,2)

Zeichen solcher Heiligkeit ist auch das rechte Verhalten zum Mitmenschen:

Du sollst deinen Nächsten lieben wie dich selbst.
(Lev 19,18)

> Von der außerisraelitischen Gesetzgebung des Alten Orients unterscheiden sich alttestamentliche Gesetzes- und Gebotssammlungen durch ein wesentliches Kennzeichen: Unlöslich miteinander verbunden sind die Vertikale – Bindung an Jahwe – und die Horizontale – Verpflichtung gegenüber den Mitmenschen. Wer Jahwe verehrt, den Gott, der die Menschen liebt, kann das nur, indem er mit seinem Gott zusammen für das Wohl der Menschen eintritt.

Jesus lebt aus dieser Gesetzesfrömmigkeit. In der Bergpredigt findet sich ein Gebot, das die Heiligkeitsforderung von Lev 19,2 aufzunehmen scheint:

Ihr sollt vollkommen sein,
wie euer himmlischer Vater vollkommen ist.
(Mt 5,48)

Der schematische Überblick über die Entwicklung alttestamentlicher Gesetzesüberlieferung (Abb. 52) verzeichnet z.T. auch schon Entwicklungen, die erst in Band 2 ausführlicher kommentiert werden (Entstehung des Deuteronomiums).

Über Jahrhunderte hin wurden Israels Glaube und Leben geprägt vom »Gesetz« –, aber alle diese Gesetze fanden immer nur den einen Ort; man verstand sie als Torah, die Israel am Sinai von Gott empfing. Wie kam es dazu? Was machte die Sinaiüberlieferung zum Magneten für alle Gesetzessammlungen?

Diese Frage soll nun angegangen werden. Dazu soll die Sinaiperikope ohne die vielen nachträglich eingeschobenen Gesetze betrachtet werden. Wiederum stehen wir dabei vor einem vielschichtigen, im Laufe von Jahrhunderten entstandenen Gebilde.

15.2 Der priesterschriftliche Anteil an der Sinaiperikope

Ex 19,1-2a: Zeit- und Ortsangabe fügen die Ankunft Israels am Sinai in den nach priesterschriftlicher Darstellung wohlgeordneten Ablauf der Geschichte Israels ein.

Ex 24,15-17: Mose steigt auf den Berg, um am siebten Tag (Sabbat) in die Wolke hineinzugehen, die Gottes Herrlichkeit den Menschen anzeigt und verbirgt.

Ex 25–31: Mose empfängt dort Anweisungen für die Einrichtung des Kultes und des Priestertums. Gegebenheiten der späten Nachexilszeit werden in diesen Gesetzessammlungen verstanden als Anordnungen Gottes, am Sinai dem Mose übergeben.

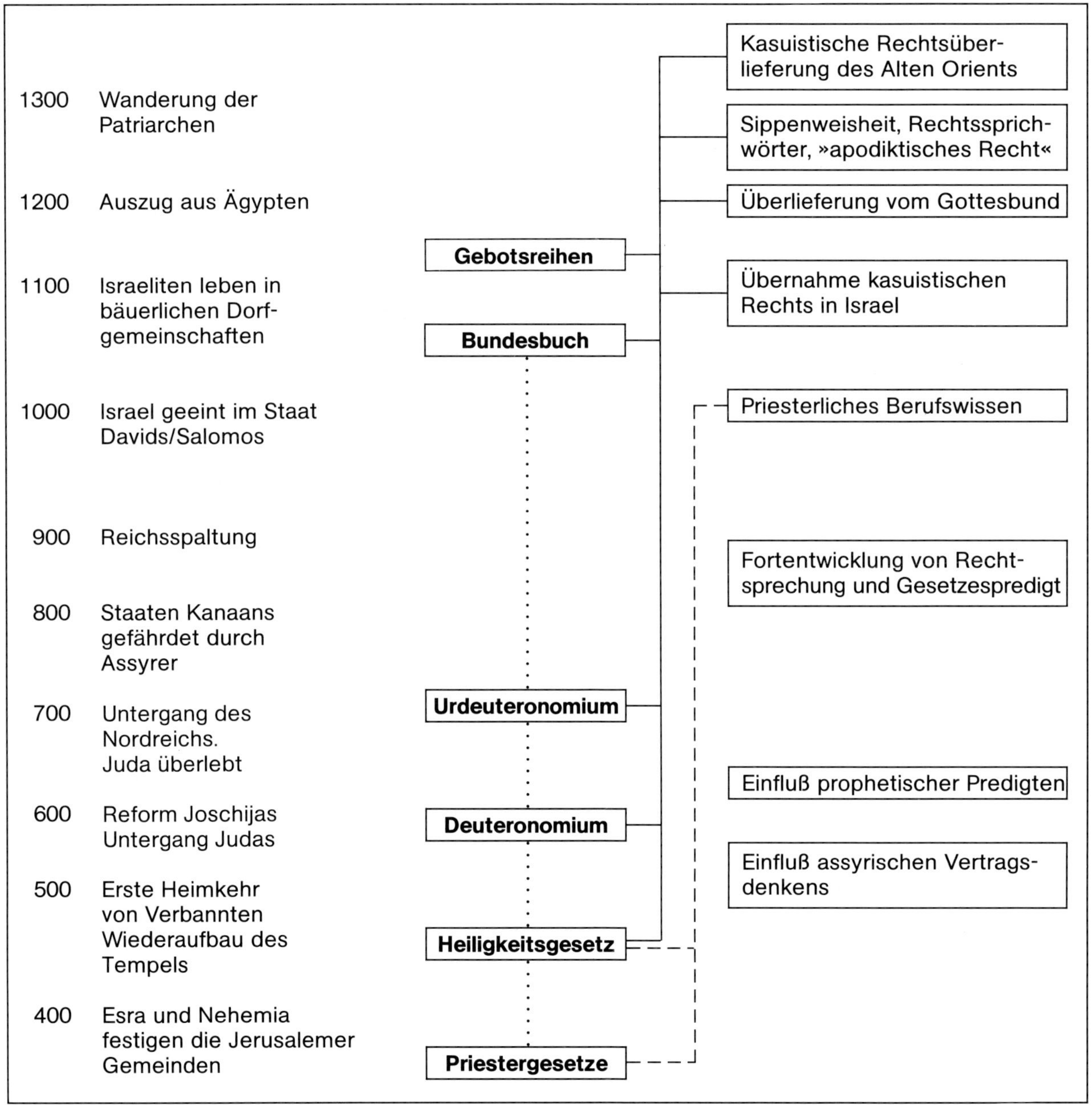

Abb. 52: Entstehung der Gesetzessammlungen in der Geschichte Israels

Ex 34,29–35: Strahlend vom Glanz der Herrlichkeit Gottes kehrt Mose zurück. Nur verdeckt durch einen Schleier kann er mit den Israeliten reden, die seinen Anblick sonst nicht ertrügen.

Ex 35–40: Die von Mose überbrachten Anordnungen werden ausgeführt; die »Wohnstätte« wird errichtet, der Kult vorbereitet, die Priester werden in ihr Amt eingeführt. Wieder spiegeln sich kultische Vorschriften der Nachexilszeit in der Darstellung.

Lev 1,1: Als das »Offenbarungszelt« fertig ist, redet Gott dort mit Mose und gibt ihm neue Anweisungen. (Ein priesterschriftlicher Redaktor hat damit einen Anknüpfungspunkt geschaffen, an dem er weitere Gesetzessammlungen unterbringen kann.)

Lev 1 – Num 10,10: Listen und Gesetzessammlungen unterschiedlicher Herkunft, u.a. das Heiligkeitsgesetz, werden eingefügt.

Num 10,11: Zeit- und Ortsangabe beschließen die Sinaiperikope. Israel bricht vom Sinai auf.

Für moderne Bibelleser sind die Teile dieser priesterschriftlichen »Erzählung« vom Aufenthalt Israels am Sinai zwischen den Mengen eingeschalteter Gesetze kaum zu entdecken. Den Juden der Zeit Jesu war sie vertraut.

Die Erzählung von der Verklärung Jesu (Mk 9) ist nach ihrem Muster gestaltet: »Nach sechs Tagen« steigt Jesus auf den Berg; er strahlt ihn überirdischem Glanz; die Wolke »überschattet« ihn und die drei Jünger – so wie Mose in den Schatten der Wolke eintrat; Petrus will »Hütten« bauen – so wie Mose die Hütte des Offenbarungszeltes errichtete.

Für die Priesterschrift ist das zentrale Ereignis vom Sinai der Bau der »Wohnstätte«: Von nun an ist Gott mitten in seinem Volk zu finden; die Lagerordnung Israels rings um die Wohnstätte zeichnet das Bild einer heiligen Gemeinde. Seit Israel am Sinai war, ist durch Priestertum und Kult die heilige, um Gott gescharte Kultgemeinde, die Gott im Gesetzesgehorsam dient, der Mittelpunkt Israels.

Ein solches Idealbild vom Volk Israel paßt am besten in die Nachexilszeit: Als Zwölfstämmevolk ist Israel zerschlagen, als politische Gemeinschaft fremden Mächten ausgeliefert –, doch als Kultgemeinde, angeführt von seinen Priestern, schart es sich um den Tempel.

15.3 Die Darstellung der Sinaiereignisse durch JE

Gott erscheint vor dem ganzen Volk; er schließt mit Israel einen Bund; doch sogleich wird der Bund gebrochen und bedarf der Erneuerung:

Gotteserscheinung: Ex 19,2b.9–25; 20,18–21;
Bundesschluß: Ex 24,1–14;
Bundesbruch und -erneuerung: Ex 24,18; 31,18–34,28.

Diese Darstellung des Sinaiereignisses ist zwar viel älter als die priesterschriftliche »Erzählung«; aber sie ist ebensowenig wie diese eine einfache Schilderung der Vorgänge vom Sinai. Schon die literarkritische Untersuchung zeigt das: J und E hatten verschiedene Vorstellungen von diesen Ereignissen; die Redaktoren (R^{JE}) nahmen beide Fassungen gleich ernst und verknüpften sie so miteinander, daß kaum Einigkeit zu erzielen sein wird, wo J und wo E spricht.

Zudem bleiben bei jedem Versuch der Aufteilung bedeutende Teile übrig, die nirgendwohin »passen« – kein Wunder, daß die Theorie von den Quellenschriften des Pentateuch gerade von der Sinaiperikope her oft in Frage gestellt wird.

Die Gotteserscheinung

In Ex 19 kann man eine Gewitter- und eine Vulkantheophanie unterscheiden –, welche Darstellung sollte dem Sinaiereignis, »wie es war«, am nächsten kommen? Die Frage ist unlösbar; mit R^{JE} zusammen sollten wir beide Darstellungsweisen gleich ernst nehmen. Im Gewitter konnten Menschen ebenso wie im Vulkanausbruch die Erfahrung machen: Gott ist uns erschienen.

Was »wirklich« am Sinai geschah, ist von Anfang an nur durch die »Brille« menschlicher Aufnahmefähigkeit faßbar gewesen.

Warum kennt P keinen »Bundesschluß am Sinai«?

Auffälligerweise fehlt in der P-Fassung der Sinaierzählung die Vorstellung vom Gottesbund. Dabei hat doch gerade diese Quellenschrift den Noach- und den Abrahamsbund (Gen 9; 17) als Wendepunkte in der Geschichte der Menschheit herausgehoben. Warum stellt sie das Sinaiereignis nicht wie einen »Bund« dar?

In Ex 6,7 (bei der priesterschriftlichen Fassung der Berufung des Mose) weist P allerdings auf den kommenden Bundesschluß am Sinai voraus:

> *Ich nehme euch als mein Volk an und werde euer Gott sein. (Ex 6,7)*

P überliefert damit *die* »Bundesformel«. Warum P auf diese Verheißung bei der Sinaierzählung selbst dann nicht mehr zurückkommt, wird wohl eines der unlösbaren Rätsel dieser Perikope bleiben. – Vielleicht hielt P es nicht für nötig, der älteren, ihm bekannten Fassung der Erzählung vom Bundesschluß eine eigene Fassung zur Seite zu stellen?

Der Bundesschluß bei JE

Die ältere Fassung der Erzählung vom Bundesschluß am Sinai, die in Ex 24 vorliegt, ist wiederum nicht in sich einheitlich; zwei Vorstellungen vom Bundesschluß sind miteinander vereint:

Nach Ex 24,1a.9–11 wird der Bund Jahwes mit Israel besiegelt durch ein Mahl der Repräsentanten des Volkes in der Gegenwart Gottes. Man sieht sich erinnert an Bundesschlüsse, die Isaak und Abimelech, Jakob und Laban einten und die ebenfalls mit einem Mahl besiegelt wurden (vgl. Gen 26,30; 31,54).

Nach Ex 24,3–8 dagegen wird der Bund durch einen Blutritus geschlossen. Das Blut eines Opfertieres wird z.T. auf den Altar, z.T. auf das versammelte Volk ausgesprengt. Vorbild eines solchen Ritus ist wahrscheinlich menschliche »Blutsbrüderschaft«.

Ein ägyptischer Text des 13. Jh. v. Chr. bezeugt, daß semitische Einwanderer im Nildelta den Brauch der Blutsbrüderschaft kannten. Auf einer Tonscherbe (Ostrakon) entdeckte man den Brief eines Vaters an seinen Sohn mit folgendem Vorwurf: »Du hast dich den Amu angeschlossen, indem du Brot aßest, vermischt mit deinem Blut.«

Eine dritte Vorstellung vom Gottesbund enthält schließlich **Ex 34,10–29,** ein Teil der Erzählung von Bundesbruch und -erneuerung: Gott bindet sich durch ein Versprechen, durch eine Verheißung an sein Volk – mit großen Taten wird er Israel zur Seite stehen. Umgekehrt stellt aber auch Gott Forderungen an das Volk, gibt Gebote. Steinerne Gebotstafeln sollen diese Gebote, die »zehn Worte«, festhalten (Ex 34,27f). »Bund« ist Verpflichtung zu gegenseitiger Treue; Jahwe steht zu seiner Verheißung für Israel; Israel steht zum Gottesgebot und erkennt Jahwe als seinen Gott an.

Ein Exkurs: Der Dodekalog

Anders als Ex 34,27f vermuten läßt, wird in Ex 34 nicht das Zehnwort aus Ex 20 wiederholt; es wird vielmehr ein »Zwölfwort«, ein Dodekalog, eingefügt. Diese Gebotsreihe (auch sie nur in erweiterter Form überliefert) setzt ein bereits seßhaftes Israel voraus, das z.B. das Fest der Ungesäuerten Brote kennt, das Fest zum Beginn der Ernte, aber nicht das Hirtenfest des Pascha. Vom Dekalog unterscheidet sich diese alte Gebotsreihe durch das größere kultische Interesse; sie schärft die Pflichten Gott gegenüber ein. – Wieder ist an »passender« Stelle eine ehemals selbständige Gebotsreihe in die Sinaiüberlieferung eingeschoben.

> Jede der alttestamentlichen Quellenschriften stellt das Sinaiereignis als eine Gotteserscheinung dar, bei der Jahwe mit Israel den Bund schloß und seine Gebote gab. Doch jede spricht anders darüber, wie Gott erschien, wie er den Bund schloß, und was er gebot.

Die literarkritische Analyse der Sinaiperikope kann zum Sinaiereignis selbst nicht zurückführen; sie zeigt jedoch, welchen großen Eindruck die Erinnerung daran noch Jahrhunderte später machte, so daß immer neue Lebensordnungen Israels in seinem Licht gesehen wurden.

15.4 Überlieferungskritische Befragung der Sinaiperikope

Die überlieferungskritische Befragung der Sinaiperikope führt zu nicht geringeren Schwierigkeiten. Ein befremdliches Phänomen läßt sich nicht ganz erklären. Das Thema »Sinai« scheint im Alten Testament außerhalb der Sinaiperikope fast ganz vergessen zu sein. Das Exodusthema begegnet immer wieder; Propheten, Psalmisten, Geschichtsschreiber, Gesetzeslehrer bekennen ihren Glauben an Jahwe, der Israel aus Ägypten führte. Aber von Jahwe, der Israel am Sinai sein Gebot gab, spricht nur die Sinaiperikope selbst. Glaubensbekenntnisse, Predigten, die den Ablauf der Geschichte Israels memorieren (Dtn 26,5ff; Dtn 6,21–23; Jos 24,2–13), übergehen die Ereignisse vom Sinai mit Schweigen.

Der lutherische Theologe *G. v. Rad* hat diese merkwürdige Tatsache zu erklären versucht: Die Sinaiüberlieferung sei erst nachträglich – zuerst durch den Jahwisten – mit der Exodusüberlieferung verknüpft worden; ein historischer Zusammenhang bestehe nicht. Die lutherische Trennung des Glaubens an das Evangelium vom Tun der Gesetzeswerke spiegelt sich in dieser Hypothese: Die Frohbotschaft von der Befreiung aus Ägypten habe ursprünglich nichts mit den Forderungen des Gesetzes zu tun gehabt.

Andere Forscher unterstützen diese Hypothese mit geographisch-geschichtlichen Argumenten: Wenn das Sinaierlebnis ein Vulkanausbruch war, dann habe es nicht in der Ägypten benachbarten Sinaiwüste, sondern in Nordwestarabien stattgefunden. Am Ursprung der Sinaiüberlieferung könne also nicht die Erfahrung der aus Ägypten befreiten Moseschar stehen, sondern ein Erlebnis einer anderen Gruppe.

Wieder andere sprechen der Sinaiüberlieferung jede geschichtliche Grundlage ab; die Sinaiperikope meine nicht ein einmaliges Ereignis, sondern ein jährlich wiederholtes »Bundeserneuerungsfest«, bei dem man die Gotteserscheinung kultisch-theatralisch dargestellt und die Gebote verkündet habe.

Für eine ausführliche überlieferungskritische Analyse des schwierigen Stoffes ist hier kein Raum. Es seien nur einige der Argumente kritisiert, die für eine Trennung von Exodus und Sinaiüberlieferung angeführt werden, darüber hinaus seien einige Gründe für die Zusammengehörigkeit der beiden Themen alttestamentlicher Überlieferung angeführt.

Ein »Bundeserneuerungsfest« ist im Alten Testament nie erwähnt; es besteht wohl nur als Postulat moderner Exegeten.

Die Zusammenfassungen der Geschichte Israels in Dtn 6; 26; Jos 24, die das Sinaigeschehen nicht erwähnen, sind jünger als JE, wo Exodus und Sinai zusammengehören.

Einige alttestamentliche Texte, die noch viel älter sind als JE, kennen Jahwe bereits als den Gott des Auszugs *und* als den Gott vom Sinai:

Ri 5,5: Jahwe kommt vom Süden her seinem Volk zu Hilfe; die Erinnerung an den Sinai paßt dazu, sollte darum nicht vorschnell als nachträgliche Ergänzung angesehen werden.

Dtn 33,2 kennt dasselbe Motiv der Herkunft Gottes vom Süden; der Sinai ist hier zweifelsfrei schon in der »Urfassung« genannt.

Ex 15,21, das »Mirjamlied«, nennt den Befreier Israels am Schilfmeer »Jahwe«; Gott trägt denselben Namen, der mit der Erscheinung am Sinai untrennbar verbunden ist.

Die Exodusüberlieferung in Ex 1–15 weist in alten Schichten auf den Sinai voraus: Gott erscheint dem Mose in der Wüste, »beim Berge«. Der Dornbusch wird mit einem sonst eher ungebräuchlichen Wort »senäh« genannt, wahrscheinlich wegen des Anklangs an »Sinai«.

Nach Ex 3,12.18 soll der »Auszug« nicht direkt zum Land Kanaan hinführen; Ziel des Auszugs ist vielmehr die Wüste, in der Israel seinem Gott begegnen soll.

Auch theologisch gesehen sollte man die beiden Pole des alttestamentlichen Glaubens – das Evangelium von der Befreiung aus Ägypten und die Gebote Gottes – nicht voneinander trennen; sie haben nur zusammen einen Sinn. Im Zehnwort leuchtet dieser Zusammenhang auf. Es beginnt mit der Frohbotschaft von der Befreiung:

Ich bin Jahwe, dein Gott,
der dich aus Ägypten geführt hat, aus dem Skavenhaus.
(Ex 20,2)

Es fährt fort mit Geboten, die den Weg der Freiheit weisen: Weil Gott die Freiheit geschenkt hat und den Befreiten von nun an verbunden bleibt (»dein Gott«), darum »werden« sie nicht wieder zurückfallen in den Bereich der Knechtschaft und des Todes. Die Gebote sind Mahnung, aber auch frohe Botschaft, Verheißung.

Das Gebot ist nicht Bedingung, sondern Folge des Gottesbundes. Gott hat sich beim Bundesschluß an nichts anderes gebunden als an sein eigenes Wort, zu dem er treu stehen wird. Er hat sich nicht an die Bedingung gebunden, daß Israel den Bund einhält. Auch wenn Israel zurückfällt in Tod und Knechtschaft, weil es den von den Geboten umgrenzten Raum der Freiheit verläßt, bleibt Jahwe immer noch der Gott der Befreiung.

> Eine Spannung zwischen den beiden Polen, der Frohbotschaft von der Befreiung auf der einen und den Forderungen der Gebote auf der anderen Seite, entsteht nicht von Gott her, sondern nur durch den Ungehorsam der Menschen. Exodus- und Sinaiüberlieferung haben im Alten Testament einen gemeinsamen Sinn: Sie verkünden, daß dem Volk Jahwes ein Leben in Freiheit zusammen mit seinem Gott möglich ist.

Das Problem, das sich aus der Überlieferungsgeschichte der Sinaiperikope ergibt, ist nicht theologischer Art. Es liegt darin, daß die frühen Propheten ebenso wie die deuteronomischen Resümees der Geschichte Israels den Sinai nicht erwähnen – eines der vielen, bisher ungelösten Rätsel, die die Sinaiperikope aufgibt.

15.5 Bedeutung der Exodus- und Sinaiereignisse für die Vorgeschichte Israels

Sippen wandernder Hirten gingen zu Beginn der Eisenzeit an verschiedenen Stellen des westjordanischen Berglandes in friedlichem Einvernehmen mit älteren Landesbewohnern nach und nach zur Seßhaftigkeit über. Ihre Religion machte den Wechsel der Lebensart leicht mit; sie hatten schon zuvor den »Vatergott«, der ihre Sippen schützt und führt, an heiligen Orten des Landes verehrt. Sippenheiligtümer außerhalb der neuen Ortschaften können an diese Traditionen anknüpfen.

Ein längst nicht so friedliches Bild der Frühgeschichte Israels ergibt sich aus den Büchern Josua und Richter: Israel erobert das Land; begeistert durch Jahwe, kämpfen Helden gegen andere Völker, die ihr Volk bedrohen.

Die Überlieferung von Exodus und Sinai ist geeignet, diesen Umschwung zu erklären. Israel ging nicht nur aus friedlichen Kleinviehzüchtersippen hervor. Kristallisationskern des Volkes war eine andere Gruppe. Sie hatte den Auszug aus Ägypten, Sinai und Wüstenzug erlebt. Sie sprach nicht vom »Gott des Vaters«; ihr Gott hatte einen Namen: »Jahwe«. Sie verstanden sich als »Volk« dieses Gottes, der sie befreit und einen Bund mit ihnen geschlossen hatte.

Ein längerer Aufenthalt in den Oasen der Sinaihalbinsel hatte sie gelehrt, für den Fortbestand ihrer Gemeinschaft zu fürchten und darum zu kämpfen. Das Leben in der Wüste ist rauher als das Leben weidewechselnder Kleinviehhirten am Rande des Kulturlandes. Der Spruch Kains illustriert das:

Du hast mich heute vom Ackerland verjagt ...
Rastlos und ruhelos werde ich auf der Erde sein.
Wer mich findet, wird mich erschlagen.
(Gen 4,14)

Vom harten Leben in der Wüste redet auch der Spruch über Ismael, den Stammvater des Wüstenvolkes:

Er wird ein Mensch sein wie ein Wildesel.
(Der Onager galt als ein edles, kämpferisches Tier!)
Seine Hand gegen alle, die Hände aller gegen ihn!
Allen seinen Brüdern setzt er sich vors Gesicht.
(Gen 16,12)

Ein ägyptischer Spruch vermittelt ein ähnliches Bild des »elenden Asiaten« in den Wüsten östlich von Ägypten:

Er kämpft seit der Zeit des Horus (seit Urzeit),
er siegt nicht und wird nicht besiegt.

Eine von solchem kämpferischen Geist beseelte Gruppe kommt nach Kanaan, schließt sich den bereits dort lebenden verwandten Gruppen an. Die friedliche Erschließung neuen Landes, mit der die Seßhaftwerdung der Vorfahren Israels begonnen hatte, ist inzwischen auf ihre Grenzen gestoßen. Das Land ist schon wieder zu eng. Von allen Seiten drängen neue Gruppen nach; die bäuerlichen Gemeinschaften der soeben erst seßhaft Gewordenen müssen lernen, sich zu verteidigen. So kann die kämpferische Mosegruppe zum Kern des künftigen »Israel« werden. Ihr Bekenntnis zu Jahwe, der Israel aus Ägypten befreite, stärkt den Mut beim Kampf ums Überleben. Der Glaube an den Vatergott, der mit der Familie zieht und sie schützt, wird neu verstanden als Glaube an Jahwe, der Israel durch die Wüste in das Land führte.

Ein Exkurs: Gen 15

Den Zusammenhang zwischen Exodus-, Sinai- und Väterüberlieferung reflektiert und meditiert eine Perikope, die sich ähnlich wie die Sinaiperikope durch literarkritische Zuordnung zu den Quellenschriften kaum erschließen läßt: Gen 15:

Ich bin Jahwe, der dich aus Ägypten geführt hat.

Dieser Kernsatz der Exodusüberlieferung wird in Gen 15,7 in die Väterüberlieferung eingetragen:

Abb. 53: »Elende Asiaten« vor einem ägyptischen Offizier
Grobe Gesichter, riesenhafte Gestalten, theatralische Gebärden der Unterwerfung kennzeichnen die »Asiaten«; Feingliedrigkeit, Eleganz, feingefältete, dünne Kleidung den Ägypter.

Ich bin Jahwe, der dich aus Ur in Chaldäa geführt hat,
um dir dieses Land zu geben.

Die Landverheißung ist hier Teil eines Bundesschlusses: Jahwe bindet sich an sein Versprechen, indem er einen im Alten Orient von alters her bekannten Ritus vollzieht (belegt z.B. unter den Nachrichten des Palastarchivs von Mari über die Sitten der Nomaden, die vor den Toren der Stadt lebten):

Zwischen den Hälften geschlachteter Tiere fährt eine Erscheinung hindurch, die mit Motiven der Sinaitheophanie dargestellt ist als »Feuer und rauchender Ofen«.

Mit dem Hindurchschreiten durch geschlachtete Tiere vollzieht der Bundschließende eine bedingte Selbstverfluchung: Es soll mir gehen wie diesen Tieren, wenn ich die Zusage nicht halte.

Ebenso wichtig wie die Bezugnahme der Perikope auf Exodus, Sinaierscheinung und Bundesschluß ist der Unterschied: Abraham ist während der Gotteserscheinung von »Tiefschlaf« und unheimlicher Angst umfangen; der Mensch bleibt völlig passiv, wenn Gott den »Bund« schließt. – Israel am Sinai aber erfährt die Gegenwart Gottes mit wachen Sinnen; es empfängt das Bundesangebot Gottes aufmerksam, ist aufgefordert, sein Gebot zu halten.

Der Glaube an Jahwe, den die Moseschar mitbrachte, war etwas außerordentlich Neues. – Aber zusammen mit dem unbekannten Autor von Gen 15 können wir sagen:

> Die Annahme des Jahweglaubens bedeutete für die älteren »Vätergruppen« nicht einen Bruch mit ihrer »Vatergott-Religion«, sondern deren Entfaltung. Die Patriarchen hatten an den Gott geglaubt, der sich an eine bestimmte menschliche Gemeinschaft gebunden hat. Die Botschaft vom Sinai fügt hinzu: Der Bindung Gottes an die Seinen entspricht die Bindung des Volkes an Gott, verwirklicht im Halten der Gebote.

Literatur zu Lektion 15

M. Noth, Überlieferungsgeschichte des Pentateuch, Stuttgart 1948 (Nachdruck Darmstadt 1960). Darin: S. 63ff: Offenbarung am Sinai.

Noth geht davon aus, daß die Sinaiüberlieferung ursprünglich nicht mit der Überlieferung von Auszug und Wüstenwanderung zusammenhing.

W. Beyerlin, Herkunft und Geschichte der ältesten Sinaitraditionen, Tübingen 1961.

Der Sinaiüberlieferung liegen geschichtliche Vorgänge – nicht nur ein »Bundeserneuerungsfest« zugrunde. Beyerlin hält es für möglich, daß Israel in seiner Frühzeit mit seinem Gott einen »Bund« schloß, der die altorientalischen Staatsverträge zum Vorbild hatte.

E. Zenger, Israel am Sinai. Analysen und Interpretationen zu Exodus 17–34, Altenberge 1982.

Zenger bietet u.a. eine minutiöse literarkritische Analyse der Sinaierzählung.

Weitere Literatur ist aufzufinden über den Forschungsbericht von *W. H. Schmidt,* s. Literatur zu Lektion 13.

Zusammenfassung und Rückblick: zur Geschichte der mündlichen Überlieferung der Stoffe des Pentateuch

Die Vorgeschichte des Pentateuch beginnt in der Zeit, in der die Väter Israels als Kleinviehhirten am Rande des Kulturlandes umherwanderten. Genau datieren läßt dieser Beginn sich nicht, denn diese Menschen lebten sozusagen außerhalb der Geschichte. Die großen politischen Vorgänge unter Völkern und Staaten interessieren sie nicht. Ihre **»Familiensagen«** halten nur das fest, was sie für den Fortbestand ihrer Sippe für wesentlich hielten. Etwas später kamen **»Kultortsagen«** hinzu, die davon erzählten, wie bestimmte heilige Orte im Lande durch die Anwesenheit der Väter geheiligt worden waren: erste Zeugnisse dafür, daß Israels Vorfahren begannen, sich in Kanaan heimisch zu fühlen.

Diese Sagen machten nun eine lange Geschichte mündlicher Weitergabe durch; von Generation zu Generation wurden sie immer neu erzählt und dabei umgeformt. Erst in der Salomozeit war Israel so weit entwickelt, daß literarische Werke entstanden und in eines davon auch diese Sagen eingebunden werden konnten.

So sehr auch die Zeit mündlicher Überlieferung diese Sagen umgeprägt haben mag, manches aus der Ursprungszeit ist erhalten geblieben: Namen, Orte, Rechtsbräuche; die Sagen geben im ganzen gesehen ein zutreffendes Bild vom Leben dieser Kleinviehzüchter, von dem, was diese Menschen bewegte: Wird die Familie durch Nachkommen weiterleben? Bleibt der Familienfriede erhalten? Haben wir Zugang zu Brunnen?

Gerade diese aus der Ursprungszeit getreu überlieferten Elemente aber machen darauf aufmerksam, daß es ursprünglich drei getrennte und selbständige Sagenkreise um die drei Vätergestalten gegeben haben muß: Jeder der drei Patriarchen ist nach diesen Sagen in einem anderen Teil Palästinas umhergewandert; bei jedem der drei kreisen die Sagen um ein anderes Thema. Es gab mehrere, zunächst selbständige Gruppen, die je eine eigene Vätertradition besaßen. Schließlich aber schlossen sich diese Gruppen zusammen und erzählten

Abb. 54: Überblick über die Entstehungsgeschichte des Pentateuch

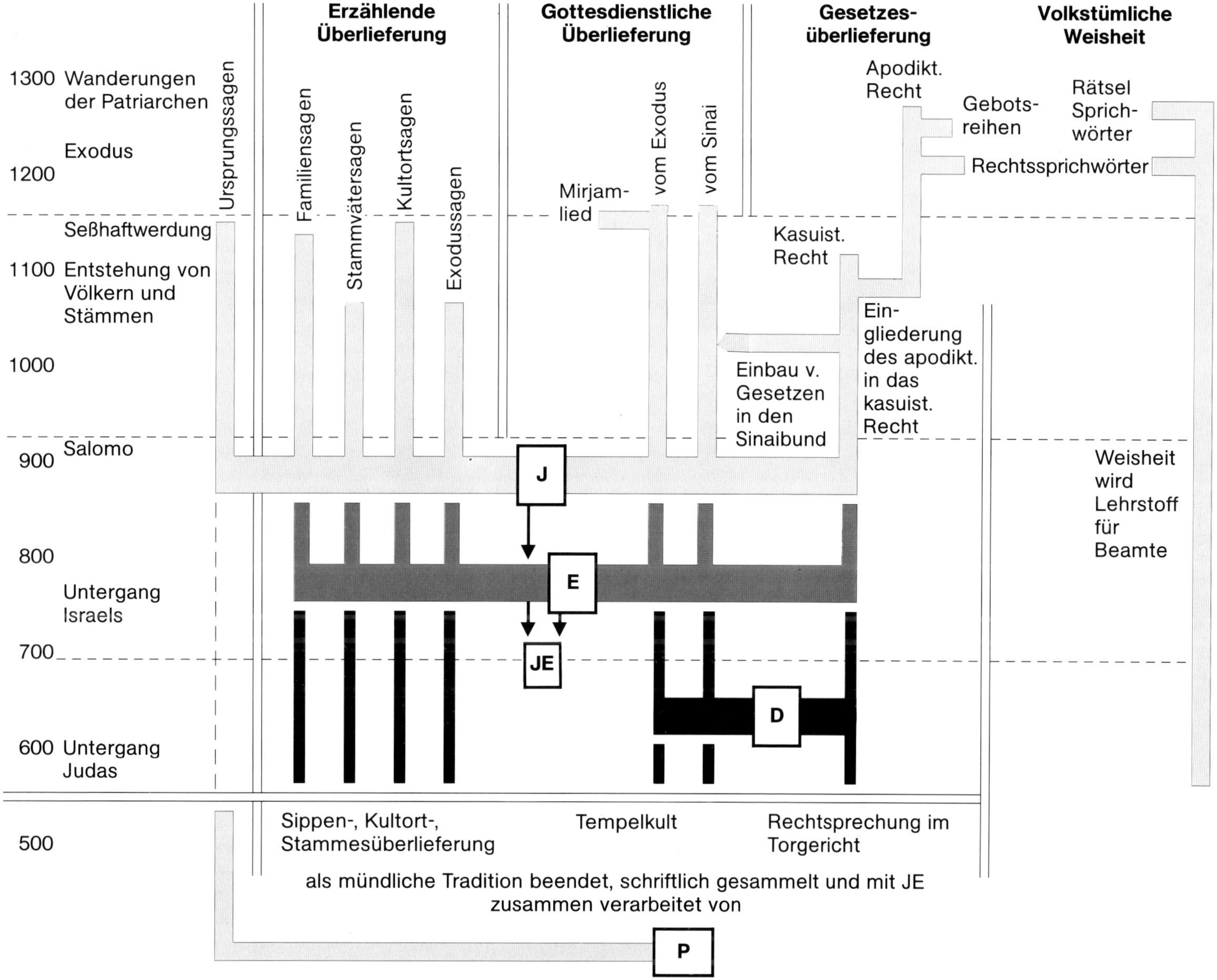

von nun an, schon ihre Väter seien »Verwandte« gewesen.

Anders als bei der Vätertradition läßt sich bei der **Exodusüberlieferung** der Zeitpunkt des Beginns festlegen; denn sie ist einer Schar von Kleinviehhirten zu verdanken, die sich mit einer der großen geschichtlichen Mächte der alten Welt, mit Ägypten, hatte auseinandersetzen müssen. So enthält diese Tradition einige Elemente, die es erlauben, sie auf die Zeit um 1250, auf die Zeit Ramses II., zurückzuführen. – Die Erinnerung an den Auszug unterscheidet sich noch in einer anderen Hinsicht von der Erinnerung an die Väter: Sie lebte vor allem in **Gottesdiensten** fort und ist dadurch noch in der uns vorliegenden Endgestalt geprägt. Das älteste Zeugnis vom Schilfmeerereignis ist ein gottesdienstliches Tanzlied von Frauen, das **Mirjamlied** (Ex 15,21).

Bald aber wird die **erzählende Ausgestaltung der Exodustradition** eingesetzt haben; das Schilfmeerereignis wird nun unterschiedlich dargestellt; der Kampf Gottes mit Ägypten wird in den Plagenerzählungen verbildlicht; Vorbereitung auf die schlimmste der »Plagen« ist die Erzählung von der Tötung der hebräischen Kinder; diese wiederum zieht eine Legende von der Rettung des Kindes Mose an.

Ebenso wie die Exodus- verrät die **Sinaiüberlieferung** noch in der Form, in der wir sie aus dem Alten Testament kennen, daß sie lange Zeit in Gottesdiensten lebendig war; im Kult wurde Israel daran erinnert, daß Jahwe am Sinai mit ihm einen Bund geschlossen hat. Ursprung der Sinaitradition ist der Kult aber nicht; ein »Bundeserneuerungsfest« besteht nur als Postulat moderner Exegeten. Ihren Ausgang nahm die Sinaitradition von einem Geschehen in der Wüste, der Begegnung Israels mit Jahwe. Wie diese freilich »wirklich« aussah, ist nicht zu sagen, da von Anfang an nur mit Hilfe der – beschränkten – Ausdrucksmittel der Menschen davon gesprochen werden konnte.

Die Überlieferung vom **Sinaibund** wurde zum Anlaß, daß in Israel Rechtstraditionen – anders als bei anderen Völkern des Alten Orients – Teil der Glaubenstradition waren: Weil Jahwe mit Israel einen Bund geschlossen hat, darum kümmern ihn die »inneren Angelegenheiten« seines Bundespartners; wer an Jahwe glaubt, muß ebenso, wie er es tut, den Menschen zu ihrem Recht verhelfen.

Solange Israels Vorfahren noch in überschaubaren Sippengemeinschaften gelebt hatten, hatten zur Rechtsfindung Leitlinien menschlicher Erfahrung genügt, wie sie sich z.B. in **Sprichwörtern** niederschlagen. Reihen kurzer, unbegründeter, poetisch geformter Mahnungen – **»apodiktische Rechtssätze«** – haben wahrscheinlich hier ihren Ursprung; in solcher Form haben Eltern ihre Lebensweisheit den Kindern mitgegeben. – Diese Formen **volkstümlicher Weisheit** sind bekannt, weil sie in der Salomozeit aufgezeichnet wurden, da sie Lehrstoff boten für die Beamtenschulen – Hilfe bei der Schulung im rechten Verhalten und in der Menschenkenntnis.

Die Seßhaftwerdung brachte einen Umschwung in der Rechtsüberlieferung; Israels Vorfahren übernahmen die im Alten Orient bereits uralte **kasuistische Rechtstradition.** Mit ihrer Hilfe löste das Torgericht Probleme, die den Dorffrieden gefährden konnten. – Die Rechtssammlungen des Alten Testaments zeigen, daß die ältere Rechtsüberlieferung darüber nicht vergessen, sondern z.T. in die kasuistische Tradition eingebettet wurde, z.T. (**Dekalog** und Dodekalog) besonderen Rang in der Glaubensunterweisung erhielt und wie ein »Grundgesetz« galt.

Die **Seßhaftwerdung** ist ein Vorgang, der sich über lange Zeit erstreckte; verschiedene Gruppen, die später zum Volk Israel zusammenwachsen sollten, begannen zu unterschiedlichen Zeiten, sich auf Dauer niederzulassen. Ferner waren daran nicht nur Vorfahren Israels beteiligt; am Ende dieser Epoche sind nicht nur Stämme Israels entstanden, sondern auch andere mit Israel verwandte Völker. Dieser Vorgang beeinflußte die Vätertradition: Gestalten der Familiensagen, bisher mit unverwechselbar-individuellen Zügen ausgestattet, wurden nun als **Stammväter** gesehen, in denen sich bereits die Eigentümlichkeiten der aus ihnen hervorgegangenen Völker oder Stämme spiegeln.

Von dieser Geschichte der mündlichen Überlieferung können wir nur wissen, weil schließlich Literaturwerke entstanden, die auf sie zurückgriffen und dabei mit dem überlieferten Gut so behutsam umgingen, daß dessen Herkunft und Vorgeschichte noch zu erraten sind. Die erste Zeit, in der das möglich war, war die Salomozeit; der **»Jahwist«** vereinte Väter- und Exodusüberlieferung zu einer fortlaufenden Geschichte Israels und nahm zusammen mit der Sinaiüberlieferung auch Gesetzestraditionen in sein Werk auf.

Gewiß hat J nicht als erster einzelne Sagen zu einem fortlaufenden Erzählzusammenhang vereint. Der »rote Faden« ist z.B. im Jakob-Esau-Laban-Zyklus leichter zu verfolgen als in den Abrahamserzählungen; J konnte sich auf verschiedenartige Vorarbeit stützen. Zu erfahren, wie diese schon vor J geschaffenen Zusammenhänge zustandekamen, wäre für den Historiker höchst interessant: Wie kam es z.B. dazu, daß die Exodus- mit der Vätertradition so vereint wurde, daß die Geschichte der Väter sozusagen zur Vorhalle vor dem Gebäude der Geschichte Israels wurde?

Eine weitere kaum lösbare Frage an J ergibt sich daraus, daß er – um im Bild zu bleiben – seinem Geschichtswerk als »Portal« eine Urgeschichte voranstellte. Woher hatte er die Sagen- und Mythenstoffe, die er hier verarbeitete? Muß man sich z.B. vorstellen, daß der Stoff der Sintflutsage von den aus dem Zweistromland ausgewanderten Vorfahren mitgebracht worden war und seitdem in volkstümlichen Erzählungen weitergelebt hatte? – Vor allem: Warum werden die Themen der **Urzeitsagen** des Jahwisten in den folgenden Jahrhunderten nicht mehr bearbeitet, um erst wieder von alttestamentlichen Autoren der Exilszeit aufgegriffen zu werden?

Es gibt also mancherlei Anlaß zur Kritik an der Hypothese, in der Salomozeit habe ein »Jahwist« ein großes, von der Schöpfung bis zum Einzug ins Land reichendes Geschichtswerk geschaffen, gestützt auf die bis dahin nur mündliche Überlieferung. Doch ist diese Hypothese bisher noch nicht durch eine andere ersetzt, die ebensoviele oder gar mehr Gegebenheiten im Pentateuch erklären könnte.

Natürlich lebte die mündliche Überlieferung auch nach der Salomozeit noch fort: In Familien wurden weiter die Sagen von den Vätern erzählt; Stämme hatten ihre eigenen Überlieferungen; an den heiligen Orten des Landes hörten Wallfahrer Geschichten von der Gründung des Heiligtums; im Gottesdienst gedachte man der Befreiung aus Ägypten und des Gottesbundes; in Torgerichten brauchte man die Rechtsüberlieferung und bildete sie weiter aus.

So konnte im 9. Jh. – unbeeinflußt vom »Jahwisten« – ein zweites Geschichtswerk wiederum Väter-, Exodus- und Sinaitradition vereinen zu einem Bild der Geschichte Israels vor seinem Einzug in das Land. Weil das **»elohistische Werk« (E)** sich auf andere Überlieferungskreise stützte als J, haben diese Überlieferungen hier ein anderes Gesicht, zudem sind manche Stoffe, die beim Jahwisten nicht begegnen, hier bewahrt. – Als ein Werk des Nordreiches wurde E beim Untergang Israels in Mitleidenschaft gezogen: es wurde zwar ins Südreich gerettet, aber nur Fragmente daraus wurden in das jahwistische Werk eingefügt (**JE**).

Nach dem Untergang auch des Südreiches mußte die bis dahin lebendige mündliche Tradition abreißen. Unter dem Eindruck dieser Katastrophe entstand das **priesterschriftliche Geschichtswerk**; das Wissen von der heiligen Geschichte Israels sollte schriftlich sicher und geordnet festgehalten werden.

Anhang

Einführung in die Arbeit mit exegetischer Literatur

Eine Reihe grundlegender Werke soll hier vorgestellt werden, mit deren Hilfe Auskunft über Fragen der Auslegung des Alten Testaments zu finden ist. Eine kurze Charakterisierung der Werke und einige Erläuterungen sollen die Orientierung erleichtern. Einige allgemeinverständlich gehaltene kleinere Schriften sind hinzugefügt, zur Information für den am raschen Zugang oder Überblick interessierten Leser.

1. Bibliographische Hilfsmittel

Wie findet man Bücher und Zeitschriftenaufsätze zu bestimmten alttestamentlichen Textstellen, Gestalten, Themen?

Internationale Zeitschriftenschau für Bibelwissenschaft und Grenzgebiete (IZBG), Düsseldorf.

Jährlich erscheinendes Verzeichnis von Zeitschriftenaufsätzen zu biblischen Themen sowie zahlreicher Bücher und Rezensionen. Häufig mit kurzen Inhaltsangaben, nach Sachgebieten geordnet.

Elenchus bibliographicus. Beiheft zur Zeitschrift Biblica, Rom.
Bücher sind hier vollständiger als in IZBG verzeichnet.

Da beide bibliographischen Zeitschriften nicht bis zum jeweils laufenden Jahr reichen und die über ihre Inhaltsverzeichnisse und Register erschließbaren Auskünfte dem Benutzer vielleicht nicht immer ausreichen, empfiehlt es sich, auch auf anderen Wegen nach Literatur zu suchen.

Ausführliche Literaturangaben enthalten u.a.:
- die großen Lexika – vgl. unter 3;
- die wissenschaftlich orientierten Einleitungen in das AT – vgl. unter 4;
- die großen Kommentarwerke – vgl. unter 5.

Neueste Literatur, die auch in diesen Werken noch nicht genannt ist, findet man über die letzten Hefte der wissenschaftlichen Zeitschriften – vgl. unter 2.

2. Zeitschriften

2.1 Wissenschaftlich orientierte Zeitschriften

Zeitschrift für alttestamentliche Wissenschaft (ZAW), Berlin.

Vornehmlich deutsche Veröffentlichungen. – Neue Arbeiten werden in jedem Heft in der »Zeitschriften- und Bücherschau« angezeigt, oft mit kurzer Inhaltsangabe; allerdings nicht nach Sachgebieten geordnet. Ähnliches gilt für andere wissenschaftliche Zeitschriften.

Vetus Testamentum (VT), Leiden.

Eine international und interkonfessionell ausgerichtete Zeitschrift.

Revue biblique (RB), Paris.

Enthält ebenso wie die folgenden Zeitschriften Aufsätze zu AT und NT. Ein wichtiges Interessengebiet von RB ist die

Archäologie. Regelmäßig erscheint eine »Chronique archaeologique« mit Berichten über aktuelle Ausgrabungen in Palästina.

Biblische Zeitschrift (BZ), Paderborn.
Berichtet regelmäßig auch über Tagungen deutschsprachiger und europäischer Exegeten.

Journal of Biblical Literature (JBL), Chicago und *Catholic Biblical Quarterly (CBO),* Washington.
Zwei Zeitschriften, die vornehmlich aus der amerikanischen Wissenschaft berichten.

Biblica (Bibl), Rom.
Eine vom päpstlichen Bibelinstitut herausgegebene Zeitschrift.

Theologische Revue (TR), (jährlich 6 Hefte), Münster.
das gesamte Gebiet der Theologie und Religionswissenschaft, Berlin und

Theologische Revue (TR), (jährlich 6 Hefte), Münster.
Zwei Rezensionszeitschriften, in denen Besprechungen von Büchern schon bald nach deren Erscheinen zu finden sind. U.a. auch Bücher zum AT und zum frühen Judentum.

2.2 Zeitschriften, die Ergebnisse der Forschung vorwiegend in allgemeinverständlicher Form vermitteln

Bibel und Kirche. Organ des Katholischen Bibelwerkes, Stuttgart, und des Schweizerischen Bibelwerkes (BiKi).
In den vierteljährlich erscheinenden Heften sind die Aufsätze jeweils unter ein Gesamtthema gestellt.

Bibel und Liturgie, hrsg. vom Österreichischen katholischen Bibelwerk (BiLi), Klosterneuburg.
Berichtet regelmäßig auch über die Rezeption der Bibel in der Kirche heute (Bibelkurse, -tagungen u.ä.).

The Biblical Archaeologist (BA), New Haven.
Berichtet in allgemeinverständlicher Form, mit zahlreichen Fotos, über Ausgrabungen und deren Ergebnisse für die Bibelauslegung.

3. Lexika

3.1 Konkordanzen

Eine Konkordanz verzeichnet zu einem aus der Bibel entnommenen Stichwort alle Stellen, an denen dieses Wort vorkommt, oft werden die Belegstellen kurz zitiert. Auf diese Weise sind verwandte Textstellen leicht ausfindig zu machen. Eine Reihe von Konkordanzen, die unterschiedliche deutsche Bibelübersetzungen zugrundelegen, seien hier genannt:

Zürcher Bibel-Konkordanz. Vollständiges Wort-, Namen- und Zahlenverzeichnis zur Zürcher Bibelübersetzung. Mit Einschluß der Apokryphen. Bearbeitet von K. Huber und H.H. Schmid, Bd. 1–3, Zürich 1969–1973.

Große *Konkordanz zur Lutherbibel,* Stuttgart 1979.

Konkordanz zur Einheitsübersetzung der Bibel, bearbeitet von F.J. Schierse, Düsseldorf und Stuttgart ²1986.

Praktisches Bibelhandbuch. Wortkonkordanz, Stuttgart ¹²1984.
338 Seiten, DM 39,80. Die zuvor genannten Werke sind unvergleichlich umfangreicher und teurer.

O. Odelain und R. Séguineau, Lexikon der biblischen Eigennamen. Übersetzt und für die Einheitsübersetzung der Heiligen Schrift bearbeitet von F.J. Schierse, Düsseldorf und Neukirchen 1981.
Eigennamen – die in anderen Konkordanzen oft fehlen – sind hier vollständig und mit allen biblischen Belegstellen aufgenommen. Die Etymologie der Namen wird erklärt; Orte und Personen sind in biblische Zusammenhänge gestellt.

3.2 Sachlexika, Enzyklopädien

Biblisch-Historisches Handwörterbuch (BHH) Landeskunde-Geschichte–Religion–Kultur–Literatur, hrsg. von B. Reicke und L. Rost, Bd. 1–4, Göttingen 1962–1979.

Biblisches Reallexikon (BRL), hrsg. von K. Galling, Tübingen ²1977.
In beiden Lexika sind die Artikel je einem Wissenschaftler übergeben, der aus der Bibel, aus Texten der biblischen Um-

welt, aus archäologischen Forschungsergebnissen schöpfend, Realien aus der biblischen Welt in ihrem historischen Zusammenhang darstellt. Wissenschaftliche Literatur ist zu jedem Artikel genannt.

Die Bibel und ihre Welt. Eine Enzyklopädie zur Heiligen Schrift. Bilder – Daten – Fakten, hrsg. von G. Cornfeld und G. J. Botterweck, Bergisch Gladbach 1969.

Geschichtliche Informationen zur Bibel, in großen, zusammenhängenden Artikeln dargestellt von israelitischen und deutschen Gelehrten. Register zu Orten, Personen, Sachen erschließen die umfangreichen Artikel. Bildmaterial, Fotos, Karten sind in reichem Maß eingearbeitet.

3.3 Lexika zur biblischen Theologie

J. B. Bauer, Bibeltheologisches Wörterbuch (2 Bände), Graz [3]1967.

Deutsche Stichwörter, ausführliche Artikel, erarbeitet von katholischen Theologen, Biblische Theologie wird verstanden als ein Aspekt der Lehre der Kirche. Literaturangaben bei jedem Artikel.

Theologisches Handwörterbuch zum Alten Testament (THAT), hrsg. v. E. Jenni, 2 Bände, München–Zürich 1971 und 1976.

Hebräische Stichwörter – erschließbar sind die Artikel aber auch durch ein Register mit deutschen Stichwörtern.
Aufbau der Artikel:
1. Die hebräische Wurzel und ihre Ableitungen
2. Statistischer Überblick über ihr Vorkommen im AT
3. Bedeutungsgeschichte des Wortes
4. Theologischer Sprachgebrauch
5. Nachgeschichte, z.B. im NT

Theologisches Wörterbuch zum Alten Testament (TWAT), hrsg. von G. J. Botterweck, H. Ringgren, H. J. Fabry, Stuttgart–Berlin–Köln–Mainz, Band 1ff, 1969ff. 1984 bis zum Buchstaben M.

Mitarbeit evangelischer und katholischer Theologen. Eine umfassende Auswahl hebräischer Stichwörter, die über ein deutsches Stichwortverzeichnis zu jedem Band zu erschließen sind. Zum großen Teil lange, inhaltsreiche Artikel; die Gliederung ist dem Stoff angepaßt, enthält aber immer:
1. Herleitung – Etymologie – des Wortes
2. Gebrauch – Semantik
3. Religionsgeschichtlicher Kontext
4. Theologische Verwendung.

Theologisches Wörterbuch zum Neuen Testament (THWBNT), hrsg. von G. Kittel u.a., Stuttgart 1933–1974.

Griechische Stichwörter. Jeder Artikel ein weitgespannter Aufsatz. Die alttestamentliche Vorgeschichte ist jedesmal ausführlich dargestellt.

M. Lurker, Wörterbuch biblischer Bilder und Symbole, München [2]1978.

Ein kurzes, allgemeinverständliches Wörterbuch, auch zu theologisch bedeutsamen Begriffen.

3.4 Lexika, die zu theologischen Begriffen und zu Sachfragen informieren

Bibellexikon, hrsg. von H. Haag, Einsiedeln [4]1985.

Eine umfassende, wissenschaftlichen Ansprüchen genügende Enzyklopädie in einem Band. Neben Sachfragen werden auch theologisch bedeutsame Begriffe (z.B. Gnade, Menschensohn) erläutert.

Praktisches Bibellexikon, hrsg. v. A. Grabner-Haider, Freiburg [8]1985.

Realien, sowie bibeltheologisch, formgeschichtlich, religionsgeschichtlich wichtige Begriffe aus AT und NT sind kurz und allgemeinverständlich im Rahmen der biblischen Glaubensgeschichte behandelt.

Kleines Stuttgarter Bibellexikon, Stuttgart [4]1977.

Ein Lexikon im Taschenbuchformat. Stichwörter aus AT und NT zu Realien, Orten, Gestalten, biblischer Umwelt und Literatur, einige bibeltheologische Begriffe.

4. Einleitungen in das Alte Testament

»Einleitungen« informieren über die Entstehungsgeschichte des Alten Testamentes. Diese für Theologiestudenten geschriebenen Handbücher enthalten meist ausführliche Literaturangaben zu den einzelnen Schriften des AT, oft einen Überblick über die Forschungsgeschichte.

H. Cazelles (Hrsg.), Introduction critique à la bible, Paris 1973.

O. Kaiser, Einleitung in das AT, Gütersloh [5]1984 (grundlegend neu bearbeitet).

R. Rendttorff, Das Alte Testament, Neukirchen [3]1988.

J. Scharbert, Sachbuch zum Alten Testament, Aschaffenburg 1981.

W. H. Schmidt, Einführung in das AT, Berlin 1982.

R. Smend, Die Entstehung des Alten Testaments, Stuttgart 1981.

5. Kommentarreihen

Echter Bibel (EB), Die Heilige Schrift in deutscher Übersetzung. Das Alte Testament. Hrsg. von F. Nötscher, Würzburg 1951–1960.

Ein vollständiger Kommentar zum Alten Testament in 4 Bänden und einem Registerband. Der vom jeweiligen Kommentator übersetzte und gegliederte Text ist »unter dem Strich« mit kurzgefaßten Erläuterungen versehen (z.B.: für die Vorbemerkungen zum Pentateuch und für das Buch Genesis stehen H. Junker in Bd. 1 nur 146 Seiten zur Verfügung).

Die Neue Echterbibel (NEB), Kommentar zum Alten Testament mit der »Einheitsübersetzung«, hrsg. von Weihbischof J. Plöger und J. Schreiner, Würzburg 1980ff.

Der Kommentar ist ähnlich aufgebaut wie die »alte« Echterbibel, doch wird Einleitungsfragen (Entstehung und geschichtliche Einordnung des jeweiligen biblischen Buches) mehr Raum zugestanden. Bis 1985 sind erschienen:
N. Lohfink, Kohelet, [2]1982.
G. Krinetzki, Hoheslied; *W. Dommershausen,* Ester, [2]1985.
J. Schreiner, Jeremia 1–25, [2]1985.
Ders., Jeremia 25,15–52,34, 1984.
A. Deissler, Hosea, Joel, Amos, [2]1985.
Ders., Obadja, Jona, Micha, Nahum, Habakuk, 1984.
J. Scharbert, Genesis 1–11, [2]1985.
W. Kornfeld, Levitikus, 1983.
H.F. Fuhs, Ezechiel 1–24, 1984.
G. Hentschel, 1 Könige, 1984.
Ders., 2 Könige, 1985.
W. Dommershausen, 1 und 2 Makkabäer, 1985.

Stuttgarter Kleiner Kommentar. Stuttgart 1970–1982.

Eine abgeschlossene Reihe von Kurzkommentaren zum Alten Testament.

Die Welt der Bibel. Kleinkommentare zur Heiligen Schrift, hrsg. v. W. Hillmann u.a., Düsseldorf 1963– 1970.

Ausgewählte Texte aus biblischen Büchern sind kommentiert in allgemeinverständlicher Form und auf der Grundlage wissenschaftlicher Arbeit. In dieser Reihe liegen vor:
A. Goldberg, Das Buch Numeri, 1970.
N. Lohfink, Höre Israel (Deuteronomium), 1965.
J. Schreiner, Vom Gotteswort gefordert (Jeremia), 1967.
G. Ziener, Das Buch der Weisheit, 1970.
A. Strobel, Das Buch Prediger (Kohelet), 1967.
A. Deissler, Die Psalmen. (Die Psalmen sind kommentiert als Gebete der nachexilischen Gemeinde, die die Gotteserfahrungen Israels reflektieren. Der Kommentar umfaßt vollständig alle Psalmen.) Seit 1963 mehrere Auflagen, zuletzt 1983.

Die *Neue Jerusalemer Bibel,* Freiburg 1985.

Enthält den Text der Einheitsübersetzung mit den neu bearbeiteten Anmerkungen und Einleitungen der »Jerusalemer Bibel«, einer zuerst französisch erschienenen Bibelausgabe mit zahlreichen wissenschaftlich fundierten Angaben zur Entstehungsgeschichte der Bibel.

Erläuterungen zum Alten Testament für die *Geistliche Schriftlesung, Düsseldorf 1973ff.*

Theologische Grundlinien biblischer Bücher werden nachgezeichnet; literarische und historische Textanalyse ist in Anmerkungen und im Anhang zum meditativ gehaltenen Kommentar enthalten:
E. Haag, Jeremia, 2 Bände, 1973 und 1977.
L. Ruppert, Genesis, 2 Bände (bis Gen 36), 1976 und 1984.
E. Zenger, Exodus, 1978.
R. Mosis, Ezechiel, 1978.
H. Groß, Psalmen, 2 Bände, 1978 und 1980.

Das Alte Testament. Deutsch (ATD) Göttingen 1966ff.

Eine Kommentarreihe evangelischer Autoren, in gut lesbarem Stil, für die Benützung bei Predigt- und Unterrichtsvorbereitung, wissenschaftlich fundiert. Fast vollständig.

Handbuch zum Alten Testament (HAT), Tübingen 1939 bis 1969 und *Kommentar zum Alten Testament (KAT),* Leipzig–Erlangen–Gütersloh 1924–1976.

Zwei »große« Kommentarreihen, evangelische Autoren, Auseinandersetzung mit der wissenschaftlichen Literatur, literarische und geschichtliche Ortsbestimmung der biblischen Bücher und der Einzeltexte stehen im Mittelpunkt der Auslegung.

Biblischer Kommentar Altes Testament, Neukirchen 1956ff.

Ausführlichstes wissenschaftliches Kommentarwerk in deutscher Sprache. Zu jedem biblischen Buch eine eingehende Einleitung zu Entstehungsgeschichte, Zeitgeschichte, theologischem Standort. Umfassende Literaturangaben, auch zu jedem Einzeltext. Aufbau der Einzelauslegungen: Textkritik, Form des Textes, sein geschichlicher Ort, Auslegung der Worte, Ziel des Textes:

C. Westermann, Genesis, drei Bände, 1974–1982.
M. Noth, 1 Könige 1–11.
H. Wildberger, Jesaja 1–39, drei Bände, 1972–1982.
H. Elliger, Deuterojesaja (Jes 40–55), 1978.
W. Zimmerli, Ezechiel, 1969.
H. W. Wolff, Hosea, ^{3}1976; Joël und Amos, ^{2}1975; Obadja und Jona, 1977; Micha, 1983.
H.-J. Krauss, Psalmen, 3 Bände, ^{5}1978.
F. Horst, Hiob, Teil 1, 1968.
O. Plöger, Sprüche Salomos, 1984.
G. Gerleman, Ruth, Das Hohelied, 1965.
A. Lauha, Kohelet, 1978.

6. Geschichte Israels, Landeskunde, Umwelt

6.1 Darstellungen der Geschichte Israels

Martin Noth, Geschichte Israels, Göttingen 1950, ^{9}1981.

Große Bedeutung für die Geschichte der Auslegung des AT hat Noths Hypothese von der Existenz eines »amphiktyonischen« Israel, d.h. eines festen, rechtlich, politisch, religiös begründeten Verbandes von zwölf Stämmen in vorstaatlicher Zeit.

A. Gunneweg, Geschichte Israels bis Bar Kochba, Stuttgart–Berlin–Köln–Mainz 1972, ^{5}1984.

Gunneweg hält an der »Amphiktyoniehypothese« fest. Er beginnt aber seine Geschichtsdarstellung – anders als Noth – nicht erst mit der Zeit der Stämme, sondern mit den Patriarchen und dem Exodus.

G. Fohrer, Geschichte Israels. Von den Anfängen bis zur Gegenwart, Heidelberg ^{3}1982 (UTB 708).

Ausgehend von einem Überblick über die Geschichte des Alten Orients in vorisraelitischer Zeit ordnet Fohrer Patriarchen- und Exodusüberlieferungen geschichtlich ein. Für die Zeit vom 1. Jh. n. Chr. bis zur Gegenwart sind nur 30 Seiten reserviert.

R. de Vaux, Histoire ancienne d'Israel, Paris.
Bd. 1: Les Origines à l'installation en Canaan, 1971.
Bd. 2: La période des juges, 1973.

Mit großer Gelehrsamkeit entwirft de Vaux aus vielfältigem Quellenmaterial ein differenziertes Bild der vielen unterschiedlichen und zum großen Teil noch voneinander unabhängigen Bewegungen, aus denen schließlich das Volk Israel hervorging.

H. Donner, Geschichte des Volkes Israel und seiner Nachbarn in Grundzügen. Grundrisse zum AT. Bd. 4/1,2 Göttingen 1984–1986.

K. Vogt, Wenn ihr in das Land kommt, Stuttgart ^{2}1985.

Ein kurzer Abriß der Geschichte Israels, ansprechend in einem kleinen Heftchen erzählt.

K. Jarosch, Ägypten und Vorderasien. Eine kleine Chronographie bis zum Auftreten Alexanders d. Großen, Linz und Stuttgart 1976.

Ein Überblick über den Geschichtsverlauf in Zahlen.

6.2 Zur biblischen Archäologie

Informationen zu diesem Thema finden sich auch in den großen Sachlexika, vgl. 3.2.

M. Avi-Yonah (Hrsg.), Encyclopedia of Archaeological Excavations in the Holy Land, Bd 1–4, London 1976–1978.

Ausführliche Fundbeschreibungen zu den einzelnen Ausgrabungsorten. Vgl. auch 6.5.

K. M. Kenyon, Die Bibel im Lichte der Archäologie, Düsseldorf 1980.

K.M.Kenyon, Archäologie im Heiligen Land, Neukirchen ²1976.

G.E.Wright, Biblische Archäologie, Göttingen 1958.
Allgemeinverständlich werden in diesen Büchern archäologische Funde vorgestellt und gedeutet als Quellen der Vorgeschichte und Geschichte Israels.

The Biblical Archaelogist (BA), New Haven.
Eine Zeitschrift, die Ausgrabungsberichte und neuere Ergebnisse archäologischer Forschung allgemeinverständlich und anschaulich – mit zahlreichen Fotos – darstellt. Vgl. auch 2.2.

6.3. *Außerbiblische Quellentexte*

K. Galling, Textbuch zur Geschichte Israels, Tübingen ³1979.

H. Gressmann, Altorientalische Texte und Bilder zum Alten Testament (AOT), 2 Bände, Berlin 1954.

J.B. Pritchard, Ancient Near Eastern Texts, relating to the Old Testament (ANET) Princeton ²1955.

W.Beyerlin, Religionsgeschichtliches Textbuch zum Alten Testament, Göttingen ²1985.

A. Jepsen (Hrsg.), Von Sinuhe bis Nebukadnezar. Dokumente aus der Umwelt des Alten Testamentes, Stuttgart–München ²1976.

E. Sitarz, Kulturen am Rande der Bibel, Stuttgart 1983.
Eine reich bebilderte und allgemeinverständlich gehaltene kurze Einführung in die Kultur der Völker rings um Israel.

O. Kaiser (Hrsg.), Texte aus der Umwelt des Alten Testamentes, Gütersloh. Bd. I,1: Rechtsbücher, 1982; Bd. I,2: Staatsverträge, 1983; Bd. I,3: Rechts- und Wirtschaftsleben, 1983; Bd. II,1: Deutungen der Zukunft in Briefen, Orakeln und Omina, 1986; Bd. II,2: Rituale und Beschwörungen I, 1987.

6.4. *Bilddokumente aus der Umwelt Israels*

O. Keel, Die Welt der altorientalischen Bildsymbolik und das Alte Testament. Am Beispiel der Psalmen, Neukirchen ³1980.
Etwa 500 gut erkennbare Nachzeichnungen altorientalischer Darstellungen, aus dem Zusammenhang ihrer Herkunft und in Bezug auf das AT kommentiert.

Länder der Bibel. Archäologische Funde aus dem Alten Orient. Ausstellungskatalog des Römisch-Germanischen Museums der Stadt Köln, Mainz 1981.
Ein Beispiel für Ausstellungskataloge, die neben guten Fotos meist auch aufschlußreiche Erläuterungen bieten. Bilddokumente enthalten auch die Quellentextsammlungen sowie manche der Atlanten.

E. Brunner-Traut, Die Alten Ägypter. Verborgenes Leben unter Pharaonen, Stuttgart ³1981.
Hier nur als *ein* Beispiel der Werke genannt, in denen für ein breiteres Publikum Kunst altorientalischer Völker abgebildet und kenntnisreich erläutert ist.

6.5 *Landeskunde*

H. Grollenberg, Bildatlas zur Bibel, Gütersloh ⁴1963.
Karten zur Geschichte und Geographie, Landschaftsfotos, zahlreiche kommentierte Abbildungen zu Kunst und Architektur altorientalischer Völker.

Y. Aharoni/M. Avi-Yonah, Der Bibelatlas. Die Geschichte des Heiligen Landes 3000 Jahre vor Christus bis 200 Jahre nach Christus, Hamburg 1982.
264 Karten sind in engem Bezug zu biblischen Texten und Ereignissen der Geschichte Israels entworfen und jeweils kurz kommentiert.

Atlas of Israel. Cartography, physical geography, human and economic geography, history. Hrsg. v. H.K. Amiram, J. Elster u.a. Survey of Israel. Ministry of Labour, 1970.
Zahlreiche Informationen zum heutigen Land Israel, einige historische Karten.

Tübinger Atlas des Vorderen Orients (hrsg. v. H. Röllig u.a.). Sonderforschungsbereich der Universität Tübingen, seit 1977.

Teil 1: Geographie. Teil 2: Geschichte. Ein großangelegtes wissenschaftliches Unternehmen.

H. H. Rowley, Atlas zur Bibel, Wuppertal [9]1982.

Karten und Tabellen zur biblischen Geschichte. Ein kleines Werk für den raschen Überblick.

Y. Aharoni, Das Land der Bibel. Eine historische Geographie, Neukirchen 1982.

Die Geschichte Israels dargestellt als Vorgang in einem von der Natur und Vorbewohnern geprägten Raum.

A. Ohler, Israel, Volk und Land. Zur Geschichte der wechselseitigen Beziehungen zwischen Israel und seinem Land in alttestamentlicher Zeit, Stuttgart 1979.

O. Keel, Orte und Landschaften der Bibel. Ein Handbuch und Studienreiseführer zum Heiligen Land, bisher Bd. 1 und 2, Köln–Zürich–Einsiedeln–Göttingen 1982 und 1984.

Landschafts-, Lage-, Wegebeschreibungen zu zahlreichen Orten, ausführliche Beschreibung der noch sichtbaren Spuren der Geschichte Israels in biblischer Zeit sowie der Funde, Skizzen und Zeichnungen.

J. B. Pritchard (Hrsg.), The Times Atlas of the Bible, London 1987 (Übersetzung ins Deutsche noch 1988).

Ein umfangreicher Atlas, der die Geschichte Israels und der frühen Kirche als Teil der Geschichte des Orients und des Mittelmeerraumes darstellt, d. h. auch der vorisraelitischen Zeit, und den Völkern in der Nachbarschaft Israels breiten Raum einräumt.

7. Theologie des Alten Testamentes

A. Deissler, Die Grundbotschaft des Alten Testamentes, Freiburg [9]1984.

Ein Abriß, ausgehend von der Botschaft vom einen Gott.

G. v. Rad, Theologie des Alten Testamentes, 2 Bände, [8]1982, [8]1984.

Ein großangelegter Gang durch die Glaubensgeschichte Israels anhand der alttestamentlichen Überlieferungsstränge. Entwurf einer »Heilsgeschichte«.

H. W. Schmidt, Alttestamentlicher Glaube in seiner Geschichte, Neukirchen [2]1975.

Die Geschichte Israels, erzählt als Geschichte der Entfaltung seines Gottesglaubens.

E. Sitarz (Hrsg.), Höre Israel! Jahwe ist einzig. Bausteine für eine biblische Theologie, Stuttgart 1987.

Theologien (Plural!) der alttestamentlichen Schichten und Bücher werden dargestellt.

E. Zenger, Der Gott der Bibel, Stuttgart [3]1986.

Ein allgemeinverständliches, didaktisch geschicktes und anschauliches »Sachbuch zu den Anfängen des alttestamentlichen Gottesglaubens«.

Bibelstellenregister

Altes Testament

Gen 1 70, 73, 85, 90
Gen 1,6 ff 103
Gen 1,26 85
Gen 4,13 117
Gen 4,14 132
Gen 4,26 101
Gen 5,1 ff 85
Gen 6,9 85
Gen 6,20 67
Gen 7,2 67
Gen 7,17 67
Gen 7,27 67
Gen 9 86, 130
Gen 10 29
Gen 10,1 85
Gen 11,1–9 29 ff
Gen 11,10 85
Gen 11,27 85
Gen 12 83
Gen 12,1–4 79
Gen 12,4 106
Gen 13 38
Gen 15 133 f
Gen 15,2 51
Gen 15,7 133
Gen 15,18 109
Gen 16 40
Gen 16,6 87
Gen 16,7 56
Gen 16,12 133
Gen 17 86,130
Gen 17,17 49
Gen 18,1 56
Gen 18,12 49
Gen 19, 30 ff 38
Gen 20 83
Gen 21 39
Gen 21,4 84
Gen 21,9–21 87
Gen 22 39
Gen 22,2 56
Gen 24 40, 81
Gen 25,12 85
Gen 25,19 85
Gen 25,26 43
Gen 26 50
Gen 26,30 130
Gen 27 – 33 50
Gen 28 42
Gen 28,10 57
Gen 31,44 121
Gen 31,51 ff 56
Gen 31,54 130
Gen 32,23–33 41 ff
Gen 33,20 48, 56
Gen 34 48
Gen 36,9 85
Gen 37 – 50 40
Gen 37,2 85
Gen 37,12 59
Gen 45,5 40
Gen 48 83
Gen 50, 20 40

Ex 1 – 15 93, 100, 131
Ex 1,1 – 2,24 100
Ex 1,8 95
Ex 1,11 98, 108
Ex 2,23 f 100
Ex 3 – 6 100
Ex 3 80, 84
Ex 3,4 f 113
Ex 3,6 83
Ex 3,8 45
Ex 3,10–14 101 f
Ex 3,12.18 131
Ex 4,22 f 106, 107
Ex 6 86
Ex 6,7 12, 86, 130
Ex 7 – 14 100
Ex 9,20 106
Ex 10,7 106
Ex 10,18 106
Ex 11,3 106
Ex 12 f 105
Ex 12 46
Ex 12,23 105
Ex 14 13
Ex 14,12 105
Ex 14,13 79
Ex 14,24 f 103
Ex 14,27 f 103
Ex 14,31 105
Ex 15 100
Ex 15,1–19 102
Ex 15,20 f 13, 102 f, 131, 135
Ex 16 – 18 93
Ex 16,21 ff 85
Ex 17,15 101
Ex 19 – Num 10 93
Ex 19 f 113, 120, 129
Ex 19,1 125
Ex 19,1–2 127
Ex 19,2b.9–25; 20,18–21 129
Ex 19,10 f 100
Ex 19,10–18.24 113
Ex 19,16 113
Ex 19,19 100
Ex 19,17 100
Ex 19,25 114
Ex 20 123, 125
Ex 20,1–17 114
Ex 20,1 114, 121
Ex 20,2 12, 132, 121
Ex 20,10 46
Ex 20,18 113
Ex 20,22 ff 125
Ex 20,24 f 57
Ex 21 – 23 125
Ex 21,1 125
Ex 21,12 116
Ex 21,17 114
Ex 21,18 115, 117
Ex 21,27 118
Ex 22,26 126
Ex 23,12 46
Ex 23,14–17 46
Ex 23,20 ff 125
Ex 24 130
Ex 24,1–14 129
Ex 24,7 125
Ex 24,8 13
Ex 24,15–17 127
Ex 24,18; 31,18 – 34,28 129
Ex 25 – 31 126, 127
Ex 31,14 114
Ex 33,13 102
Ex 34 130
Ex 34,10–29 130
Ex 34,12 46
Ex 34,18–23 46
Ex 34,27 f 121, 130
Ex 34,29–35 129
Ex 35 – 40 127, 129

Lev 1 – Num 10,10 129
Lev 1,1 129
Lev 11,4 25
Lev 11,15 71
Lev 17 – 26 125, 127
Lev 18,7–18 123
Lev 19,2 126, 127
Lev 19,18 127

Num 1,49 86
Num 3,1 85
Num 10 – 20,13 93
Num 10,11 129
Num 10,12 125
Num 15 – 19 93
Num 15,41 95
Num 24,14–32 93

Num 25 - 31 93
Num 33 - 36 93

Dtn 4,13 121
Dtn 5 115
Dtn 6,4 126
Dtn 6,20–24 91
Dtn 6,21–23 131
Dtn 12 90
Dtn 15,15 95
Dtn 16,1–17 46
Dtn 16,12 95
Dtn 21,18–21 116
Dtn 26,5 37
Dtn 26,5 ff 91, 131
Dtn 27 117
Dtn 27,15–26 123
Dtn 33,2 131

Jos 2,10 95
Jos 8,31 88
Jos 24,2–13 91, 131
Jos 24,2 34

Ri 1,18 104
Ri 4,15 103
Ri 5,5 131
Ri 6,13 95
Ri 6,25 60
Ri 7,22 103
Ri 8 41
Ri 8,14 76
Ri 11,14 106
Ri 13,22 42
Ri 20 50

1 Sam 1 ff 50
1 Sam 2,22 102
1 Sam 7,10 103
1 Sam 9,25 60
1 Sam 11,14 ff 50
1 Sam 14,15.20 103
1 Sam 18,1 121
1 Sam 18,6 102
1 Sam 22,2 62

2 Sam 2,16 121
2 Sam 12,9 f 107
2 Sam 20,24 78

1 Kön 4,6 78
1 Kön 10,28 f 104
1 Kön 12,8 78
1 Kön 18 78, 33
2 Kön 1,4 106
2 Kön 3,14 11
2 Kön 9 f 11
2 Kön 14,6 88
2 Kön 18,23 104
2 Kön 22 f 84, 90

Esra 3,2 88
Esra 7,6 17

Neh 16

1 Makk 1,56 f 15, 17

2 Makk 2,13 f 15, 17

Ps 12 100
Ps 18,8–20 100
Ps 19 121
Ps 95,7 100
Ps 119 121

Spr 3,27–31 122
Spr 22,22–28 122
Spr 24 122

Sir 49 20
Jes 19,18 54
Jes 34,11 71
Jes 53,12 13

Jer 31,31 13

Hos 2,25 83
Hos 11,1 95, 107
Hos 12,5 44
Hos 14,5 12

Mi 3,11 101
Mi 6,4 95, 102

Am 9,7 95

Neues Testament

Mt 5,18 26
Mt 5,38 ff 118
Mt 5,48 127

Mk 9 129

Röm 11 12
Röm 13,13 17

Sachregister

Aaron 85, 102
Abinadab 56
Abimelech 62
Abraham, Abram (Etymologie) 56
Abraham 36, 37, 38, 39, 49, 51, 78, 80, 83, 86, 108
Abrahamsüberlieferungen 33, 50, 51
Abrahamsbund 86, 130
Abrahamsverheißung 95
Adam 45, 79, 80, 85
Adoniram 78
Adoption 51
Ägypten 52, 78, 79, 80, 89, 91, 95, 96, 105, 109, 110, 112, 122, 135
Akko 112
Alalach 54 f, 60, 62
Alexandrien 20 f, 28
Alphabet 76, 78, 112
Alt, Albrecht 117, 123
Älteste 116
Altar 48, 57, 58, 96, 100, 125, 126
Amarna 48, 58, *61,* 62, 96, 112
Amenemope 122
Ammon 38, 80, 112
Amoritische Wanderung 111
Amram 56
Anat 33, 55
Anthropomorphismus 65, 83
Antiochos Epiphanes 15, 20
Apodiktische Rechtssätze *115 f, 117,* 123, 126, 128, 135
Apokryphe 20, 22
Arad 58
Aram 38, 62, 80, 112
Aramäische Wanderung 112
Arche 67, 68, 69, 73
Archäologie 59, 61
Ascher 112
Auge um Auge → Talionsrecht
Aufklärung 88
Auszug aus Ägypten 63, 74, 79, 82, 91, 93, *95 ff,* 108, 115, 131, 132, 135, 136
Auszug aus der Arche 71, 73

Baal 33, 55, 56, *57,* 60
Baalspropheten 33
Babel 13, 17, 29, 31, 67, 71, 79, 81, 84, 85, 90, 111, 116
Bauern 45, 79, 126
Baum 55, 57, 60
Beamte 78, 97, 98, 135
Beerscheba 50, 79
Bergpredigt 127
Beschneidung 86
Bet-El 42, 50, 57, 83
Bet-Schean 98
Bewässerungslandwirtschaft 110
Bileam 80, 95
Blut 13, 105, 130
Blutrache 117
Blutsbrüderschaft 130
Bote Gottes 80, 83
Botenformel 106
Brunnen 50, 134
Buchrolle 15
Bund Gottes 86, *118 ff, 121,* 123, 126, 128, 129, 130, 132, 133,
→ Abrahamsbund
→ Noachbund
→ Sinaibund
Bundesbuch 46, 125, 126, 128
Bundeserneuerungsfest 131
Bundesformel 86, 130
Bundeslade 115
Bundeszeichen 74, 86

Chanukkafest 15
Chaos 70, 73, 85, 86, 90, 103
Christus und das AT 11, 14, 23
→ Jesus
Credo Israels 91 → Dtn 26,5 ff

Daniel (das Buch) 20, 22
David 62, 78, 79, 88, 104
Dei Verbum 13, 23, 89
Dekalog → Zehnwort
Deuterojesaja 81
Deuterokanonisch 20
Deuteronomische Reform 84
→ 2 Kön 22 f
Deuteronomistische Redaktion 45, *84,* 89, 114
Deuteronomium 84, 89, 90, 119, 125, 126, 127, 128, 132
de Wette 90, 92
Diodor 103
Divino afflante spiritu 89
Dodekalog 130
Dokumentenhypothese 89
Dorf 49, 60, 79, 98, 116, 126, 135

Echnaton 61, 96, 112
Ebla 111
Eden 80, 110
Edom 37, 38, 98, 112
Efraim (Gebirge) 62
Efraim und Manasse 83, 112
Eherecht 51
Einwanderung; Einzug ins Land 54, 61, 81, 82, 91, 93,
Eisenzeit 38, *59,* 61, 98
Elohim 43, 67, 79, 84
El 56
Elohist *83 ff,* 90, 114, 129 f
Enosch 80
Eridu 111
Ernte 34, 37, 45, 46, 55
Erstgeburt 106, 107
Esau 37, 41
→ Jakobsüberlieferungen
Esra 17, 19, 20
Etemenanki 32
Evangelium 132

Exegese → Historisch-kritische Exegese
Exil 73, 81
Exodus → Auszug aus Ägypten

Familie, Sippe 34, 39, 46, 47, 56, 60, 61, 79, 85, 86, 87, 98, 100, 101, 108, 121, 123, 134, 135 → Sippe
Familienfest 46
Familien- oder Sippenheiligtümer 59, 66, 135
Familienrecht 51, 111
Familienreligion 56 ff
Familiensage 39, 46, 100, 134
Feierabendrunde 116
Festkalender; Festordnung 45, 46
Fluch 80, 118
Fragmentenhypothese 89
Frau 79, 102, 104, 120
Frondienst 55, 61, 78, 98, 99, 107

Gattungskritik *31,* 41, 44, 45, 47, 90
Gebot Gottes 113, 120, 121, 130, 132 → Gesetz
Genealogie; Generationsliste 85, 86
Geographie und Religion 60 f, 109 f
Geschichte und Glaube 13, 14, 105
Geschichtsbild der Bibel 91
Geschichtsdarstellung 13, 31, 79, 84, 85, 136
Geschichtete Gesellschaft 55, 60, 61, 116
Gesetz 12, 17, 18, 23, 80, 84, 85, 87, 88, 90, 114 f, *120 ff,* 127, 131
Gesetz und Propheten 20
Gesetze 93, 95, 111
→ Apodiktische Rechtssätze
→ Kasuistische Rechtssätze
Gesetzeslehrer 45, 60, 126
Gesetzespsalmen 121
Gesetzessammlungen 117, *125 ff,* 135
Gesetzestheologie 122
Gespenstersage 41, 43
Gewitter 55, 56, 70, 120, 129

Gideon 41, 47 f, 76
Gilgal 50
Gilgamesch 111
Götter 33 f, 43, 55, 60, 67, 72, 80, 84, 112
Gottebenbildlichkeit 85
Gottesbild 119
Gottesbote → Bote Gottes
Gottesbund → Bund Gottes
Gottesname → Jahwe
Gottesdienst; Kult 100, 101, 102, 104, 105, 127, 129, 130, 131, 135, 136
Grundgesetz 125, 126, 135
Gunkel, Hermann 90, 92

Hagar 39, 51, 80
Halbmond, der fruchtbare 110
Hammurabi 51, 52, 111, 114 f, 116
Handel 54, 60, 76, 78, 112
hapiru 62, 112
Haran 50
Hausbau 59
Hazor 52
Hebräer → Hapiru
Hebron 50, 51, 79
Heiden → Völker
Heilig 13, 127
Heilige Orte → Kultorte
Heiliger Krieg 103
Heiligkeitsgesetz 125, 127, 128
Heiligtumssage → Kultortsage
Hellenismus 15
Henoch 20
Herabsteigen Gottes 33, 34, 39, 79, 100
Hethiter 119
Hexateuch 81, 89
Hieroglyphen 75 f
Hirten → Wanderhirten
Historisch-kritische Exegese *88 ff,* 91, 92
Hurriter 51, 111
Hyksos 111
Hymnus 103

Idrimi von Alalach 62
Isaaküberlieferungen 38, 39, 49, 50, 51, 80, 130
Ischtar 42, 55
Ismael 39, 87
Issachar 112
Israel, seine Entstehung 63, 95, *96,* 112, 135
Israel, Gottesvolk und Kultgemeinde 86, 100, 101, 129
Israel, Etymologie 43
Israel auf der Stele des Mernephta 62, 63, 98, 112
Israel als Name Jakobs 37, 103
Israel als Staat (Nordreich) 73, 78, 84, 87, 136
Israel als Stämmebund 101

Jabbok 41, 44, 47
Jahresfest → Festkalender
Jahwe, der Gottesname 43, 67, 75, 80, 83, 86, *101 ff,* 132
Jahwist 68, *75 ff, 79 ff,* 85, 90, 91, 103, 105, 106, 107, 113, 129, 130, 131
Jakob, Etymologie 43
Jakob 41 ff, 49, 56, 80, 83, 95, 96, 103, 121, 130
Jakobsüberlieferungen; Jakob-Esau-, Jakob-Laban-Zyklus 41, 43, 47, 50, 81, 136
Jamnia 20, 25
JE *84,* 131
Jehu 11
Jericho 110
Jerusalem 60
Jerusalems Untergang 586 v. Chr 84
Jerusalems Untergang 70 n. Chr 15, 20
Jesajarolle von Qumran 16, 28
Jesreel 112
Jesus 118, 127, 129 → Christus
Jiftach 62
Joschija 84, 90
Josefserzählung 40, 80, 81, 95, 111, 112

Josephus, Flavius 15, 17, 19, 22
Josua (das Buch) 89, 96
Juda, das Südreich 73, 78, 84, 136

Kadesch 79
Kain 79, 117, 132
Kanaan 33, *54 ff*, 60, 61, 63, 78, 87, 96, *109*, 111
Kanon, Etymologie 18
Kanonformen 22
Kasuistische Rechtssätze 111, *116*, 117, *124*, 126, 128, 135
Keilschrift 67, 76 f, 78, 114 f
Ketubim 20
Kleinviehzüchter → Wanderhirten
Königszeit 60, 61, 78
Konzil von Trient 19, 23
Konzil, 2. Vatikanum → Dei Verbum
Kult → Gottesdienst
Kulthöhe 60
Kultort, heiliger Ort 56, *57*, 59, 66, 79, 101, 134
Kultortsage 41, 47, 134

Laban 40, 44, 56, 80, 83, 121, 130, 136
Lamech 117
Land 54, 84
Landbesitz 60, 79, 91
Landnahme 59 → Einwanderung
Laubhüttenfest 46, 95
Lea 49, 51
Legende 107
Leviten 86, 126
Literarkritik *30*, 41, 47, 67, 68, 70, 81, 90, 113, 131
Lokalgötter → Ortsgottheiten
Lot 38, 80

Mamre 80
Marcion 11, 19, 23
Mari 49, *52*, 111, 133
Masoreten 26, 28
Megiddo 52
Menschheit; Menschheitssage 33, 34, 67, 72, 79, 80, 81, 85, 86, 101, 132 → Urgeschichte
Merenptah 62, *63*, 98, 112
Mesopotamien 46, 76, 78, 109, 136
→ Babel
→ Hammurabi
Midian 38, 48, 101
Mirjam; Mirjamlied 13, *102*, 103, 104, 107, 135
Mizpa 50
Moab 28, 62, 80, 112
Mose 80, 82, 83, 86, 88, 90, 100, 101, 106, 107, *113 f*, 119, 131, 133, 134, 135
Mot 33 f, 55
MT → Masoreten
Mythos 33, 56, 67, 72, 111, 136

Nächstenliebe 127
Name 34, 43, *101*
Namen (Personennamen) als Geschichtsquelle 48 f, 56, 134
Name Gottes 57 → Jahwe
Nationalstaat 62
Nebenfrau 51
Nebiim 20
Nebukadnezzar 32
Negeb 50, 59
Nehemia 16, 17, 20
Noach 68 ff, 79, 80 81
Noachbund 73, 74, 86, 130
Nordreich → Israel
Nomaden → Wanderhirten
Nuzi *51*, 111

Opfer 71, 72, 121
Ortsgottheiten 56
Ortsheiligtümer → Kultorte; Familienheiligtümer
Ortsnamen als Geschichtsquelle 49, 134
Ortssage 41, 58, 100 → Kultortsage

Paulus und das Alte Testament 12
Pantheon → Götter
Pascha 46, 47, 58, 95, 105, 150
Patriarchen → Väter
Pentateuchkritik 78, *80*, 84, 86, 87, *88 ff*, 91, 129, 136
Penuel 41, 42, 44, 47 f, 57, 76, 83
Perser 16, 17, 26
Personennamen → Namen
Pfingstfest 46
Pharao 33, 39, 48, 61, 76, 83, 95, 98, 106
Pharisäer 20
Philister 98, 112
Pitom 98, 108
Plagen Ägyptens 106, 135
Priester 13, 15, 17, 79, 85, 90, 120, 125, 126, 127, 128, 129
Priesterschrift 68, 73, 82, *84 ff*, 90, 103, 107, 114, 127, 130, 136
Prophet 18, 60, 95, 101, 106, 107, 121, 128
Psalmen 18
Pseudepigraphie 20, 22

Quelle (Wasser) 58, 60, 80
Quellenschriften → Pentateuchkritik
Qumran 16, 28

Rabe 71
Rache 117, 118, 123
Rahel 49, 51
Ramses II. 96, 98, 102, 107, 135
Ras Schamra → Ugarit
Rebekka 49
Rechtsbräuche 51, 52, 134
Rechtssprichwörter 117, 126, 128
Rechtstradition 135
Redaktionskritik 67 ff, *68*, *73 f*, 86
Redaktoren *75*, 84, 129
Regenbogen 86
Reichsteilung 81
Reinheit 69, 100, 127
Richterzeit 96, 103
Richterbuch 132

Sabbat 47, 85, 90, 114, 115

Sadduzäer 20
Sage *32,* 38, 79, 80, 81, 83, 84, 102, 134, 132
Salomozeit 78, 79, 80, 81, 82, 91, 102, 105, 134, 135, 136
Samaritaner 16, 20, 26
Sara 33, 40, 43, 51, 83
Sargon von Akkad 107, 111
Sauerteig 46
Saul 62
Schilfmeer 13, 79, 80, 82, 95, 98, 100, 101, 103, 104, 106, 108, 135
Schilo 50
Schlange 55, 72
Schöpfung 70, 73, 79, 81, 85, 90, 111, 115
Schreiben 75 f, 78, 110
Schriftgelehrte 17, 20, 25, 26, 84
Sebulon 112
Seevölker 112
Segen 41, 50, 57, 83, 105, 118
Seir 37
Septuaginta 20, 27
Set 85
Seßhaftigkeit 58, 59, 61, 99, 101, 104, 112, 126, 132, 133, 135
Sichem 48, 50, 51, 56, 60, 62, 96, 111
Sinai 12, 74, 82, 91, 95, 100, 112, *113 ff,* 121, 127, *129 f, 131 f,* 133
Sinaibund 73, 74, 86, 93, 135
Sinaigrenze Ägyptens 98, 111
Sinaiperikope *113 ff, 125 ff*
Sintflut 29, *67 ff,* 79, 81, 111, 136
Sippe 116, 119 → Familie
Sippenweisheit 123, 128
Sitz im Leben 31, 43, 39 f, 90, 91, 114
Sodom 80
Sonne 72, 85, 119
Spätbronzezeit 61, 98
Spinoza 88, 92, 102
Sprache Israels 112
Südreich → Juda
Sprichwörter 122, 123, 135
→ Rechtssprichwörter
Staat 108, 110, 126
Stadt 32, 51, 59, 60, 61, 112, 116
Stadttor 116 → Torgericht
Stadtkönige 61, 62, 78, 96, 112
Stämme 13, 95, 96, 101, 112
Stammessagen 136
Stammvater 37, 51, 85
Stammvätersage 37 f, 39, 135
Stein 57, 58, 60, 121
Steinerne Tafel 114 f, 130
Stier 80
Strabon 103
Streitwagen 13, 54, *104,* 111
Sumer 111

Talionsrecht 107, *117 f,* 123
Targum 26
Tempel 58, 60, 84, 126 f, 127, 129
Tempelturm → Zikkurat
Tanach 20
Textkritik *30 f*
Thutmose III. 58, 112
Toledot 85 → Genealogie
Torah 17, 18, 19, 20, 85, *120,* 127
Torgericht 116, 123, 126, 135, 136
Tridentinum → Konzil von Trient
Turmbau 29 ff, 79, 111

Überlieferungskritik 45, 47, 91, 114, 131
Ugarit *54,* 56, 60, 76, 78, 112
Ungesäuerte Brote 45, 58, 130
Unterschicht 55, 61
Unterwelt 33
Ur 111
Urflut → Chaos, → Wasser
Urgeschichte 79, 81, 136
Urzeit 33
Urzeitsagen → Menschheitssagen

Vasallenvertrag *118,* 120, 123, 128
Vatererbe 60
Vätergeschichte 81, 82
Väterreligion *56 ff* → Vatergott
Vätersagen 47, 96
Väterüberlieferung 42, 46, 48, 51, *54 ff,* 79, 95, 96, 98, 100, 108, 112, 133, 134, 136
Väterwanderungen 50
Väterzeit 39, 45 ff, 51 f, 91, 108
Vatergott 56, 96, 99, 101, 102, 132, 134
Vatikanum → Dei Verbum
Verfasserfrage 88, 89
Verheißung 79, 102, 122, 130, 132
Verwandtschaft 38, 51, 99, 108, 123, 135
Volk Israel → Israel
Völker 61, 62, 78, 81, 84, 85, 86, 132
v. Rad, Gerhard 91, 92, 131
Vulgata 26

Wallfahrt 136
Wanderhirten 13, 32, 45, 47, 49, 50, 52, 56, 58, 61, 79, 87, 96, 98, 108, 111, 116, 132, 134
Wasser 32, 42, 57, 70, 103, 111, 119
Weidewechsel 46
Weisheit 110 f, 122, 135
Wellhausen 90, 92
Weltbild 55, 90
Wohnstätte 126 f, 129
Wort Gottes *121 f,* 123
Wunder 103, 104, 107
Wüste 110, 120, 132, 133, 135
Wüstenzug 82, 91, 93, 95

Zafon 56
Zehnwort 12, 46, 95, *113 ff,* 123, 125, 128, 130, 132, 135
Zelt, heiliges → Wohnstätte
Zikkurat 32, 79, 111
Zweistromland → Mesopotamien

Wegweiser durch das Buch Genesis

DIE PRIESTERSCHRIFT P	*DAS JAHWISTISCHE WERK J*	*DAS ELOHISTISCHE WERK E*	*TEXTE ANDERER QUELLEN*
Aus dieser spätesten Quellenschrift stammt der chronologische Rahmen des Pentateuch; Ergänzungen aus priesterlicher Lehre.	Hierher stammt die größte Zahl der anschaulich erzählten Sagen. Gott heißt von Anfang an Jahwe; er ist den Menschen nah.	Nur fragmentarisch erhalten; vor allem Sagen aus dem Nordreich; mit moralischem Ernst verarbeitet. Gott wird Elohim genannt; er bleibt fern.	
DIE URGESCHICHTE (Gen 1 – 11)			
	Der Vorbau einer Urgeschichte vor die Geschichte Israels ist J zu verdanken.		
Gen 1,1 – 2,4a TOLEDOT (= Entstehungsgeschichte) von Himmel und Erde	*GEN 2,4b – 3,24* Schöpfung und Fall *4,1–16* Kain und Abel *4,17–24* Kains Nachkommen *4,25f* Beginn des Rufs zu Jahwe ↔	(Ex 3,14f Erst dem Mose wird der Name Jahwe offenbart.)	
Gen 5 TOLEDOT (= Stammbaum) von Adam bis Noach			
Gen 6 – 9 Zwei Sintfluterzählungen aus P und J sind vereint			
9,1–17 Gottesreden deuten die Situation der gewalttätigen Menschheit vor Gott DER NOACHBUND	*8,20–22* Noachs Opfer versöhnt Gott *9,18–27* Unterschiedliche Völker gehen aus Noachs Söhnen hervor		
Gen 10 Völkertafel TOLEDOT nach Noach *Gen 11,10–32* TOLEDOT von Sem zu Terach, von Terach zu Abram	In Gen 10 (P): Reste einer J-Völkertafel *Gen 11,1–9* Turmbausage; eine andere Erklärung der Entstehung von Völkern		

DIE PRIESTERSCHRIFT P	DAS JAHWISTISCHE WERK J	DAS ELOHISTISCHE WERK E	TEXTE ANDERER QUELLEN

DIE VÄTERGESCHICHTE (Gen 12 – 50)

Die Unterteilung der Vorgeschichte Israels in Vätergeschichte (Gen) und Geschichte von Auszug und Wüstenzug (Ex – Dtn) ist darauf zurückzuführen, daß es schon in der mündlichen Überlieferungsstufe zwei verschiedene Vorstellungen von der Herkunft Israels gab, die im Pentateuch als zwei Epochen nacheinander erzählt werden.

I. Die Abrahamsüberlieferung

Erst P gliedert in drei gleiche Teile:

Abraham: 12,1 – 25,18
Isaak: 25,19 – 35,28
Jakob: 37,2 – 50,26

→ Doch: JE bieten für die Vätergestalten unterschiedlich viel Stoff an, besonders wenig für Isaak

Die Fundamente der Geschichte Israels, grundgelegt bei Abraham

P	J	E	Andere Quellen
Gen 17,1–14 DER ABRAHAMSBUND Gott allein handelt; der Mensch betet an; 17,3	*Gen 12,1–4 a* »Programm« des Geschichtswerkes: Segen für Abraham und durch ihn für die »Geschlechter der Erde«		*Gen 15,1–6. 7–21* Zwei Nachgestaltungen von Verheißungserzählungen aus der späten Königszeit: Bund und Glaube/Gottes Schwur
	12,4b–9 Ein Wegeverzeichnis: Abrahams Altäre – Zeichen des Segens im Land		
	Gefahr für die Stammutter (vgl. 26,7 ff)		
	Gen 12,10 – 13,1 Abraham bringt statt Segen Unheil nach Ägypten	*Gen 20,1–18* Abraham wird gegen den Vorwurf der Lüge verteidigt	
	Gen 13,2–18 Abraham und Lot: Familientrennung und Entstehung von Völkern		*Gen 14* Späte gelehrte Konstruktion alter Völkergeschichte: Abraham besiegt Könige

Der Sohn der Hagar, eine Sage von Familientrennung und Entstehung von Völkern

P	J	E
Gen 16,1 a.3.15 f Chronologischer Rahmen	*Gen 16* Jahwe wendet Abrahams Schwäche zum Guten	*Gen 21,9–21* Abrahams übles Verhalten wird entschuldigt. Gott offenbart sich vom Himmel her.

DIE PRIESTERSCHRIFT P	*DAS JAHWISTISCHE WERK J*	*DAS ELOHISTISCHE WERK E*	*TEXTE ANDERER QUELLEN*
Verheißung des Sohnes an Abraham			
Gen 17 (s.o.) Gottesbund und Sohnesverheißung – reine Gottestat; Abraham versteht nicht	*Gen 18,1–16* Eine alte Sage: Sohnesverheißung ein Lohn für die Gastfreundschaft		
	18,17–32 Dialog Gott – Abraham; von J frei komponiert		
	19 Sage von der Entstehung des Toten Meeres: Gott, Richter der Völker		
Geburt des Isaak			
Gen 21,3–5 Hauptinteresse: Die Beschneidung (wichtige jüdische Institution im Exil)	*Gen 21,1f.6–8* P läßt aus JE nur Bruchstücke stehen	*Aus Isaaks Kindheit*	
		Gen 21,9–21 s.o.: »Sohn der Hagar«	*Gen 21,22–34* Abraham verhandelt mit einem König (vgl. zu Gen 14)
Gen 23 Einzige Abrahamserzählung bei P: Abraham, Fremdling im Land; sein Landbesitz: das Grab		*Gen 22* Die große Glaubensprüfung für Abraham: Isaaks Opferung	
	Gen 24 Eine mit kunstvollen, höflichen Reden geschmückte Erzählung: Werbung Rebekkas		
Gen 25,7–18 7–11: Chronologischer Rahmen 12ff: TOLEDOT Ismaels			*Gen 25,1–6* Eine gelehrte Ergänzung zu P-Genealogien: Wüstenvölker, die von Abraham abstammen

II. Isaaks- und Jakobsüberlieferungen

Gen 25,19 TOLEDOT Isaaks, ein Fragment	*Gen 26* Ein Mosaik aus Isaaksüberlieferungen aus JE. Eigentümlichkeit: Brunnenstreit; Ansiedlung im äußersten Süden		*Gen 26,6–11* Eine nachkonstruierte Erzählung von der Gefährdung der Ahnfrau (vgl. 12,10ff)

DIE PRIESTERSCHRIFT P	DAS JAHWISTISCHE WERK J	DAS ELOHISTISCHE WERK E	TEXTE ANDERER QUELLEN
	Die Geschichte von Jakob und Esau		
Gen 25,19.26b/26,34f Chronologischer Rahmen	*Die Geburt und das Heranwachsen der feindlichen Brüder* *Gen 25,21 – 26/27 – 34* Wenig bearbeitete alte Überlieferungsstücke aus JE. Sagenmotiv von Familienstreit und Entstehung von Völkern. Schuld am Streit auf allen Seiten.		
	Der Betrüger empfängt Gottes Segen		
Gen 27,46 – 28,9 Theologisch »gereinigte« Fassung der Erzählung vom Betrug Jakobs	Das kunstvolle Gewebe aus J und E aufzulösen, lohnt wenig für die Auslegung *Gen 27,1–45* Der alte, blinde Isaak, betrogen vom eigenen Sohn. Gott kann auch den Schuldigen erwählen und segnen.		
	Jakobs Läuterung in der Fremde		
		Gen 28 Kultortsage von Betel; Bestätigung des Segens für den Heimatlosen.	
	Gen 29,1 – 32,1 Sammlung von Sagen um Jakob und Laban: Der Betrüger wird betrogen. Der Segen über Jakob wirkt auch in der Fremde.		
	30,25ff: Jakobs List	31,11–16.24 Gott selbst schützt Jakob (nicht eigene Klugheit) *Gen 32,23–33* Kultortsage von Penuel, Läuterung des Betrügers im Gotteskampf	
Gen 35,13–19 Wesentlich für P in der Jakob-Esau-Überlieferung: Landverheißung, Namensänderung	*Gen 32,4–22 und 33* Versöhnung der feindlichen Brüder. Der Gesegnete wirft sich vor dem Ungesegneten zu Boden; der Betrogene umarmt den Betrüger.		
Gen 36 TOLEDOT des Esau: Gelehrte Kenntnisse über Israels Brudervolk	*Gen 34* Jakob vor Sichem: J klagt an: Israels Söhne bringen Unheil für Kanaan: 34,30f	*Gen 35,1–8.14–45* Wesentlich für E: Die Überlieferung von Betel, Hauptheiligtum des Nordreiches	

III. Die Josefserzählung (Gen 37 – 50)

Nachträglich eingeschoben: Gen 38 und 49: Im übrigen bringt die Literarkritik nur wenig ein für die Auslegung: Die Erzählung vom Heranreifen eines »Angebers« zu einem Weisen, der bereit ist, Schuldige zu trösten, statt zu verurteilen.
Gott kann auch durch Schuld retten (vgl. 50,20)

Wegweiser durch Exodus 1 – 15

PRIESTERSCHRIFT	*JAHWIST UND ELOHIST*			*HISTORISCHE GRUNDLAGEN DER ÜBERLIEFERUNGEN*
1,1–5: Genealogie	Zwischen 1,6f und 1,8: Der Bruch zwischen Väter- und Israelüberlieferung			Wanderungen der Väter – Auszug aus Ägypten: Zwei »Anfänge« Israels
Die Not Israels in Ägypten				
	1,9–13 *Frondienst* beim Bau von Pitom und Ramses			Ramses II. baute im Ostdelta eine Residenz: Pi Ramses
	1,15–22 *Tötung der hebräischen Knaben* Von E? (Gott heißt »Elohim«) Von J? (Fremdländische Hebammen, von Gott gesegnet)			
	2,1–10 *Rettung des Kindes Mose* Eine von der »Tötungserzählung« angezogene Wanderlegende		EIN EIGENSTÄNDIGER ÜBERLIEFERUNGSBLOCK MIT ALTERTÜMLICHEN ZÜGEN?	»Mose« (d.h. »Sohn des . . .) ist Fragment eines ägyptischen Namens; vgl. in der Mosesippe die Namen Hur, Pinhas, Merari. Lernte Israel von Midianitern den Gottesnamen »Jahwe«? (vgl. Ex 18: Der midianitische Schwiegervater belehrt Mose.)
2,23f Israels Klage, von Gott erhört	*2,13–15* Sogar Mose muß fliehen		*2,16–22* Mose wird Schwiegersohn eines Midianiters	
Die Berufung des Mose			*2,23a* ↓	
Priesterschrift 6,2 – 7,7 (6,14–25: Eine andere P-Schicht, Genealogie)	*Jahwist* *3,1–4a.5.7.8a* *3,16 – 4,18*	*Elohist* *3,4b.6.9–15*		
	Erscheinung des heiligen Gottes		*4,19–23* Berufung des Mose wie Aussendung eines Königsboten	
Neubearbeitung von JE: Die Berufung beginnt mit der Selbstoffenbarung Gottes	Jahwe muß Mose warnen, sich zu nähern	Gott ruft Mose beim Namen; Mose fürchtet sich	*4,24–26* Jahwe bedroht Mose tödlich; die midianitische Ehefrau rettet ihn durch Beschneidung	Israel erinnert sich: Ein »Gottesberg« in Midian war Ort der ersten Gottesbegegnung des Mose, obwohl Midian später Todfeind Israels ist; vgl. Ri 6.
DEUTERONOMISTISCHE ERGÄNZUNGEN 3,8b.17b	*Auftrag Gottes an Mose* *3,16*	*3,10*		

PRIESTERSCHRIFT	JAHWIST UND ELOHIST	HISTORISCHE GRUNDLAGEN DER ÜBERLIEFERUNGEN
	Einwand des Beauftragten *4,1* Israel wird nicht glauben *3,13* Frage nach dem Gottesnamen	
Die Bundesformel: »Mein Volk – euer Gott« (6,7)	*Stärkung des Beauftragten* durch Zeichen durch Offenbarung des Gottesnamens	
	Zum Aufbau von JE (Erscheinung – Auftrag – Einwand – Stärkung) vgl. auch Ri 6; Jer 1 und andere Berufungserzählungen	
	Not und Rettung *5* Ein in der Auszugsüberlieferung öfter begegnendes Erzählschema: Israel in Not – klagt Mose an – Mose klagt Gott an – Gott rettet. Vgl. Schilfmeerwunder; Rettungstaten in der Wüste	
Die Plagen: Gott kämpft für Israel Eine in mündlicher Tradition nach und nach ohne Rücksicht auf logischen Zusammenhang angehäufte Reihe von Katastrophen. Sie verbildlichen einen Glaubenssatz (Jahwe rettet) und nicht einen geschichtlichen Zusammenhang: Die Rettung Israels aus Ägypten wird durch sie nicht befördert.		Einzeln konnten derartige Katastrophen hin und wieder in Ägypten auftreten.
Mose und Aaron führen im Auftrag Gottes die Plagen herbei. Der Pharao bleibt »hart«.	Mose überbringt dem Pharao Gottes Forderung und Drohung; dieser hört nicht; Gott straft durch die Plage; die Fürbitte des Mose beendet die Plage.	Ägyptische Beamte werden sich geweigert haben, Steuerschuldner ziehen zu lassen.

PRIESTERSCHRIFT	*JAHWIST UND ELOHIST*		*HISTORISCHE GRUNDLAGEN DER ÜBERLIEFERUNGEN*
Die Paschaüberlieferung			
	11,1–6 Reich beschenkt wird Israel fortziehen	DEUTERONOMISTISCHE ERGÄNZUNGEN	
12,1–20 Paschavorschriften	*11,4–9* Botschaft an den Pharao	*12,24–27* Paschafeier in Kanaan; Kinderfrage; vgl. Dtn 6,20ff	Pascha: Ursprünglich ein Hirtenfest vor dem Auszug zur Sommerweide
12,40f Datierung	*12,21–23.29–39* Das erste Pascha und der Auszug	*13,1–16* Paschapredigt des Mose, in der Eile des Auszugs eigentlich unpassend	
12,42–50 Paschavorschriften	*12,32a (J)* Bitte des Pharao um Segen		
Das Schilfmeerwunder			
14,1–4 Mose überbringt Gottes Befehl; »und sie taten so«	*13,20f (J)* Jahwe geht in Feuer- und Wolkensäule vor ihnen her *13,17–19 (E)* Elohim führt das Volk		
Die Verfolgung durch die Ägypter			
14,8f.10c.15^{+}.16–18.21a.c.22f: Durch Moses Hand spaltet Jahwe das Wasser für Israel	*14,5–7.10–14,19f.21^{+} (JE):* Israel in Not – klagt Mose an – (Mose klagt Gott an: 14,15a) – Ermutigungsrede wie im heiligen Krieg – Gott rettet Vgl. Ex 5		Zu 14,13 (J): im Rückblick aus der Salomozeit konnte man so wie hier von Ägypten sprechen: So stark wird es nie wieder sein.
Der Untergang der Ägypter		*DAS MIRJAMLIED*	
14,26.27a.28f Durch Moses Hand läßt Jahwe das Wasser zurückkehren und die Ägypter bedecken	*14,24f.27b.30f (JE)* Jahwe kämpft für Israel und treibt die fliehenden Ägypter ins Meer	*Ex 15,20f* Älteste biblische Auszugsüberlieferung	An der Ostgrenze Israels gibt es für Wanderer und sogar für ganze Heere gefährliche Orte.
		DER LOBPREIS ISRAELS *Ex 15,1–19* Ein aus dem Mirjamlied hervorgegangener später Hymnus	

Quellennachweis der Abbildungen

Abb. 1 Aus: O. Schilling, Die Höhlenfunde vom Toten Meer, Abb. 7; © by Ferdinand Schöningh, Paderborn 1958.
Abb. 4 Aus: H. Kühner/D. Harris, Israel. Ein Reiseführer durch dreitausend Jahre, S. 155; © Walter-Verlag AG, Olten 1975.
Abb. 6 Aus: P. Amiet, Handbuch der Formen und Stilkunde. Antike, Stuttgart 1981, Abb. 41; mit Genehmigung durch Office du Livre S. A., CH-Fribourg.
Abb. 12 s. Abb. 6, a.a.O., Abb. 93.
Abb. 17 Aus: R. de Vaux, Die hebräischen Patriarchen und die modernen Entdeckungen, Düsseldorf 1961, S. 63; mit Genehmigung der Patmos Verlags GmbH.
Abb. 19 Aus: K. Kenyon, Die Bibel im Lichte der Archäologie, Düsseldorf 1980, Abb. 15; mit Genehmigung der Patmos Verlags GmbH.
Abb. 20 Aus: A. Ohler, Israel, Volk und Land, Stuttgart 1979, Abb. 16.
Abb. 21 Aus: O. Keel, Die Welt der altorientalischen Bildsymbolik, Abb. 46; © Benziger Verlag, Zürich–Einsiedeln–Köln und Neukirchner Verlag des Erziehungsvereins GmbH, Neukirchen-Vluyn.
Abb. 22 Louvre, Paris; Foto: Documentation Photographique del la Reunion des Musées Nationales, Paris.
Abb. 23 s. Abb. 21, a.a.O., Abb. 246 und 247.
Abb. 24 s. Abb. 20, a.a.O., Abb. 7.
Abb. 25 Aus: O. Keel/M. Küchler, Orte und Landschaften der Bibel, Band 2, Abb. 255 und 259; mit Genehmigung des Benziger Verlags.
Abb. 26 Zeichnung: A. Ohler, Horben; nach einem Foto im Ausstellungskatalog: Echnaton – Nofretete, München 1976, Abb. 10.
Abb. 28 s. Abb. 21, a.a.O., Abb. 135.
Abb. 29 s. Abb. 21, a.a.O., Abb. 9.
Abb. 30 s. Abb. 21, a.a.O., Abb. 55.
Abb. 32 © Staatliche Museen Preußischer Kulturbesitz, Ägyptisches Museum Berlin.
Abb. 33 Schriftzeichen gezeichnet von F. Unger, Stuttgart.
Abb. 34 Schriftzeichen gezeichnet von F. Unger, Stuttgart.
Abb. 35 s. Abb. 6, a.a.O., Abb. 96.
Abb. 37 Zeichnung: A. Ohler, Horben; nach einem Foto im Ausstellungskatalog: Länder der Bibel, Verlag Zabern, Mainz 1982, Abb. 92.
Abb. 39 Aus: Kleines Stuttgarter Bibellexikon, Stuttgart ^{4}1977, S. 247.
Abb. 40 Aus: H. Grollenberg, Bildatlas zur Bibel, Abb. 121; mit Genehmigung durch B.V. Uitgeversmaatschappij Elsevier, Amsterdam.
Abb. 41 s. Abb. 40, a.a.O., Abb. 132.
Abb. 42 s. Abb. 41 (Ausschnitt).
Abb. 44 Zeichnung: A. Ohler, Horben; nach einem Foto, in: Beek, Bildatlas der assyr.-babyl. Kultur, Gütersloh 1961, Abb. 202.
Abb. 48 s. Abb. 40, a.a.O., Abb. 80.
Abb. 50 Aus: A. Parrot, Le musée du Louvre et la Bible, Cahiers d'archeologie biblique No. 9, Fig. 52; © Labor et fides S.A., Geneve.
Abb. 53 Zeichnung: A. Ohler, Horben; nach einem Foto, in: H. Grollenberg, Bildatlas zur Bibel, Abb. 128 (Ausschnitt).
Entwurf: A. Ohler, Horben: Abb. 2, 5, 7, 8, 9, 11, 13, 14, 15, 31, 36, 38, 45, 47, 49, 51, 52, 54.
Entwurf: A. Ohler, Horben; Karte: F. Unger, Stuttgart: Abb. 3, 10, 16, 18, 27, 43, 46.

Titelbild: Rainer Binder/Bildagentur Bavaria, Gauting.